# 一线班主任的育人智慧

刘大伟　方雨琳　主编

丛书顾问　周洪宇
丛书主编　刘大伟

## 南京教育文库

生活·实践教育系列成果

顾明远题

南京出版传媒集团
南京出版社

育文库

顾明远题

# 南京教

**图书在版编目（CIP）数据**

一线班主任的育人智慧 / 刘大伟, 方雨琳主编. 南京：南京出版社, 2025. 6. -- (南京教育文库).
ISBN 978-7-5533-5420-0

Ⅰ. G635.16

中国国家版本馆CIP数据核字第2025Y9833G号

**丛 书 名** 南京教育文库
**丛书顾问** 周洪宇
**丛书主编** 刘大伟
**书　　名** 一线班主任的育人智慧
**编　　者** 刘大伟　方雨琳
**出版发行** 南京出版传媒集团
南　京　出　版　社
**社　　址** 南京市玄武区太平门街53号
**邮　　编** 210016
**联系电话** 025-83283873、83283864（营销）　025-83112257（编务）

**策划统筹** 朱天乐　王　雪
**责任编辑** 王晨冰
**装帧设计** 王　俊
**责任印制** 杨福彬

**排　　版** 南京新华丰制版有限公司
**印　　刷** 江苏凤凰通达印刷有限公司
**开　　本** 787 毫米 × 1092 毫米　1/16
**印　　张** 17
**字　　数** 227千
**版　　次** 2025年 6 月第 1 版
**印　　次** 2025年 6 月第 1 次印刷
**书　　号** ISBN 978-7-5533-5420-0
**定　　价** 60.00元

# 总　序

## 不忘本来　吸收外来　面向未来

南京作为六朝古都，历史悠久，底蕴深厚，自古以来就是东南一带的政治、经济、文化中心。南北朝时期，宋文帝首开中国古代教育分科先河，在南京开设儒学馆、史学馆、文学馆和玄学馆，以分科的形式传经授道；梁代的五经博士以考试选拔人才，为隋唐科举制的实施奠定了基础。南京教育在明代更是达到了一个巅峰，不仅全国最高学府国子监设立于鸡鸣山下，且乡试、会试考场也设置于秦淮河畔的夫子庙，“天下文枢”也因此而闻名宇内。与官学相颉颃，私学在南京也有着悠久的传统，宋代的明道书院，明代的江干书院、新泉书院、崇正书院，清代的钟山书院、惜阴书院等，为学术思想的传承、学术流派的形成打下了扎实的基础。

民国以来，南京成为中西方教育思想汇聚的交融地，一大批本土教育家和海归教育家以南京为基点，加入了绘制中国近现代教育改革的蓝图大业中。张謇、沈恩孚、江谦、袁希涛、黄炎培、郭秉文、陶行知、陈鹤琴、郃爽秋、吴贻芳、俞子夷等一批学贯中西的教育家致力于南京教育的改革与发展，“生活教育”“活教育”等教育思想在南京萌芽、丰富与完善，铸就了传承至今的晓庄学院、鼓楼幼儿园等一批教育实践的典型代表。这些源于南京的教育思想与实践以中国基本国情为基础，对西方教育思想与实践进行了创造性转化与创新性发展，走出了一条独具中国特色的教育改革发展之路，一改民初

“仪型他国”的社会风气，也为随后很长一段时间的中国教育改革与发展指明了方向。如果说，北京是近现代中国思想变革的策源地，那么南京一定是近现代中国教育思想变革的策源地，也是中国式教育现代化的起源地。

“敢探未发明的新理，敢入未开化的边疆”，这是我对南京教育的一个直观看法。这既有陶行知、陈鹤琴等教育先辈们对我的影响，也有我与南京教育人交往后的感触。早在 1982 年，我因为编撰《陶行知全集》，就多次来到南京市晓庄师范学校、南京大学、南京图书馆查找资料，认识了一批南京教育界的朋友。近年来，由于工作的关系，我常常有机会参加南京的基础教育活动，也因此与南京教育界的各位人士结下了深厚的友谊，对新时代以来南京教育的高质量发展有了深厚的感悟。在学前教育普惠优质发展方面，南京普惠性幼儿园覆盖率达 89%，优质园覆盖率达 92%，率先全市域创成“江苏省学前教育改革发展示范区”；在义务教育优质均衡发展方面，南京义务教育优质资源覆盖率达 98.6%，学校标准化率保持在 100%，率先全市域通过“全国义务教育发展基本均衡县（市、区）”评估；在高中教育多样特色发展方面，南京整体规划和建设学术型、特色型、综合型普通高中，实施高中布局优化行动计划，全市达省定三星级以上的公办普通高中比例达 95.5%；在特殊教育融合优质发展方面，南京建立了特殊教育工作联席会议制度，建立起从学前教育到高等教育全纳性的现代特殊教育体系，实现了全市所有街（镇）学前、义务教育阶段学校融合教育资源中心全覆盖。

南京教育能够取得如此优异的成绩，既有教育行政部门在方向上的正确指引，也有每一位普通南京教育人在岗位上的默默付出，因而我们既要关注教育宏观问题，也要关注微观上每一位教师、每一件事、每一个孩子。2022 年 1 月，我的学生大伟从南京晓庄学院调任南京市教育科学研究所主持日常工作，我建议他既要在宏观上发挥市教科所作为教育智库的功用，也要关注到学校的内涵发展，更要关注到每一位教师的专业发展，因为教师的发展是学校发展的基础，只有教师发展好了，学校才能发展，而最终指向的必然是孩子的发展。因此我提议他能否整理出版一套“南京教育文库”，通过文库工作推动一批专家型教师梳理提炼教学主张、教育理念和学术思想，以时代为观照，立足南京教育实际，解决中国教育问题，推进南京教科研在知识创新、理论创新和方法创新上不断传承与发展。大伟很快邀请了南京一批名特优教师参与“南京教育文库”的编写工作，并规划了持续长达8—10年的发展计划，其中包括了写作指导、出版、评奖、宣传等全方位的保障体系建设。这一宏大体系建设还得到了顾明远先生的肯定与点赞，并欣然赐予墨宝“南京教育文库”六字。

“南京教育文库”的提出与推进，对于基础教育界具有非同寻常的意义，具体我认为有以下几点价值：

第一，独特性。毋庸置疑，每一个城市的教育发展都有独到之处和自身特点，但南京的教育发展与其他城市相比，其特点更加明显、风格更加独特。在江苏提出率先实现教育现代化的进程中，南京确立了“加快建设现代化教育强市、以高质量教育支撑高质量发展”这一战略目标，更加自觉地坚持教育优先发展、科学发展、创新发展。南京教育的主要发展指标已达到或超过OECD（经济合作与发展组织）发达国家和地区的平均水平，教育现代化水平连续六年获江苏省第一，在省对设区市政府履行教育职责考评中连续三年位居江苏省前列。可以说，南京教育在江苏省甚至全国都具有标杆性的独特作用。而如何将这种独特价值展现出来，“南京教育文库”的编撰正好起到了这一作用。这套丛书通过挖掘梳理南京教育的内涵，将南京教育的独特做法与经验理论化和系统化，既是对南京教育光辉历史过往的追溯与总结，也是对南京教育未来的期待与展望，更是可以成为中国教育改革与发展的地方样本。

第二，人本性。人的发展是教育的出发点和归宿，人的活动是教育的核心和关键，这是我近些年来提出的教育活动史的一个重要观点。教师是教育发展中的人，我们各级教育行政部门应该给予他们更多的关注与关心，特别对于一批具有典型性和代表性的教师，我们应该提供各种条件帮助他们总结、凝练、宣传、推广他们的教育理论与实践。就我所知，目前国内还尚未有类似的丛书出版。南京市教科所率全国之先，关注教育活动中的人，为教师的研究提供物质保障和学术指导，帮助他们在研究中发展，在实践中成熟，在推广中完善，可谓真正地将教师置于教育活动的中心地位，实现了以人为本的目的。

第三，开放性。对于这套丛书的设计与出版，我跟大伟提议，除了考虑名特优教师的教育思想总结与凝练外，还要在未来考虑对青年教师的支持，特别是要支持一批“学带”“优青”等具有基础的青年教师。南京教育近年来提出了如“宁教杰青”等一系列教师培育计划，我想我们的工作在未来还要吸收这样的教师参加“南京教育文库”的编写工作，加快对青年教师的培养速度。在学段上，我建议他要综合考虑各学段人员的配置，中学、小学、幼儿园各学段教师都要涉及，还要考虑在教师发展中心、教研室、教科所等单位工作的人员，更要考虑在学校管理岗位有丰富经验的教育管理者，这样就可以让我们这项工作更加开放、更加多元。

第四，持续性。南京教育的发展历史是一个整体，我们要做到不忘本来，吸收外来，面向未来，既要思考南京教育从哪里来，也要想好往哪里去，更要做好走向的持续性。因而对于这套丛书我还是有一个期待的，期待这套丛书能够持久地做下去，做成制度，做成系列，做成品牌，让更多的教师参与其中，享受到教育改革发展的红利，并在这项工作中得到发展、得到进步。我还希望将来“南京教育文库”能够借鉴“教育智库与教育治理50人圆桌论坛”的思路，形成一支队伍、一项制度、一套丛书、一个论坛、一个品牌的“五个一”发展思路，为南京教育的高质量发展注入持续不断的动力。当然，我也知道为了这套丛书的出版，大伟费尽了心思，他跟我说他要以陶行知办学的事迹为榜样，四处化缘筹措出版经费，找寻出版社确保进度，策划高级别平台宣传，以及筹划、参与各级各类评奖。我希望他能够保持这种工作激情的持续性，将这项工作一直做下去，实现陶公所说的“为一大事来，做一大事去”的理想目标。

合抱之木，生于毫末；九层之台，起于累土；千里之行，始于足下。“南京教育文库”的出版在不久的将来必然会成为中国教育界重要的一棵“合抱之木”、一座“九层之台”。我也衷心希望参与到文库编写工作的同志们千里之行，永不停歇！

是为序。

周洪宇

2022年11月22日

于武昌东湖

（作序者系第十三届全国人大常委会委员、湖北省人大常委会副主任，中国教育学会副会长、中国教育发展战略学会副会长、长江教育研究院院长、华中师范大学国家教育治理研究院院长，博士生导师）

# 编委会

# 目 录

# 被看见，这是一群最优秀的人

中共中央、国务院印发的《教育强国建设规划纲要（2024—2035年）》（以下简称《规划纲要》）中明确提出“加强义务教育班主任队伍建设”，这为当前及今后很长一段时间班主任队伍建设提供了政策依据。班主任是中小学日常思想道德教育和学生管理的主力军，也是学生成长的引路人，对于学生的健康成长有着重要的导引作用。但班主任工作又是极为辛苦的，事无巨细，起早贪黑，往往他们的工作很多时候被淹没在学校的各项成绩当中，因为他们的工作润物细无声，他们这群人低调又朴实。

看到《规划纲要》中提出要加强班主任队伍建设这项任务时，我就在想，有没有可能结合我们当下的工作，既能展示南京优秀班主任队伍的工作实绩，又能总结凝练我们的先进做法，还能宣传推广这群优秀朴实无华的教育工作者，所以就有了这本书撰写的初衷。在与南京出版传媒集团沟通后，他们认为南京应该“走在前，做示范”，要积极响应国家政策号召，将南京在班主任工作上的优秀做法总结凝练出来，成为全国班主任工作的示范标兵。有了出版社的支持，我才有底气组建队伍。

本书共分为四个章节，分别就“如何建成一个班级”“如何教好每位学生”“如何管好一个集体”“如何发挥‘教联体’的力量”等问题展开行动研究，既提出了观点、看法，也提出了适当的做法，还有专家们的点评。本书由我统筹设计，方雨琳搭设框架、统稿校对，以及全市范围内43位班主任合作完成。第一章由陈海宁负责统筹，以班集体的组织与培养为切入点，邀请了涂梦岩等老师参与撰写；第二章由顾青、方雨琳负责统筹，以个体学生的指导与转化为切入点，邀请了顾婵等老师参与撰写；第三章由聂黎萍、庞冉负责统筹，以集体活动的建构与创新为切入点，邀请了魏倩等老师参与撰写；第四章由张丹凤负责统筹，以校家社的协同为切入点，邀请了 陈卉等老师参与撰写。

南京在班主任工作上一直有着优秀的传统，从早期的斯霞老师，到当下长三角地区中小学班主任基本功大赛涌现出来的一大批优秀班主任，我们有责任、有义务将我们的优秀传统保持下去并展现出来，因为，这是一群最优秀的人。

# 第一章　如何建成一个班级？

## ——论班集体的组织与培养

## 第一节　如何建设班级文化？

### 一、班级文化重建

**情境一：**因之前班主任的身体原因，班级先后更换了三位语文老师，班主任工作由其他科任老师暂代，造成班级常规乱、学风差、人心散的局面。新学期，陈老师被安排接手这个班级，走进教室，她发现教室墙壁上除了课程表、值日表外，还贴着一张破损的眼保健操演示图，班级环境缺乏活力，更谈不上特色。陈老师决定，从班级文化建设入手，培养班级凝聚力……

**看法一：**

#### 班级文化建设的“逆转之思”

南京市第十三中学　刘越

“教育的艺术不在传授，而在鼓舞和唤醒。”正如第斯多惠这句名言所说，教育的核心不仅仅是知识的传递，更在于营造积极的教育环境，激发学生的内在动力，促进学生的全面发展。在班级管理中，班级文化建设扮演着至关重要的角色，它是班级的灵魂，是凝聚班级力量的精神纽带。陈老师接手的这个班级，可以通过班级文化建设来重塑班级秩序、凝聚人心，迎来破局的希望之光。

---

刘越，任班主任6年，曾获江苏省班主任基本功大赛一等奖。

一、析现状：探究班级现状的成因本质

1. 教师频繁更换引起的连锁反应

（1）教学秩序的紊乱：在短时间内，班级先后更换三位语文老师，这使得教学工作难以形成稳定的节奏和体系。不同教师的教学风格、教学方法以及对知识的侧重点各不相同，学生需要不断调整学习方式去适应新老师，这无疑增加了学生的学习负担，导致学生的学习缺乏连贯性和系统性。

（2）师生关系的断裂：良好的师生关系是教育教学活动顺利开展的基石。然而，频繁更换教师使得师生之间难以建立起深厚的信任和情感联系。学生对老师缺乏足够的了解和认同，难以产生亲近感和依赖感。正如赞科夫所说："就教育工作的效果来说，很重要的一点是要看师生之间的关系如何。"

2. 班级环境不佳的消极影响

（1）缺乏激励氛围：教室是学生学习和生活的主要场所，一个充满文化气息和激励元素的环境能够激发学生的学习兴趣和动力。然而，在这个班级中，学生每天面对的是毫无特色的教室布置，难以产生对学习的热情和对班级的归属感。

（2）忽视个性发展：班级环境缺乏特色，意味着没有为学生提供展示个性和才华的平台。每个学生都有自己独特的兴趣爱好和特长，而一个良好的班级环境应该尊重和鼓励学生的个性发展。

二、定生心：深入学生兴趣的同频之法

1. 了解学生兴趣的重要性

苏霍姆林斯基说过："在人的心灵深处，都有一种根深蒂固的需要，这就是希望自己是一个发现者、研究者、探索者。"了解学生的兴趣点，是满足学生这种内在需求的关键。对于这个班级的学生来说，在经历了一系列的变动后，他们渴望找到一种能够让自己重新投入热情的事物。通过深入了解学生的兴趣爱好，教师可以找到与学生沟通的切入点，建立起良好的师生关系，为班级文化建设奠定基础。

2. 将学生兴趣融入班级文化建设

可以根据学生的兴趣点，组织开展各种班本特色课程活动。学生可以在课程中分享自己的经验和成果，互相学习和交流。也可以结合学生的兴趣，设计一系列主题活动。比如，针对喜欢科幻的学生，可以举办“科幻世界之旅”主题活动，组织学生观看科幻电影、讨论科幻小说中的科学原理、进行科幻绘画创作等。

三、逆班风：探索适生利生的文化建设

1. 物质文化建设：打造充满活力的班级空间

可以组织学生一起参与教室的布置，让学生成为教室设计的主体，让教室成为学生展示自我的舞台。在教室墙壁上设置不同的板块，如“学海领航区”展示学生的研究性学习成果、互动分享的学习心得等；“生入人心区”展示学生的绘画、手工艺品、书法作品等；“寻梦记区”让学生写下自己的梦想和目标，张贴在墙上，激励自己努力奋斗。

2. 制度文化建设：建立有序的班级秩序

可以建立健全班级管理机制，设立多个管理岗位，让每个学生都有机会参与班级管理。如班长负责班级的整体协调和管理，学习委员组织学习活动、帮助同学解决学习问题等。同时，定期召开“班级圆桌会”，让学生对班级管理工作进行讨论，也可邀请家长、法治副校长等一起参与并及时完善自管机制。

班级文化建设是扭转班级不良局面的有效手段，通过深入分析班级现状的成因，把握学生的兴趣点，实现师生同频，并积极探索全员参与的班级文化建设路径，可以重塑班级秩序，提升班级凝聚力，促进学生的全面发展。同时，学校和教师要充分认识到班级文化建设的重要性，给予足够的重视和支持，为学生创造一个良好的学习和成长环境。相信在班级文化建设的推动下，这个曾经陷入困境的班级一定能够焕发出新的生机与活力，学生们也将在积极向上的班级氛围中茁壮成长，走向更加美好的未来。

看法二：

## 全面塑造班级文化：从物质环境到群体价值观的深度构建

南京市科利华铁北中学　涂梦岩

现代教育强调学生的主体地位，积极健康的环境能促进学生的全面发展。班级作为学生踏入的首个“小社会”，在培养人际交往、规则遵守及责任感等方面扮演着关键角色。《中小学德育工作指南实施手册》强调文化育人，要求开展校园和班级文化建设，营造良好的育人环境。

班级常规混乱、学风不佳、人心涣散，以及环境布置缺乏活力等问题，暴露出班级在管理机制、学习氛围培育以及集体凝聚力建设等方面存在短板。正如荀子所言：“蓬生麻中，不扶而直；白沙在涅，与之俱黑。”因此，构建一个团结友爱、勤奋进取的班级文化，营造积极向上的氛围，是推动班级健康发展的核心动力。

一、物质文化：不可或缺，是文明之基

环境教育理论指出，学习环境深刻影响学生的认知、情感与行为。一个激发学习兴趣、提升情绪状态、促进全面发展的教室布置，能通过视觉、听觉等多感官刺激，营造积极的氛围。物质文化作为班级文化的直观展现，除了基础布置和装饰外，还可以凝练出班级标志，展示班级个性，凝聚集体情感与智慧。推动建设班级物质文化，可以增强学生对班级的归属感和自豪感，长期浸润，能深入人心。正所谓每一处细节都源于生活，蕴含用心，赋予热爱。

二、制度文化：稳固架构，为秩序之石

一个成熟的班集体，不会因教师的调整而失去其凝聚力和向心力，反而能够迅速适应并继续蓬勃发展，展现出强大的自我管理和自我驱动

涂梦岩，任班主任10年，曾获江苏省班主任基本功大赛一等奖。

力。这固然很难，但背后需要的是制度文化的强有力支撑。制度文化的建立与实施是一种教育手段，旨在引导学生养成规则意识，学会反思行为，理解制度背后的意义和价值，为学生个人成长和社会适应打下坚实的基础。制度文化作为规范班级行为的内在框架，可以用民主化的班级议事这一方法让学生直接参与管理，不仅减轻班主任负担，还培养了民主决策意识和尊重他人的习惯，提高接纳性，增强民主性，保护积极性。制度制定后，通过辩论会等形式学习解读，结合实际案例讨论其可行性与合理性，不断修改、补充、完善，确保制度的有效执行。

三、行为文化：彰显特质，映照群体之风貌

作为践行班级文化的外在表现，行为文化的价值在于它不仅能够直观地反映班级成员的精神风貌和道德水准，还能够通过日常的行为规范和习惯养成，促进班级内部的和谐与团结，激励班级成员追求卓越，从而实现行为规范的内化于心、外化于行，形成积极向上的班级氛围。一个班级如果注重行为文化的构建，关注并落实常规教育，能有效稳定班级秩序，同时对于学生学习态度和学习习惯的养成也有积极作用。值得一提的是，规范学生行为不宜采取简单粗暴或一味压制的方式，而可以通过丰富多样的活动育人，在活动中培养学生的品德、能力、情感和态度，通过多样化的主题教育，让学生在参与中学习，在体验中成长。

四、精神文化：滋养心灵，点亮文明之灯塔

面对情境中的情况，陈老师如果采取传统的教育方法，如说教训诫、权威压服、批评惩罚、约请家长等，不仅不能改变班级现状，还有可能因为缺乏教育意蕴而损害师生关系。所谓“亲其师，信其道”，建立良好的师生关系，以正面评价激励学生，通过沟通建立相互信任、尊重、支持的精神文化，学生才能充分发挥潜能，班主任才能有效实施教育，家长才能积极参与和支持。正如同一个学生认可“我是班级的一员，我希望我的班集体优秀”是个人价值观；大家都认可则是群体价值观，一个班集体如果形成了人人“主动承担、积极参与”的风气，班级凝聚力的问题才能从根本上得到解决，这就是精神文化的力量。

面对情境中的“困境”，笔者认为，班主任不仅需要进行从物质环境到群体价值观的深度构建，还需要做到关注学生心理，做好班干部的选拔与培养等其他方面的工作。作为教育工作者，我们应当不断探索和实践，以更加科学、系统的方法，推动班级文化的深度构建，为学生的成长和发展贡献智慧和力量。

**做法：**

## 文化凝神，班级聚力

南京外国语学校　顾青

一、班级文化建设的不同层次

班级文化，简而言之，是班级成员共有的信念、价值观、态度的集合体。作为班级建设的重要组成部分，它能够凝聚班集体的力量，铸就班级精神。然而，在实践中，班级文化建设的层次却各有不同。

1. 文化建设与班级建设各自为政

在这个层次，班级文化建设常常与班级建设的其他方面割裂开来，或者被简单物化为班级的墙报、黑板报、活动角及教室内外环境布置等，这就导致了班级文化建设与班级建设各自为政。此时，无论墙报宣传做得多好，班级环境和风气都不能得到明显改善。举例来说，在校运会动员中，我们仅仅布置宣传委张贴了一些运动会海报作为班级文化建设，那这些海报所代表的所谓班级文化也只能浮于表面，并不能产生凝神聚力的效果。

2. 文化建设与班级建设相辅相成

由此可见，班级文化建设应当也必须与班级建设的其他方面结合起来。依旧以运动会为例，前期动员中对运动和团队精神的宣传是文化建

顾青，任班主任 20 年，南京市德育工作带头人。

设的重要契机，运动会的各项条例也是文化建设中制度建设的重要方面。具体活动中，人员的安排要考虑到每个同学的参与度与体验感，这正是以人为本的班级文化的具体表现。赛后的总结要关注每位同学的付出和班级取得的整体成绩，这也是营造公平公正、团结进取的班级风气的绝佳机会。同时，通过这次运动会涵育的班级文化也可以在其他活动中获得正向迁移和发展。因此，在班级建设中应当始终有意识地涵育和渗透班级文化，再让班级文化反哺班级建设，这正是班级文化与班级建设相辅相成的境界。

二、班级文化建设为班级聚力的实现途径

1. 以神动人

班级文化建设必须围绕以人为本的理念，把铸造班级精神作为核心。那么，该如何以神动人呢？首先，要先有人才有神，也就是说，先关注人，根据学生的实际需要制定文化建设的计划并实施。比如新建班集体需要增加新同学之间的理解和交流，班级文化建设中就可以把展现自己和发展友谊作为重点，通过板报张贴每个同学介绍自己的小名片；通过班会上的“破冰”游戏、默契大考验等活动；通过教室座位表、值日表、活动分组合理设置等各种方式来营造和谐友好的班级氛围。

其次，要善于用精神感动人。比如组织班级参与学校“爱心月”活动，同时鼓励同学在班级开展“匿名天使”的活动，默默给需要帮助的同学提供援助。通过这种具体的活动，每个同学都同时担任献爱心和接受爱心的角色，让他们切实感受到爱心的存在。这样才能让爱心具象化，让我们在班级文化中倡导的奉献、感恩等成为班级的共同认知，这种认知就是团结一致、凝聚集体的力量。

2. 凝神聚力

班级文化形成过程中，我们如何更好发挥其凝神聚力的作用呢？答案是创造机会，一方面要给班级文化提供发展的机会，另一方面是给学生提供创造班级文化的机会。

第一个机会要在班级文化的发展变化中寻找。比如在班级中出现生生矛盾时，班级氛围比较紧张，这时就应当突出班级文化中和谐、团结的方面，通过单独交流和集体讨论进行调解，通过小组合作活动、评选优秀同桌等方式推动学生和谐相处，从而形成班级正向的积极的人际交往文化。这样既加强了班级团结又发展了班级文化。

第二个机会要在学生中寻找。学生作为发展中的人，天性中具有创造性，所以要充分发挥学生对于班级文化的创造性。比如物质文化中的班旗班徽可以在学生中发动征集，制度文化中的班规可以让学生集体讨论拟定，行为文化的常规管理可以让学生记录分析，精神文化的班训可以让学生总结。在创造中，学生加深了对班级文化的认同感，从而在精神上真正投入班级文化建设中。

三、班级聚力推动班级文化建设的妙招

上述提到学生对班级文化的认同能够凝聚班集体力量，推动班级的整体全面发展。当然，这种推动并非自发的，我们可以采取一些妙招来助力。

1. 苔花如米小

班级文化是无处不在的，班级环境、师生的言行都生动体现着班级文化。反推之，班级文化建设中要注意每一个细节，各种细节的叠加效果是惊人的。比如天热了，生活委员为大家准备了防暑降温的风油精等爱心物资，这个细节营造出班级温暖的氛围。再比如，每次走上讲台，班主任都先整理一下讲台再说话或者讲课。这也是一次无声的班级文化建设，学生们看到后也会关注一下自己的桌面是否整洁干净。可见，除了贴在显眼位置的宣传材料之外，多个蕴含着班级文化的细节叠加起来就勾勒出班级文化的整体印象，“苔花如米小，也学牡丹开”。

2. 万紫千红总是春

班级文化是共性与独特性并存的，始终持有兼容并包的态度才能创造独具特色的班级文化。日新月异的时代中，学生的喜好可能并不都符合主流的价值观，我们应鼓励学生充分自我表达，汲取其中正向的文化元素。

举例来说，有一段时间，男生们突然迷上了“王者荣耀”这个游戏，一直不停交流游戏攻略。班主任顺势决定本月每次班会都留出五分钟作为游戏分享时间。男生们经过几轮商讨后分享了游戏英雄背后的历史文化知识，如何在游戏中明确分工、加强团队合作等。班主任又继续把“在玩中学”作为本月班级文化探索的方向之一，并与学生们共同商议给班级文化加入新的内容。可见，班级文化本应当“从学生中来，到学生中去”，因为“万紫千红总是春”。

班级文化建设是一个动态生成的过程，学生如同跃动的音符，我们只有关注动态，把握主旋律，精心谱曲，才能奏出班级建设的美好乐章。

## 二、班级亚文化处理

**情境二：**最近，班主任发现班级有大批学生迷恋上“黑神话：悟空”，他们在课桌桌面上画悟空漫画，贴悟空图片，在课间谈论悟空，模仿悟空动作，用悟空腔调说话，甚至有同学提出用黑神话悟空头像作为班徽。显然，这样的现象悄然影响着学生们的思想观念、价值观念和行为模式。对此，作为班主任，该如何应对呢？

**看法一：**

### 亚文化现象：教育的“危机”与“契机”
### ——一场事先张扬的亚文化教育反思与突围

南京市江宁区实验小学　陈海宁

《黑神话：悟空》引发的热潮正席卷校园，这是在班级蔓延的一场数字时代的“大闹天宫”。这款现象级游戏不仅是娱乐产品，更成为透视青少年文化认同、社交需求与教育现状的多棱镜。我们需要以平和心态深入剖析其背后动因，在“危机”中寻找教育“转机”。

陈海宁，任班主任 28 年，曾获长三角班主任基本功大赛一等奖。

一、亚文化镜像中的“投射”

1. 游戏折射的亚文化。游戏《黑神话：悟空》以中国神话为背景，画面精美、剧情丰富，将经典文本重构为沉浸式叙事，让神话从书本走向互动体验。其高难度挑战机制触发“心流体验”，符合青少年对冒险、英雄主义的向往。班级学生群体通过课桌涂鸦、动作模仿等符号消费行为，将悟空形象从教化符号转化为亚文化图腾，在虚拟互动中完成自我身份建构，本质上是学生文化认同的具象化表达，是亚文化在班级场域中的投射。

2. 表象背后的心理投射。在学生群体中，游戏往往是重要的社交话题。《黑神话：悟空》的高热度使其成为学生之间讨论的焦点。社交层面上，它成为维系同伴关系的纽带，不参与的学生担心会被孤立，可能面临边缘化风险；心理层面上，双重人格的“黑悟空”形象既满足青春发育期学生的反叛诉求，又为毕业季压力提供宣泄出口；价值层面上，游戏成就系统弥补现实挫败感，形成独特的代偿机制。这种文化现象精准地切中了高年级学生追求个性表达与身份认同的心理密码。

二、狂欢背后的成长“危机”

1. 学生群体行为存在偏移。痴迷于游戏，直接影响个体学习。更深层的危机在于文化认知的偏差。学生在对黑神话悟空的追迷中，可能会误读“黑神话”中的暴力、宿命论等元素，产生认知偏差；平时生活中过度模仿，造成行为失范；群聚在一起，过度推崇个人英雄主义……这些认知偏移通过群体模仿不断强化，形成纪律意识弱化的连锁反应，可能会消解班级正式团队的协作意识。

2. 家校教育引导协同缺失。很多家庭教育存在“失控三部曲”：低年级放任、中年级失管、高年级强制干预。有些家长意识到问题，单纯禁止，缺乏有效沟通，未能建立替代性满足方案，加剧亲子对立。学校教育虽重视德育，但往往未能将游戏文化元素转化为教育资源，错失兴趣引导的关键契机。

三、危机暗涌中的教育“契机”

近年来，中国文化在全球的影响力逐渐增强，学生对本土文化的自信也在提升。学生群体追捧“黑悟空”，在班级掀起了一场非正式群体的亚文化，其间蕴含积极潜能，“危机”背后也含有许多教育“契机”。

1. 文化解码的教育场域

游戏热潮可以成为价值观碰撞的隐性课堂：游戏中多元化的角色设计可以激发学生艺术创作热情；精美图案具有美育价值；传统文化在现代解读中实施传承；人物推崇可以自发形成情感共同体，提高群体凝聚力……传统文化与现代演绎的冲突、个人英雄与集体主义的矛盾、虚拟人格与现实准则的博弈，这些张力场域恰是开展文化思辨的绝佳契机。如果借势开展综合性学习研究，可以引导学生建立媒介批判思维，在解构中培养文化传承意识。

2. 多维融合的育人路径

（1）文化浸润：孙悟空作为中国家喻户晓的神话人物，承载了深厚的文化内涵。学生群体对中国传统文化有天然的亲近感，可以开展神话原型工作坊，将游戏中的妖怪造型与《西游记》文本对照，探讨传统文化创新路径。通过“神话精神海报设计”等活动，实现经典文化的可视化传播。

（2）人格建构：利用综合性学习，进行角色特质分析。通过班会课进行“虚拟角色人格分析”，搭建孙悟空抗争精神与团队意识的价值对话。通过剧本创作、角色临摹等跨学科实践，促进艺术素养与人文精神的协同培养。

（3）班级共建：将学生自发形成的非正式兴趣群体转化为德育载体，开展“班级神话角色对标”“神话原型工作坊”“神话人物精神海报解读”等活动，共同重构班级文化生态。

学生在“游戏舱”中的这场沉浸体验，是认知世界的一个特殊渠道。当我们教育者以开放姿态重构“游戏舱”为“新课堂”，那些涌动的危机便能转化为文化自信的培育契机，让这场事先张扬的亚文化现象，突破教育壁垒，成为儿童认知世界的“新机遇”，谱写数字新时代的育人“新篇章”。

**看法二：**

## 从“黑色神话”到“多彩文化”
## ——班集体亚文化建设的顺势之智

南京市第一中学初中部　丁子健

当游戏被撕下“洪水猛兽”的标签，青少年进入浩如烟海的网络空间，他们一瞬间就拥有了一把求索万物知识的“金钥匙”。央视新闻赞誉《黑神话：悟空》“有着很强的情感共鸣力，唤起大众对传统文化的热爱与传承意识”，但镜子的另一面却是教育者对学生生活审美、精神价值的深深忧虑。唯有因势利导、顺势而为，方可在班集体亚文化的建设中走向“柳暗花明”处。

一、溯源投射心理，游戏背后的成长诉求

根据埃里克森的自我同一性理论，青少年正处于角色探索与自我整合的关键期。《黑神话：悟空》中孙悟空的反叛与成长，恰好映射了青少年突破权威、寻求独立的内在需求。学生在班级里通过模仿角色的语言和动作，尝试建构理想化的自我形象。学生们在玩游戏的过程中，通过操作天命人这一角色，将自己的理想形象投射其中。他们渴望像主角一样，拥有强大的能力，在面对生活和学习中的困难时，能够轻松化解，这种心理满足了他们对自我认同的追求，让他们在虚拟世界中找到一种理想的自我形象，从而弥补现实中因能力不足而产生的自我怀疑。

此外，游戏普遍带有的即时满足性与新奇感是其吸引青少年的重要因素。学生常常面临学业的压力、同辈的竞争以及来自社会、家庭与学校

---

丁子健，任班主任5年，曾获长三角班主任基本功大赛一等奖。

的期待，而这些期待往往需要持之以恒的努力方能实现，而此时游戏的即时满足性就能让他们感受到“付出立刻有所回报”，这种高强度的正面反馈使他们身心愉悦。教育者也需要学习“游戏设计”的这种正向反馈，在日常的教育中，去回应每一个热切的眼神，去鼓励每一步点滴的成长，去关注到那些没有取得结果的默默付出。



二、拓展认知边界，玩乐背后的教育价值

班主任作为学生的重要他人，是学生精神成长的引领者，要以更高的站位、更广阔的视野带领同学们跳脱出单纯游玩的光影世界，深入到更有探索价值与学习意义的文化天地。

1. 科学精神的启蒙。《黑神话：悟空》精致的画面和真实的物理效果，是先进技术的成果。开发团队运用光线追踪技术，让游戏中的光影效果逼真，每一帧都像是一幅精美的画作。班主任可以引导学生探讨这些技术原理，激发他们对计算机科学、数学等学科的兴趣，从而培养学生的逻辑思维和探索精神，让他们明白科学并非枯燥的理论，而是能创造出奇幻世界的神奇力量。

2. 工匠精神的引领。游戏主创者冯骥曾说“踏上取经路，比抵达灵山更重要”。在游戏开发的数年时间里，开发团队展现出了对细节的极致追求。为了呈现出最真实的古代神话世界，团队成员们查阅了大量的历史资料和文化典籍，从古代建筑的结构比例到神话生物的形态特征，都力求做到精准还原。班主任可借此让学生明白，无论未来从事何种职业，都需要有工匠精神，不断追求卓越，才能在自己的领域中取得成就。

三、巧变流行文化，群体诉求背后的因势利导

流行文化在校园中的传播是不可避免的，关键在于如何引导其合理发展。对于《黑神话：悟空》这样的流行文化现象，班主任应制定相应的规则和策略，保障班级文化在规则之中向美而行。

1. 制定规则，规范行为边界。为了避免学生因过度沉迷游戏而影响正常学习和班级秩序，班主任应主动与学生共同商讨制定规则。课堂拥

抱美好的文化，但抵制无序的争闹。通过规则，引导学生在享受游戏乐趣的同时，养成良好的行为习惯和自律意识，确保班级文化建设在有序的环境中推进。

2. 因势利导，丰富班级文化。班主任不妨顺势成立班级文化小组。鼓励其中擅长绘画、写作、手工的学生，围绕悟空形象和游戏情节进行创作，如绘制漫画故事、编写小说番外、制作手办模型等，既满足学生兴趣，又能提升他们的艺术素养和动手能力，丰富学生们的课外生活与精神世界，将创造力的培养蕴藏在生活里的点点滴滴中。

**做法：**

## 以“悟空精神”升级班级精神内核

南京市金陵中学　张晓影

在教育的广阔天地中，班级文化建设宛如基石，深刻影响着学生的成长与发展。积极向上、富有特色的班级文化，不仅能营造良好的学习氛围，更能塑造学生的品格，激发他们的潜能。将经典的“悟空精神”与班级文化碰撞，便为班级文化建设开辟了一条崭新且充满活力的道路。本文针对分科后高二新组建班级，拟通过主题班会活动，将“悟空精神”融入班级文化的每一处脉络，这不仅契合时代发展的浪潮与学生内心的切实需求，更凭借其鲜活而强大的文化感染力，像磁石一般凝聚起班级的向心力。

一、班会前的准备——提炼“悟空精神”

在开展班会前通过问卷调查法和小组讨论法，征集学生的想法，让学生自己提炼“悟空精神”的内涵，并让相关的同学做好预演筹备。

1. 问卷调查：设计一份问卷，题目如“你觉得《黑神话：悟空》中最让你印象深刻的情节是什么，它体现了怎样的精神？”将问卷发放给

---

张晓影，任班主任 8 年，曾获江苏省班主任基本功大赛二等奖。

全体学生，邀请大家填写自己的理解和感悟。学生作为班级的主体，征集看法能让他们切实感受到自己被重视，从而更积极主动地参与到班会讨论中，使他们不再是被动的听众，而是班会活动的积极参与者，促使学生进行深度思考，挖掘游戏背后的精神内涵。

2. 小组讨论：将学生分成若干小组，根据班情，每组围绕“班级目前最需要根植《黑神话：悟空》的哪些精神”展开讨论，有利于帮助学生学会倾听他人意见，尊重不同想法，共同探讨达成共识，通过交流，帮助学生们拓宽思维边界，提升团队协作和沟通能力。

3. 预演筹备：班级成员讨论过最需要根植于班级的“悟空精神”之后，进行预演筹备。预演筹备是开展班会前极为重要的环节，预演筹备不仅能让参与角色扮演的同学提前熟悉流程，还能帮助他们更好地把握角色，在正式班会中表现更精彩。同时，也方便老师和其他同学提前给予建议，优化表演效果，使角色扮演更契合班会主题，增强班会的教育性和趣味性。

二、班会中的演绎——根植“悟空精神”

情境设定：将班级比作一个神秘的西游大陆，每个同学都是初入此地的修行者，有着不同的天赋和技能，但在前路未知的黑神话世界里，悟空单靠一己之力难敌重重艰险，而你们也将在这新的学习旅程中面临挑战。

1. 积极进取的精神

模拟场景：邀请一位同学扮演孙悟空，讲述自己的经历：“俺老孙从花果山诞生。不甘心只做个山大王，于是漂洋过海，拜菩提祖师为师，苦心修炼，才习得七十二般变化、筋斗云等神通。在这个过程中，俺从未怕过吃苦，也从未停止追求更强的脚步。”

价值引领：高二作为高中学习的关键转折点，犹如一场充满挑战的艰难跋涉。学业压力与日俱增，课程难度也不断攀升，恰似在荆棘丛中前行。但这也是一段充满无限可能的黄金时期，每一次攻克难题、每一回知识的积累，都像是在为未来的梦想大厦添砖加瓦。

2. 团结协作的精神

模拟场景：如“攻打盘丝洞”。每个小组分别扮演不同角色，有人负责主攻，有人负责吸引火力，有人负责后勤保障等。让同学们在模拟中体验分工合作的重要性。

价值引领：同学们从不同班级汇聚于此，宛如来自五湖四海的零散星辰，亟待彼此辉映，融入同一片灿烂星河。此时，团结协作的精神便是那关键的引力，让大家心与心紧密相连，力与力凝聚一处，为班级的荣誉与发展奋力拼搏。

3. 包容理解的精神

模拟场景：在黑神话世界中，孙悟空与一群妖怪原本为争夺宝物而对立。妖怪们认为孙悟空仗着本领高强，肆意抢夺，而孙悟空觉得妖怪们占据宝地，危害四方。在激烈冲突后，双方都有损伤，于是坐下来谈判。

价值提升：这个崭新的集体中，同学们性格各异，习惯有别，学习方式也大相径庭，就像不同的音符，在相遇的瞬间，难免碰撞出不和谐的杂音。然而，这些差异并非横亘在我们之间的鸿沟，而是色彩斑斓的画笔，等待我们用包容和理解去调和。主动迈出沟通的步伐，用真诚的话语与温暖的眼神去倾听、去接纳，共同谱写出一曲美妙的班级乐章。

三、班会后的延伸——物化“悟空精神”

1. 物质文化布置

可以在教室空白墙面上张贴以悟空精神为主题的字画等，标注其代表的精神品质；也可设立“悟空精神”图书专区，摆放《西游记》原著及相关解读书籍，鼓励同学们通过阅读深入了解悟空精神；亦可在班级植物上挂上与悟空相关名字或精神标语的小牌子，寓意同学们像这些植物一样，在悟空精神的激励下茁壮成长。

2. 精神文化设计

设计班旗时以悟空元素为主体，如将悟空的金箍棒等作为班旗的主要图案，周围环绕着代表班级的文字和符号，象征着班级在悟空精神的引领下团结奋进。

本文通过班会前的调查、小组讨论、预演筹备等多种方式，针对一些关键问题，让学生联系自身生活经历，将抽象的精神概念具象化。班会过程中运用角色扮演开展班会，能让学生深度体验情感，理解主题内涵，使其能真正融入日常行为，成为推动个人成长与班级进步的强劲动力。在教室设置“悟空精神”展示区，摆放与“悟空精神”相关的绘画、书法作品等，营造出浓厚的文化氛围，激励学生积极向上，形成良好的学习风气，促进班级整体进步。

通过本次班会活动，将流行文化现象转化为沉浸式育人场域，既能满足青少年的文化消费需求，又能实现核心素养的培育目标，最终达成娱乐与教育的动态平衡。同时也需班主任对学生进行正向引导，如课下打游戏的时间控制，可以再进行一次以自律为主题的班会活动。

**专家点评：**

班级文化建设无疑是班级发展中的核心环节，它涉及班级精神的塑造、班级凝聚力的增强以及学生个体成长的促进。文中对于班级文化建设的分析深入且全面，不仅探讨了现状与成因，还提出了一系列富有策略性的建议。在应对学生迷恋“黑神话悟空”的亚文化现象时，老师们的建议体现了高度的专业性和前瞻性。他们提出的文化解码、人格塑造、班级协同建设等策略，不仅有助于引导学生正确理解和对待亚文化，更能有效促进班级文化的健康发展。在班级文化建设时，要更加注重学生的主体性和参与性，让学生在实践中体验和感悟班级文化，从而形成更加深刻的文化认同。

# 第二节 如何进行班级常规管理？

## 一、班规的制定与执行

**情境一：**李老师第一次担任班主任，特别希望把班级带好。假期中，李老师认真查阅资料，结合自己对学生的认识和带班的理解，为班级制定了一系列详细的班规条例，开学后在班级公布并执行。一个月下来，李老师发现班规实施很不理想，每天要花大量课内外时间奖惩学生，学生也抱怨“老师又要拿班规说事了”，李老师想知道问题出在哪里，该如何解决。

**看法一：**

### 穿越“刚性班规”的藩篱，迈向“柔性自治”的彼岸

南京市小营小学 陈语

班级管理是班主任的重要职责，班规的制定与执行是班级管理的基础。然而，在班级管理实践中，许多班主任常常陷入“刚性班规”的困境，李老师便是其中之一。他怀着对班级管理的热忱，制定了详细的班规条例，却发现实施效果并不理想，这背后的原因值得我们深入思考。

一、刚性班规的困境

刚性班规强调规则的绝对性和权威性，要求学生严格遵守，违反者将受到相应的惩罚。这种管理模式看似严谨，但在实际操作中却面临着诸多问题。

李老师制定的班规条例虽然详实，但却忽略了学生的个体差异。每个学生都有自己独特的性格、习惯和需求，而刚性班规往往采用“一刀切”的方式，对所有学生一视同仁。这种做法虽然表面上公平，但实际上却忽视了学生的个性，容易引发学生的抵触情绪。

刚性班规的另一个特点是强制性。班主任通过奖惩机制来确保班规

陈语，任班主任8年，曾获长三角班主任基本功大赛带班育人方略一等奖。

的执行，学生往往处于被动接受的状态。这种强制性的规则执行方式，容易让学生产生抵触心理，甚至产生逆反情绪。李老师发现，每天都要花费大量时间来奖惩学生，而学生也对班规抱怨连连，这正是刚性班规强制性所带来的后果。

二、柔性自治的内涵与价值

柔性自治是一种以学生为主体的班级管理模式，它强调规则的灵活性、民主性和人文性，注重学生的自主性和创造力。柔性自治的核心在于引导学生自我管理、自我教育，让学生在参与班级管理的过程中，培养责任感和集体意识。

柔性自治的规则不是一成不变的，而是具有一定的灵活性。班主任可以根据学生的实际情况和班级发展的需要，适时调整和完善班规。这种灵活性的规则，能够更好地适应学生的个体差异和变化，让学生感受到规则的合理性和人性化。例如，对于一些特殊情况的学生，班主任可以适当放宽规则的要求，给予他们更多的理解和包容。柔性自治的规则是通过民主的方式制定和执行的。班主任在制定班规时，充分听取学生的意见和建议，让学生参与到规则的制定过程中。这样制定出来的班规，更能够得到学生的认同和支持，因为他们是规则的制定者之一。

三、从刚性班规到柔性自治的转变策略

从刚性班规到柔性自治的转变，并非一蹴而就，需要班主任在实践中不断探索和调整。以下是一些具体的转变策略：

1. 民主共治——构建班规协同机制

班主任在制定班规时，要充分听取学生的意见和建议，让学生参与到规则的制定过程中。可以通过班会、小组讨论等形式，让学生发表自己的看法和想法。班主任要尊重学生的意见，认真听取他们的建议，并在班规中体现学生的意愿。例如，在制定班级纪律规则时，可以让学生讨论哪些行为是违反纪律的，应该受到怎样的惩罚，以及如何改正错误等。通过民主的方式制定班规，让学生感受到自己的价值和重要性，从而更加积极地遵守班规。

2. 自主赋能——完善自我管理体系

柔性自治的核心在于引导学生自我管理、自我教育。班主任要培养学生的自主管理能力，让学生在参与班级管理的过程中，培养责任感和集体意识。可以通过设立班级岗位、小组合作等形式，让学生参与班级管理的各个环节。例如，设立班级纪律委员、卫生委员、学习委员等岗位，让学生负责班级的日常管理工作；开展小组合作学习，让学生在小组内互相监督、互相帮助。通过这些方式，让学生在实践中锻炼自己的管理能力，培养他们的责任感和集体意识。

3. 动态调适——形成班规持续优化

柔性自治的规则不是一成不变的，班主任要根据学生的实际情况和班级发展的需要，适时调整和完善班规。可以通过定期召开班会、小组讨论等形式，让学生对班规进行评估和反馈。班主任要认真听取学生的意见和建议，及时对班规进行调整和完善。通过动态调整班规，使其更加符合班级的实际需求，让学生感受到规则的合理性和灵活性。

四、总结

班级管理是一门艺术，需要班主任在实践中不断探索和创新。让我们穿越“刚性班规”的藩篱，迈向“柔性自治”的彼岸，为学生的成长和发展创造一个更加和谐、自由、温暖的班级环境。

**看法二：**

## 从“规则标尺”到“成长年轮”：班级管理的价值转变

南京市第五十中学　汪晓薇

当班主任精心设计的班规陷入“教师疲惫执行，学生消极抵触”的困局时，反映出的是班级管理中的困境——用标准化的思维框定了个体

汪晓薇，任班主任15年，曾获长三角班主任基本功大赛二等奖。

的发展。如何将冰冷的制度清单转化为有温度的生命导航？班主任需要在秩序与活力之间找到教育管理的平衡点。



一、问题溯源：管理失效的三重因素

1. 规则烦琐导致效果减弱

案例中的班主任竭尽全力地思考了班级管理中可能出现的情况，制定了详细的规则，期待能杜绝班级常规可能出现的问题。但是经验的缺乏，让班主任高估了学生的执行力，过度细化的规则超出了学生的认知，加大了执行难度。最终导致班主任陷入“发现问题—执行惩罚”的循环，教育效果也在模式化的管理中逐渐减弱。

2. 单向决策引发信任危机

当李老师将独自制定的班规直接推向班级时，看似高效的管理决策已经埋下了信任危机的种子。信任危机的重点不在于规则是否合理，而在于程序是否正义。单向决策下的班规将学生排除在决策之外，削弱了学生对班规的情感认同，班规的教育根基难以稳固。学生抱怨“老师又要拿班规说事了”，反映了学生对班规的负面情绪。此时，班主任越是用心完善制度细节，学生越是将规则视为异己的约束工具。教育管理中的信任只有在平等对话与共同建构中才能培育出真正的规则生命力。

3. 管控思维压制成长需求

将学生视为需要矫正的“问题变量”，就会忽视成长本应具有的弹性与创造性。当班主任执着于用严密的规则网络框定行为边界时，静态的秩序追求便替代了动态的生命培育。管控思维下的班级如同精密运转的仪器，但缺少了教育中最重要的不确定性——试错中的顿悟、冲突中的自省和自主中的担当。

教育管理的艺术，在于将“不能逾矩”的底线守护与“不妨探索”的成长宽容有机结合，让规则成为托举生命拔节的支架，而非禁锢生长可能的围栏。

二、理念更新：管理智慧的三个转向

从“制度完善”转为“价值引领”。将班级管理的目标从“行为合规”上升为“品格塑造”，如将“禁止迟到”转化为“时间契约精神培养”。

从“问题导向”转为“成长发现”。班级管理中既要关注学生的行为偏差，更要重视其进步轨迹，为每个学生建立个性化的进步轨迹，让成长“被看见”。

从“单兵作战”转为“生态共建”。构建“教师—学生—家长”的成长共同体，定期举行三方对话沟通，将班级规则延伸为家庭教育的指导资源。

三、破局路径：构建价值导向的管理新生态

1. 规则重构：从烦琐细节到核心公约

班规的本质是价值观的具体呈现，而非行为细节的无限枚举。重构规则的关键在于祛除多余条款，提炼核心公约，将零散的纪律要求凝练为具有生长性的原则，如：在安全底线上划定“生命红线”，在品德养成中树立“尊重、诚信、责任”的道德要求等。精简后的公约既能维护班级秩序，又为个体发展预留自由伸展的空间。

2. 机制调整：从单向约束到双向赋能

单向约束只能输出压力，双向赋能则能激活集体生命力。因此，需要构建师生共生的管理生态，这种转变需要设计开放性的参与机制，如设立“班级议事会”，让学生的声音“被听见”；创建“成长积分体系”，让学生的进步“被看见”；让班规随着学生的成长动态调整；让遵守规则关联着“获得成长机会”。

3. 角色转变：从权威控制到成长陪伴

班主任应当从“规则的捍卫者”转变为“成长的摆渡人”，班级管理应从对抗走向共生。这就需要班主任在底线问题上做坚定的“守门员”，在品德养成中当敏锐的“观察者”，在个性发展上成为智慧的“点火者”。在具体实践中，班主任应以合作者的身份指导学生，通过追问启发学生反思自身行为，在关键点提供有力支持。这种角色的转变犹如将紧握的拳头舒展为托举的手掌，既给予学生自由探索的空间，又在风险出现时提供保障，最终让每个学生在守护与信任中走向自律。

**做法：**

## 从“单向约束”到“共同成长”：基于学生主体性的班规共建方案

南京师范大学附属中学新城小学　陈宇婷

中途接手了一个班级，发现学生总体规则意识不强，和前班主任沟通后了解到之前教师带班较为严格，学生犯错误会得到严厉的惩罚。随着年龄增长，教师的权威性逐渐下降，制定的规则约束力也大不如前，学生对于惩罚已经产生心理疲劳。这种现象折射出传统班级管理的深层矛盾——单向度的规训式管理已难以适应新时代学生的发展需求。所以笔者通过以下尝试，探索构建师生共同成长的班级治理新范式。

一、规则共建，培养契约精神

实践表明，之前的班规制定主体是教师，学生变成了被动的承受者。“主体性”一旦被剥夺，会导致学生认为这些规则仅仅是用来束缚自身行为的，并不会发自内心地认同。而且，班规当中“禁止”“不许”等词语已经提前把学生预设为会犯错的对象，这给学生带去较为负面的感受。无论是校规还是班规，制定的初衷都是希望将学生培养为尊重规则，具有契约精神的现代社会公民，本质上是帮助学生完成从“他律”向“自律”的转变。所以，改变的第一步便是规则的制定方式——以学生为主体，共同制定规则。

笔者在班级开展了一节主题为“我的理想班级”的班会活动，让学生为自己心目中的理想班级画像。班会课上，要求学生结合自己平时观察到的班级的良好现象以及不良现象提炼出“理想班级”的关键词。学生对

陈宇婷，任班主任13年，南京市德育工作带头人。

于自己每天生活的环境是最为熟悉的，所以能够发现痛点并畅谈，在谈话中暴露出来的问题也正对应了班规的具体内容。但是学生的发言是不成体系的，所以我又引导大家将所提内容进行整合，提炼出班级的核心价值观，将其精简为“尊重、诚信、责任”三大原则，分别对应人际交往、个人道德和社会角色。在三大原则之下，细致罗列具体要求，突出亟待养成的规则。班规制定出来以后，张贴在班级最为醒目的地方，并给所有同学发放一份，请大家郑重其事地在班规上签上自己的名字。至此，这份班规将成为全班同学共同的行为准则，它来自学生，也将指导学生。当学生亲笔签名时，当违约的学生通过行动重新获得大家的信任时，契约精神便在学生心中生根发芽了，它将对学生人格品质的铸造产生深远的影响。

二、评价重构，激励成长动力

心理学家斯金纳提出，人的行为受其结果影响，可以通过奖惩来塑造学生的行为。但是奖励和惩罚绝不是简单的加分减分，而是能够真正促进学生成长与进步的养分。所以笔者认真思考，在班里实施了一套完整的正向激励措施。

笔者所在的班级名为“耀星中队”，班级的学生有一段时间迷上了“开公司”游戏，用白纸裁成小块作为游戏货币。结合学生喜欢游戏的心理，我在班级开发了一套货币——星星券。“星星券”有三种面额，对应学生行为表现良好程度。同时，在班级设置“个人成就银行”制度，以共同制定的班规为标准，结合老师的评价，由值日班长记录学生当天表现，根据结果发放星星券。学生将得到的星星券存入“个人成就银行”中，存折中数字的上涨，让学生良好行为的积累变得肉眼可见、真实可感。接下来，班级会定期举行“拍卖会”，将学生喜爱的事物作为拍品进行竞拍，比如带有学校 logo 的便签贴、益智类小玩具、兑换券等，竞拍用的货币就是学生平时积累的星星券。班级每达成一个集体小目标，也会举行一次活动，比如“星星杂货铺”“星星美食街”开张，也需要使用星星券购买物品。在这些活动中，学生会慢慢发现，通过自我肯定、外部认可、目标达成等方式，自我的成就感和自由感在不断提升，形成了积极的反馈循环。

同时，我也改良了惩戒机制。当我们固守“违规—判罚”的裁判模式时，学生便无法真正建构对于规则意义的认知。所以我在班级设置了“反思日志系统”和“错误转化工坊”，当学生违反了班规，将需要撰写一份成长叙事——“我的选择正在塑造怎样的自我”，并思考如何将违纪行为转化为改进方案。同时，提倡学生用“为班级服务”的方式挽回个人成就银行的损失，帮助学生从错误中学习并成长。

三、治理转型，实现多元管理

班级管理从来不是班主任的个人行为，如果班规从制定、实施到监督都由班主任一人包揽，结果不仅是班主任个人时间和精力的双重消耗，更是学生自我管理机会的丧失。所以在班级管理中，班主任应当承担“顶层设计者”的角色，将任课教师和学生都调动起来，实现责任共担、优势互补、动态制衡的多元管理的新格局。

笔者在每学年之初都会给班级的所有任课教师发放一份“带班攻略”，带班攻略中包括班级情况分析、班规介绍、班级评价措施介绍以及特殊学生管理方法等内容，协助任课教师在学科中育人。同时也会组建“班级治理共同体”群，经常和任课老师交流，以便更加全面地了解班集体，实现动态管理。

笔者还在班级实施了“值日班长轮换制”和“金点子我来提”两项制度。值日班长负责记录班级学生的日常表现，并撰写“班级日志”，在晨会上总结大家的表现。其他同学如果对班级事务产生了新的想法或建议，可以将其投放到班级的“金点子”信箱中，班会课上取出来讨论，采纳有建设性的方案并评选为最佳方案。

当班规从冰冷的条文转化为温暖的成长契约，当管理从单向约束升华为共同滋养，教育的真正力量就此显现。这种转型不仅是方法的革新，更是教育价值观的重构。在共建共治中，师生将共同书写关于规则、责任与成长的生动叙事。

## 二、带班风格的转换与适应

**情境二：**班主任张老师因生育请假了，班级工作由杨老师接手。两位老师都是优秀班主任，但个性、理念差异较大。杨老师带班以“严”著称，一接手班级，就对班级常规做了大刀阔斧的改变，学生一时不能适应，并对某些惩罚性的班规产生了抵触。为此家委会找到杨老师，表示希望沿用张老师一贯以来的做法，学生经不起这样的试错。杨老师陷入了沉思中……

**看法一：**

### 接棒突围：班主任中途接班如何“闯三关”

南京师范大学附属中学江宁分校　葛金莲

中途接班是班主任工作中的一个特殊但又常见的现象。班级更换班主任，大致有如下原因：师资配备结构不均衡；班级发展不理想；原班主任因离职、调岗、生育或健康问题等不能继续留岗。无论哪一种情况，中途接班都是一场攻坚战。但它是挑战，也是契机。要把中途接的班级带好，班主任需要“闯三关”：

一、磨合关

师生刚接触时需要磨合，但应避免摩擦。案例中班主任的做法引起学生质疑和抵触的原因在于：

1. 排外心理：对学生而言，班级已形成稳定的“熟人群体”，当“外来者”对集体规则“做了大刀阔斧的改变”并要求执行时，学生就会产生排斥心理，这是一种正常的心理防御机制，班主任老师对此应视作平常，宽容以待。

---

葛金莲，任班主任 21 年，曾获长三角地区班主任基本功大赛一等奖。

2. 对比效应：新接班时，师生往往都会不自觉地把“现任”和“前任”进行对比。失去的才是最珍贵的，尤其是在情境中“初二（1）班在张老师带领下发展得很好”的情况下，前任就成了“白月光”。作为一个合格的“现任”，新班主任应以身作则，不比学生，不念过往，并理解和支持学生对前任班主任的情感，为和谐的新师生关系打下基础。

3. 习惯舒适区：原先的运行模式已让班级处在“习惯舒适区”。班级常规的改变会迫使学生走出“舒适区”，造成不适感、失控感或焦虑感，如果操之过急，班主任新上任的“一把火”就容易烧到自己。新班主任需拥有内核稳定的“松弛感”，在摸清底细之前，不管发现了什么问题，且“让子弹飞一会儿”，慢慢观察，徐徐图之。

二、信任关

信任是一切合作的基础，情境中杨老师未能及时赢得学生、家长信任的原因，可从以下三个维度分析：

1. 动机：良好的动机带来长期的信任。杨老师一接手班级，为了“工作顺利开展”，对班级常规“做了大刀阔斧的改变”，其动机是从自身需求出发，忽视了“学生立场”。教育总在细微处见真章，我们的起心动念学生能感知得到，缺乏真诚的动机，信任就无从谈起。

2. 能力：能力是建立信任的一大支柱。功力深厚的班主任接班时，会把和学生的每一次接触都当作一场“破冰之旅”。情境中学生“对一些重复性、惩罚性班规产生了质疑和抵触”，究其本质是班主任在带班能力上未获得学生认可。且不说“重复性、惩罚性作业”不符合“五项管理”相关要求，也位列基础教育规范管理“十二条负面清单”中，单就育人方法而言，以占用学生时间、精力，甚至健康为代价的“三板斧”就会让师者形象受损，长此以往，势必引起学生对班主任的情绪抵触与能力质疑。

3. 德行：教书育人，道路千万条，德行第一条。首先，有德行的班主任是秉持“儿童立场”的。没有对学生的尊重与共情，我们也得不到学生的尊重和信任。其次，有德行的班主任是有涵容力的。学校是允许孩子犯错的地方，成长本就是在犯错、改错中螺旋上升的过程。没有对学生犯错的涵容力，我们也得不到学生信任。再者，有德行的老师是情绪稳定的。处理问题时缓一缓，相信平静的力量；仔细观察，深入思考，总有更好的方法。用足够的尊重与宽容，协助学生觉醒，是班主任赢得信任的必备德行。

三、合作关

心理学家阿德勒认为，社会的发展是建立在合作基础上的，一切的不成功、不幸福都是因为缺乏合作精神。良好的合作关系如何达成？首先，除前述“信任”之外，还有两大因素：

1. 共同的目标。合作初期，我们应带领学生设定班级的共同发展愿景，形成一致的追求目标。寄予学生平等和期望，不仅能激发学生内在动力，也有助于培养学生的自主发展意识和责任担当精神，创建一个有强大凝聚力的班集体。

2. 有效的沟通。作为新接班的班主任，和学生沟通时，要用学生的眼光去观察，用学生的思维去思考，用学生的情感去理解。与家长沟通时，要站在孩子的角度切实解决孩子的需求，让孩子成长进步，就一定会收到良好的家校沟通效果。与搭班老师沟通时，日常多商讨，遇事多合作，引导学生尊重、理解老师的付出，就能培养和谐的团队关系。

半路师生不易，但会遇见别样风景。种种困难是挑战，也是班主任专业素养提升的契机。当我们看到一张张青涩的脸庞在我们的影响下，焕发出青春的勃勃生机，我们的教育人生就有了不一样的精彩。愿中途接班的“老班”们，都是且歌且行的行者，我们不做青春少年的过客，而要成为他们心底永远的春色。

**看法二：**

## 允许“戒断”——以“动”治“动”的班级常规管理

南京市将军山中学　王赂

班级管理是班级管理者按照教育规律，有目的、有计划地采用一定的方法组织班级教育活动，实现教育目标的过程。一个优秀班集体的建设包括发展目标的确立，组织机构的完善，物质文化、制度文化、精神文化的形成等。其中，班级常规管理更是小细节蕴藏大智慧，是班主任理论主张、教育模式和实践操作方法的综合体现。

情境中提到的“中途接班”“初期大规模改变”“部分惩罚性班规”“家委会介入并提出意见”等均指向中途接班的班级管理举措，不断发展变化的班集体呈现的“动”态需求，需要班主任以“动”治“动”，调整自身教育风格，积极适应，稳中求“变”。

一、允许戒断，认同迁移

在日常的师生交往中，教师，尤其是班主任的个人风格与班级管理举措，很大程度影响着学生道德品质和价值观的成长。良好的师生关系蕴含“育人”价值，班级是师生成长的共同体，师生彼此之间应当有归属与认同感，即产生情感依存。

良好师生关系，深厚的情感依存，能提高教育效果，助力学生的多方面发展。情境中原班主任张老师也是位优秀班主任，在班集体建设初期渗透的管理个性和理念，让她已经和同学们产生了一定的情感联系，班集体的建设和发展也进入了一个相对稳定的状态。中途接班首要是情感衔接，对于杨老师而言，如何建立新的班级情感依存？如何让自身教育风格“稳定且多变”，去适应新的班集体？如何完成信任重塑？一段新的情感依存的建立应当允许“戒断”，允许班集体中的情感个体有身心的适应性反应，从原有的情感依存中逐步抽离并投入新的情感依存中，

王赂，任班主任14年，曾获长三角班主任基本功大赛一等奖。

即“充分了解——尊重与平等交往——接纳——欣赏”，完成班集体新阶段建设的长远目标需要小步慢走，徐徐图之。

二、管育并重，警惕变形

班集体建设中管理是举措，育人是目标，管理是为了更好地实现育人目标。“管育并重”模式强调以“管”和“育”为抓手，二者相互结合、彼此促进，本质上是以教师为中心向以学生为中心的转变。班规，即班级的制度文化，是班级常规管理的重要举措。班规的实质是一种集体约定，即由学生参与讨论、师生共同达成的一种班级契约。在制定过程中，应当充分发挥学生的主体地位，鼓励学生参与制定，班主任积极引导，确保班规公平公正、明确具体、可操作。班规的制定实施更应尊重学生的成长规律，“动”态发展的青少年，在不同的发展阶段体现出不同的规则需求，班规也应当“与时俱进”，不断修正。

重“管”轻“育”，模糊教育“惩罚”的边界都是班级管理的变形，情境中学生的不适应和抵触折射出班规育人目标的缺失。班规是约束，是导向，“惩罚”亦是为了激励。班规中的奖惩举措应可以相互转换，惩罚措施应个性化、创意化、完整化，恪守与体罚、变相体罚、心罚的边界。当学生出现偏差行为时，班规所扮演的是支撑，是一种容错的情感支持，着眼学生的发展。

三、寻求助力，协同自治

共商共建共享的民主化管理需要多主体的协同助力，情境中家委会的相关反馈体现了协同育人的不完全。中途接班的杨老师需要张老师的“引入助力”，接班前充分了解，接班初期帮助过渡。戒断期需要班级正式群体的“导向助力”，班级新规的落地、反馈可充分听取班委意见，有效推进。班级管理的“定心丸”还需要家长的“后盾助力”，主动接洽、增进了解、消除疑虑。同时，还可积极摸索班本德育课程助力、任课教师学科教学协同助力、多元评价助力等。

总的来说，在中途接班的班集体建设过程中，班主任应当允许学生对新旧老师、新旧管理风格的戒断和接受，制定班级管理的阶段性目标；重新认识班级管理本质，以“管”为手段，以“育”为目标，重拾育人本质；管理班级是多措施、多主体的协同反应，最终目标是学生自主管理，实现自我成长。



**做法：**

## 从“个体管理”到“共同体构建”：中途接班班级常规建设的四步转型策略

南京师范大学附属中学　李娜

德育工作没有教科书，班主任工作也没有标准答案。但是，班主任工作的魅力和价值往往就蕴含在富有挑战的工作中。中途接手一个班级，对教师而言是一个不小的挑战，但也是重塑班级秩序、凝聚班级力量的好契机。注重班级常规建立的过程，建立行之有效的班级常规，能实现从“我”的管理到“我们”共同参与的蜕变。

布鲁斯·塔克曼提出，团队发展的阶段是：组建期、激荡期、规范期、执行期和休整期。所有阶段都是必需的、不可逾越的，团队在成长、迎接挑战、处理问题、发现方案、规划、处置结果等一系列经历过程中必然要经过上述阶段。

一、破冰诊断：从单一认知到群体共识

进行全方位调研是首要任务。向原班主任、各科任课教师深入了解学生的学习成绩变化曲线，明确其在各学科的优势与短板；知悉日常行为习惯的具体表现；了解兴趣爱好的具体方向；从任课教师处了解其在不同学科学习中的思维模式。同时，仔细研读学生过往档案，对奖惩记录进行深入剖析，挖掘背后的动机与影响；借助心理测评报告，洞察学生潜在的心理状态和性格特质，为后续教育教学提供精准支持。

---

李娜，任班主任 7 年，曾获南京市班主任基本功大赛一等奖。

每天利用课余时间，与每位学生进行一对一的深度交流。交流时，从学生感兴趣的体育赛事、热门影视作品等话题切入，自然引导其分享学习中的困惑、生活里的烦恼以及对未来的憧憬。当学生倾诉学习困难时，不仅要耐心倾听，更要结合其学习特点给予针对性的学习方法建议；面对家庭烦恼，给予充分的理解与共情，让学生真切感受到老师的关怀与重视，从而拉近师生间的距离，为后续班级管理奠定良好的情感基础。

尽快记住学生名字，观察他们的性格、兴趣爱好。可以通过制作座位表、姓名卡片等方式辅助记忆。发挥榜样示范作用，教师以身作则，在遵守时间、言行文明等方面成为学生的榜样。树立学生榜样，发现并鼓励在遵守常规方面表现优秀的学生，通过评选“班级之星”等活动，激励其他学生向他们学习。

二、关系重构：从分散个体到情感共同体

精心筹备“新起点，新征程”主题班会，提前布置教室，悬挂彩色气球、张贴励志标语，营造积极向上的氛围。随后，组织学生分组讨论对班级的期望，每组推选代表进行发言，分享对未来班级生活的美好愿景。在“我为班级献一策”活动中，为学生准备充足的便签纸和笔，鼓励学生将内心想法和建议写下来。老师对每一条建议都进行认真梳理、深入讨论，让学生切实感受到自己的参与对班级发展意义重大。

组织户外拓展活动，如拔河比赛前，务必做好全面的安全准备，仔细检查场地是否平整、器材是否牢固。比赛过程中，鼓励学生齐声喊出口号，通过团队协作的力量赢得胜利，增强班级凝聚力。对表现出色的小组，给予精美笔记本、运动手环等实用小奖品作为奖励。在班级内开展小组合作学习项目，如小组课题研究时，依据学生的学习能力、性格特点和兴趣爱好进行合理分组，确保每个小组优势互补。定期组织小组汇报进展，搭建小组间相互学习、相互借鉴的平台，促进学生深度交流与合作。

三、规则迭代：从被动接受到主动共建

待时机成熟时，师生共议，民主决策新规则。在继承班级原有合理规则的基础上，结合自身管理风格和教育理念进行优化。组织班会制定班级常规时，将学生分成若干小组，每组围绕课堂纪律、考勤制度、值日制度、奖惩机制等关键主题展开讨论。每个小组推选认真负责的记录员，详细记录讨论内容。讨论结束后，各小组依次汇报讨论成果，全班共同审议。对于学生提出的合理建议，如在课堂纪律中明确尊重他人发言的具体细则，在考勤制度中设置弹性请假机制以应对突发情况等，予以充分采纳并完善，让学生成为班级规则的制定者和守护者。

细化规则，清晰指引。为确保学生清楚了解各项常规，制作图文并茂的班级常规手册。以生动形象的形式展示课堂纪律中迟到、早退、旷课的场景及对应的处理措施；用直观的图表列举奖惩机制中奖励和惩罚的具体标准与形式。将手册发放给每位学生，并在教室显眼位置张贴，方便学生随时查阅，时刻提醒自己遵守班级规则。

四、效能提升：从制度制约到文化自觉

通过民主投票的方式挑选责任心强、公正公平的学生组成监督小组。监督小组每周定期召开内部会议，交流监督过程中发现的问题及解决办法。

根据监督小组的反馈，每周对班级常规执行情况进行总结分析。对于执行过程中出现的问题，如部分学生对奖惩机制存在异议，及时组织全班讨论，广泛征求学生意见，根据实际情况进行调整优化。每月对班级常规执行情况进行全面评价，评选出“最佳纪律之星”“最佳值日小组”等，在班级荣誉墙上展示表扬，激励学生积极遵守班级常规，共同营造良好的班级氛围。

中途接手一个班级，必须经过从“个体管理”到“共同体构建”的过程，才能使师生真正走近彼此，增强集体凝聚力，找到集体幸福感。

**专家点评：**

班级常规管理是班主任工作的重中之重。刚性班规易引发学生抵触，柔性自治则更显人性化与成效。班主任应从“制度完善”迈向“价值引领”，以学生为主体，共同制定规则，实现自我管理。同时，中途接班的班主任需闯过磨合、信任与合作三关，以真诚之心赢得学生与家长的信赖，此外，允许学生有情感“戒断期”，以动态管理满足其成长需求。如此，方能构建和谐班级，助力学生健康成长。

## 第三节　如何进行班干部的管理？

### 一、班干部的选拔与培养

**情境一：** 进入新学期，班里要进行新一轮的班干部选举，班里却没人报名。竞选演讲时，同学们都低着头，整个班级都沉默了。有的学生小声嘀咕：“当班干部要管同学，得罪人。”有的说：“我怕做不好，被老师批评。”还有的说：“毕业班学习任务太重了，实在没有时间做班委。”看着孩子们畏缩的样子，班主任意识到问题的严重性……

**看法一：**

#### 班干部选举中“冷遇现象”背后的心理图谱

南京市科睿小学　周雅婷

中小学班干部队伍是学生进行自我管理的重要组织，也是班级成员进行自我管理与教育的重要载体。随着社会的不断发展，班干部队伍建设也面临着诸多新的挑战。如何满足学生学习生活的多样化需求，如何协助学生妥善处理班级复杂的人际关系，如何让班干部队伍的培养能胜任现代班级建设的发展等等都需要班主任展开持续的思考与探究。《中小学班主任工作规定》明确提出“班主任指导班委会和团队工作”，可见，班主任需要具备一定的教育智慧和专业能力去洞见学生的心理图谱和班

周雅婷，任班主任 11 年，南京市德育工作带头人。

干部队伍的建设需要。

一、困境聚焦

从情境案例可以看出，班级学生对于班干部选举的态度是“担忧”的，具体表现在以下三方面：

1. 担忧“人际关系处理不好”

学生把班干部的工作定义为“管同学”，可见，学生在思想上是以“行政层级”来定义班干部身份的，这样一来，就容易造成班干部和其他同学的“对立”，即“管理者”和“被管理者”的对立，加上自身可能缺乏恰当的对话沟通和问题处理的引导，就容易在班干部工作中出现“得罪人”的现象，进而在人际交往方面产生负面的压力，因而对参加班干部选举感到“担忧”甚至是“畏缩”。

2. 担忧“岗位职责胜任不了”

学生认为班干部工作做不好会挨老师批评，会失去原本在日常学习中与老师已建立的良好师生关系，进而让老师对自己产生“态度不好”“能力不足”等负面印象。“多做多错，少做少错，不做不错”，由此多一事不如少一事，保持沉默。

3. 担忧“时间管理统筹不善”

案例中，学生处在毕业班的特殊时期，学业存在一定的压力，课余休闲娱乐时间本身就不足，“担任班干部”还需要花费一定时间和精力，这在时间管理及事务的统筹安排上，需要一定时间管理的方法和自我管理的能力，对多数学生而言，本身就是一个不小的挑战，加上还可能得不到老师和同学的肯定，这就更容易让学生在班干部选举面前望而却步。

二、原由分析

上述案例反映出的班干部队伍的培养与建设问题，究其原由，可以从以下三方面进行具体分析：

1. 学生责任感和担当意识缺乏

学生认为当班干部会“得罪人”，会“挨批评”，会“浪费时间”，这完全是从个人利益得失的角度来进行的衡量。他们只看到了“当班干部”眼前带给个人的在“人际交往”和“时间管理”等方面可能出现的负面压力，而没有认识到作为班集体的主人翁，参与班级建设是每个班级成员应尽的责任和义务。由此可见，该班学生的班级责任感和担当意识缺乏，亟待班主任的教育和培养。

2. 班主任对班干部培养“无为”

案例中，刚进入新学期，无论是面对学习还是班集体活动，大多数学生都应该处在一个积极投入的状态之中，理应会在班级建立新秩序的重要阶段充满积极性和主动性，但该班级的班干部选举却“无人问津”，甚至“整个班级”都沉默了，学生对担任班干部感到“忧心忡忡”，可见班主任对班干部尤其是在“沟通表达”“合作交往”“时间管理”等方面缺乏有效培养和指导，“使用”重于“培养”导致班干部置身在诸多常态工作的困境中无所适从，无所依靠，久而久之失去积极性；也让其他学生在日常观察和固有印象中对班干部选举产生失望、焦虑甚至是畏难等负面情绪。

3. 班级对班干部角色定位偏颇

班级对于班干部的角色定位偏颇，把班干部角色定义为“事务性管理者”或“班主任意识的执行者”，把班干部的日常工作局限为“发材料”“传消息”“管纪律”等，也增加了班干部工作的负担和难度，甚至将班干部放在了同学的“对立面”，让班级学生感到，当班干部只是一味在消耗个体的“时间”“精力”“人情”等，没有看到担任班干部其实也是在综合锻炼学生自身各方面的能力，如“有效沟通能力”“偶发性事件处理能力”“同伴互助合作能力”，同时能帮助学生树立集体服务意识，为自身社会性发展提供有效助推力。

综上所述，班干部选举中的“冷遇现象”，背后交织着学生自我认知、责任意识、竞争恐惧、班级氛围等复杂心理因素。要破解这一困局，班主任需深入解析学生的心理图谱，引导学生正确认识自我价值，培育责任担当意识，营造公正和谐的班级环境，建立有效有益的评价机制。如此，方能让班干部选举真正激发学生的责任感和参与热情，成为助力学生成长的有效契机，构建更具活力与凝聚力的班集体。



**看法二：**

## 唤醒担当：班干部培养的困境分析与实践策略

南京市第五十中学 汪晓薇

班干部选举，教室里却无人报名，这一幕反映出的不仅是学生对班干部角色的抗拒，更是班级管理模式面临的挑战。班干部被视为“得罪人”的苦差，责任被等同于“耽误学习”的负担，让人不禁反思班干部制度是为了方便管理，还是为了培养学生？为此，需要探寻班干部培养的育人价值，让每个学生都能在承担责任中找到成长的意义。

一、现状分析：无人竞选的深层原因

1. 角色认知偏差：管理者定位引发学生抗拒

情境中，班干部被定位为“老师的助手”和“同学的管理者”。学生认为，担任班干部容易得罪同学，破坏人际关系。这种认知偏差将班干部的角色异化为“班级警察”，学生们宁愿选择沉默也不愿承担这份责任。这种管理者定位让学生忽视了班干部的服务本质，对岗位的价值产生了误解，从而降低了他们的参与意愿。

2. 能力培养缺失：上岗无培训，责任变负担

班干部在选拔后，如果缺乏岗前培训和持续培养，容易导致学生被“赶鸭子上架”。面对繁杂的班级事务，班干部不懂有效沟通，不会协调矛盾，如果此时没有有力的支持和有效的指导，班干部的压力会越来越大，甚至产生自我怀疑。长此以往，班干部岗位就会从“成长机会”变成“沉重负担”。

---

汪晓薇，任班主任 15 年，曾获长三角班主任基本功大赛二等奖。

3. 激励机制断层：付出无认可，热情被消耗

班干部工作需要投入大量时间和精力，但在一些班级中，他们的付出并未得到应有的认可和回报，甚至因为达不到要求而受到老师的批评。缺乏科学的激励评价机制，会使得班干部的贡献被忽视，热情逐渐被消耗。班主任容错度低，没有给班干部犯错的机会，学生看到班干部辛苦付出却收获寥寥，自然对竞选缺乏兴趣。此外，单一的“以成绩论英雄”评价体系，也让班干部的工作价值被低估。

二、成长攻略：构建发展型教育路径

1. 角色重塑：从管人到育人

我们要将班干部角色转变为“服务者”和“班级共建者”。具体来说，可以设立多样化的服务型岗位，让每个岗位都聚焦于服务班级、帮助同学，而非单纯的管理。例如，活动策划员负责组织班级文体活动，学习互助员帮助同学解决学习难题，环境美化师负责教室布置和卫生监督等。通过这些岗位，学生能够以更轻松、更积极的方式参与班级事务，感受到自己的价值。更重要的是，明确“班级共建者”的定位，让班干部意识到自己是班级成长的推动者，而非老师的“传声筒”。

2. 机制创新：让参与有动力

要让班干部岗位重新产生吸引力，必须通过机制创新激发学生的参与动力。

推行“轮岗制”。每月轮换岗位，每个学生都能尝试不同的角色，既避免了岗位固化，也能让更多的学生发现自己的潜力，对于毕业班的学生，也可以将压力分散。

引入“积分制”。将班干部的行为转化为可量化的成长资源，这些积分可以兑换“自习课主题选择权”“班级活动策划资格”等奖励。这种机制让班干部的付出得到及时反馈，激发学生的持续参与热情。

此外，还可以让学生以“实习生”身份参与，等逐渐适应后再上岗。这种渐进式的参与方式，能有效降低学生的心理门槛，让更多学生愿意

尝试。

3. 系统支持：为成长保驾护航

班干部的成长离不开有力的支持与指导。开展岗前培训，为学生提供必要的技能储备。例如，开设“沟通技巧”“团队协作”“时间管理”三堂必修课，帮助班干部掌握基本的、高效的工作方法，平衡自身学习和班级工作。

建立“班委成长会”。每周固定时间，让班干部分享心得、提出困惑，班主任提供指导。这种定期交流能帮助班干部解决问题，增强他们的归属感和成就感。

完善评价激励机制，变简单的结果性评价为过程性评价。定期对贡献明显、工作能力提高的班委进行鼓励和肯定，并将之作为期末综合素质评价的重要依据。在多方支持中，班干部不仅能更好地履行职责，还能在服务班级的过程中实现自我成长。

**做法：**

## 从“不愿”到“乐为”：班干部的激励与培养策略

南京市银城小学　魏敏

班干部制度是班级管理的重要载体，也是学生社会化发展的关键途径。然而现实中，班干部这一角色常被异化为苦差事——学生因担心影响学习、惧怕人际矛盾而抗拒参与，教师则陷入“能者多劳”的用人困境。如何打破这一僵局？

一、认知重塑：“班干部”≠“苦差事”

刚接手四年级时，我发现班上学生普遍对当班干部有抵触情绪：“老师，当班长要管纪律，同学会讨厌我”“组长天天收作业，太耽误时间了”。这种认知源于角色定位的偏差，班干部被简化为任务执行者，成长价值

魏敏，任班主任 21 年，曾获江苏省班主任基本功大赛一等奖。

没有被充分挖掘。为此，我通过三种方法重新定义班干部的价值。

1. 榜样故事会

每周三的晨会时间，我开设了班干部故事专栏，播放往届班干部的成长视频：曾经内向的茜茜通过三年中队长的历练变得自信大方，现已成为演讲比赛冠军；调皮的小辰在纪律监督员的岗位上学会了自我约束。用真实的案例让学生意识到，班干部不是苦力，而是成长的阶梯。

2. 岗位说明书

为了让岗位职责变得生动，我给每个岗位设计了“超能力修炼卡”，将班干部岗位职责转化为趣味任务。例如，班长需要“沟通超能力”和“决策宝石”；卫生委员需要掌握“火眼金睛”和“团队召唤术”。孩子们饶有兴趣，笑着讨论：“原来当班干部能修炼这么多超能力！”

**班干部超能力修炼手册**

| 岗位名称 | 核心技能 | 升级任务 |
|---|---|---|
| 中队长 | 沟通超能力 | 协调班级各项事务 |
| 学习委员 | 知识图谱构建力 | 解决作业难题 |
| 文体部长 | 创意策划力 | 组织长课间小游戏 |
| 卫生委员 | 火眼金睛 | 发现隐蔽垃圾 |
| 图书管理员 | 时空整理术 | 快速归类图书 |
| …… | …… | …… |

3. 五分钟体验

设置班干部体验周，每天早读前 5 分钟由学生轮流管理班级。一个原本怯生生的女孩在体验“课前准备检查员”岗位后兴奋地说：“我只是提醒大家摆好书，老师就夸奖我，做班干部比想象中简单有趣！”碎片化体验让全班 40 名学生在一周内都尝试了班干部角色，抵触情绪明显缓解。

二、梯度培养："小菜鸟"变身"小领袖"

面对学生怕做不好的焦虑，我搭建了循序渐进的"三步成长阶梯"，帮助每个孩子找到成长坐标。

1. 小干部训练营

每周三午休开设班干部特训班，通过情景剧形式模拟各种状况，用班级危机闯关游戏培养应变能力。例如：早读时两个同学突然吵架怎么办？学生通过角色扮演，学会用冷静三部曲——"喊停、倾听、报告"来解决问题。同时教给班干部们使用番茄钟来平衡工作与学习，用任务清单表分解职责，消除学生时间顾虑。

2. 师徒结对

由前任班干部与新任小萌新结成对子，传授具体工作方法。曾因严厉被同学疏远的小王，在师父指导下学会了夸夸管理法："小迪同学，你跑步像闪电侠一样快！如果排队时也能保持队形就更好啦！"

3. 问题解决树洞

在教室角落设置"班干部树洞本"，学生可匿名写下困惑。每周选取典型案例开展头脑风暴会。例如针对催作业得罪人的问题，学生们共创出作业积分银行制度，班干部变身积分掌柜，矛盾迎刃而解。

三、岗位定制：发挥各自优势

1. 自主式管理

我将班干部岗位设置的权利交还给学生，他们根据兴趣、能力和特点来设计符合自身条件的班干部岗位。例如，擅长绘画的学生可以申请设立"艺术总监"这一岗位，负责教室的文化设计以及黑板报的布置等事务。这既能够强化学生的自我价值认同，充分展现个性和才能，又能有效整合班级成员的差异化才能，形成优势互补的协同效应，让班级团队高效运作。

2. 定锚式卷入

每学期，我都会召集学生制作一本"招募书"，列出班级本学期所有重大事项，鼓励学生自主报名承担相应筹备与执行工作，如运动会准备、黑板报设计、童歌会的策划与演出等。每个学生至少选择并深度参与一个重大班级事项，将学生的热情与智慧转化为班级凝聚力提升的基石。

四、正向激励：让成就感“滚雪球”

1. 给掌声也给肩膀

每周五放学前 10 分钟是“班干部夸夸会”。我用优点放大镜来点评班干部工作：“小雨本周收发作业提速 50%，就像闪电侠！如果登记本上能标注重点就更好啦。”期末举办班干部颁奖典礼，设置“最佳协调奖”“细节猎人奖”等特色奖项。获奖者不仅获得定制徽章，还享有“优先选同桌”“当一日班主任”等特权。

2. 从受益者到赋能者

组织班干部到一年级“支教”，这是最受欢迎的奖励。给一年级小朋友讲解如何整理书包，看着学弟学妹崇拜的眼神，班干部们真切感受到：“我的付出真的能影响更多人！”在教导他人过程中强化自我认同。

3. 让成长被看见

设计班干部成长手册，记录每周的工作亮点、同学评分、自我反思等。通过“自评—互评—师评”三维度记录进步，配合“沟通之星”“创意达人”等成就徽章，使隐性能力显性化。同时，定期向家长发送成长简报，附上工作照片和同学评价。曾经反对儿子当组长的妈妈跟我留言：“没想到孩子学会了统筹安排，连家里周末出游都能规划路线，真好！”

如今，我们班的班干部岗位成了热门。看着孩子们从“不愿”到“乐为”，从躲闪到主动，从笨拙到游刃有余，我更加坚信：教育的真谛就是唤醒每个生命自我成长的力量。班干部培养的终极目标，就如陶行知先生所说，教是为了不教，管是为了不管。这大概就是教育最美的样子——不是强推着幼苗长大，而是营造他们愿主动生长的沃土。

## 二、班干部的职责与管理

**情境二：**自从王同学当上了班长，他便开始对同学颐指气使，要求大家绝对服从他的命令。甚至在课间休息时，他还让同学们帮他做一些私事，比如帮他整理书包、打水等，他扬言："现在课间时间延长了，大家就应该好好利用！"不少同学对王同学的行为感到不满，大家对班干部的"特权"行为议论纷纷，班级的凝聚力也受到了影响。

**看法一：**

### 班级管理的觉醒：从"领导力异化"到"全员自治的春天"

南京市小营小学　陈语

班级管理是教育的重要组成部分，而班干部的角色在其中起着关键作用。然而，当班干部的领导力出现"异化"，变成一种特权和专断时，班级管理就会面临严峻的挑战。案例中王同学作为班长，本应是班级的引领者和协调者，却因不当行为引发了同学们的不满，影响了班级的凝聚力。这一现象并非个例，而是班级管理中"领导力异化"的典型表现。如何从这种困境中觉醒，迈向"全员自治的春天"，是值得每一位教育者深思的问题。

一、领导力异化的表现与危害

在班级管理中，班干部的领导力本应是推动班级发展的积极力量。然而，当这种领导力被异化为特权和专断时，就会对班级产生严重的负面影响。

1. 特权行为的体现

王同学的行为是典型的"领导力异化"表现。他不仅要求同学们绝对服从他的命令，还在课间休息时间让同学们帮他做私事，如整理书包、打水等。这种行为将班干部的职责变成了特权，将同学们的课间休息时间

陈语，任班主任8年，曾获长三角班主任基本功大赛带班育人方略一等奖。

变成了自己的“服务时间”。这种特权行为不仅违背了选任班干部的初衷，也严重损害了同学们的权益。

2. 对班级凝聚力的影响

王同学的行为引发了同学们的不满，班级的凝聚力也因此受到了影响。同学们对班干部的“特权”行为议论纷纷，班级氛围变得紧张和压抑。原本应该是团结互助的班级，却因为班干部的不当行为而产生了裂痕。这种现象不仅影响了班级的和谐氛围，也削弱了同学们对班级的归属感和认同感。

二、领导力异化的根源

王同学的行为并非偶然，而是多种因素共同作用的结果。要解决这一问题，必须从根源上进行分析。

王同学的行为反映了他对权力的错误理解。他将班长的职责视为一种特权，认为自己可以随意支配同学们的时间和精力。这种权力意识的扭曲，让他忘记了班干部的真正使命是服务同学、协调班级事务，而不是利用权力谋取私利。

班级管理中缺乏有效的民主监督机制，也是导致王同学行为的重要原因之一。在没有监督的情况下，王同学的特权行为得不到及时纠正，从而逐渐演变成一种常态。这种缺乏监督的环境，让王同学的错误行为得以延续，甚至加剧。

三、从领导力异化到全员自治的觉醒

要解决王同学的问题，必须从班级管理的整体框架入手，推动从“领导力异化”到“全员自治”的转变。这一转变不仅是对王同学行为的纠正，更是对班级管理理念的深刻变革。

1. 重新定义班干部的角色

班干部的角色应该是服务者和协调者，而不是特权者。班主任需要通过教育引导，帮助王同学和其他班干部重新定义自己的角色。班干部的职责是为同学们服务，协调班级事务，促进班级的和谐发展。只有明确了这一角色定位，班干部才能真正发挥积极作用。

2. 开展班级文化建设

班级文化建设是推动全员自治的重要途径。通过开展丰富多彩的班级活动，如班级文化建设月、班级运动会等，增强同学们的集体意识和团队精神。在这些活动中，同学们可以共同参与、共同决策，培养自主管理的能力。同时，班主任可以通过这些活动，引导同学们树立正确的价值观和行为准则。

3. 引导全员参与班级管理

班级管理不应是班干部的“独角戏”，而应由全体同学共同参与。班主任可以通过设立班级岗位、小组合作等形式，让每个同学都能参与到班级管理中来。例如，设立“卫生监督员”“纪律委员”“学习互助小组”等岗位，让同学们在实践中锻炼自己的管理能力，培养责任感和集体意识。

四、结语：迎接“全员自治的春天”

班级管理的觉醒，是从“领导力异化”迈向“全员自治”的重要转变。全员自治不仅是一种管理方式，更是一种教育理念。它强调每个同学的参与和责任，培养同学们的自主性和团队精神。当我们真正实现全员自治时，班级将成为一个和谐、有序、充满活力的集体，同学们也将在这个过程中成长为有责任感、有担当的人。让我们共同努力，打破“领导力异化”的枷锁，迎接“全员自治的春天”。

**看法二：**

## 从管理到服务：“破冰”班级管理困局

南京师范大学附属中学新城小学怡康街分校　庆竹

一支优秀的班干部队伍，能推动班级不断发展，其核心职责是服务同学、促进班级团结、维护班级秩序，并在班级中发挥示范和引领作用。

庆竹，任班主任6年，曾获江苏省班主任基本功大赛一等奖。

《中小学班主任工作规定》明确将“培养学生的规则意识、责任意识和集体荣誉感”“指导班委会和团队工作”列为班主任的职责与任务。以班干部制度推进班级民主管理是重要实践路径，而其中培养班干部的责任意识和服务能力则是关键环节。

一、服务意识匮乏的根源探寻

情景案例中，王同学作为班长，用权力命令同学做私事，这明显是缺乏服务意识的表现，值得我们深入思考和探讨。

1. 班干部缺失服务型领导力

班干部的服务意识匮乏本质是角色认知与道德发展不匹配的结果，根据服务型领导理论，领导者的核心价值在于“先服务，后领导”，其权威应通过赋能他人而非控制他人建立。以王同学为例，其将班长职位简单等同于“特权”，未能正确认识到这是“服务集体的责任”，这一现象反映出在班干部的选拔与培训过程中，对“服务”价值的强化严重不足。

2. 班级管理缺失监督机制

王同学的“绝对服从”命令得以实施，暴露了班级治理中权力制约机制的系统性缺位。从班干部的选举与任命来看，出现了不合适的人选担任关键职务的情况，上任后，当王同学滥用职权时，既无定期评估机制，也缺乏自下而上的监督反馈渠道，班干部偏离服务初衷。这种制度真空不仅纵容班干部滥用职权，更剥夺了学生通过民主参与构建公平意识的机会，反映出班级缺乏“服务型文化”的共识。

3. 班主任教育理念错位

现实中，班主任过度关注班干部的“管理效益”，却忽视其教育性功能，导致选拔时重“控制能力”轻“服务意识”，培养时缺乏角色认知引导。当班干部承担超限权力，其身份从“同伴协作者”异化为“教师代理人”，必然滋生权力滥用。只追求管理效果的教育偏差无形中强化了对权力工具论的认知，使班干部将同学视为管理对象而非服务对象。

二、服务职能转变的具体表现

长期以来，我们仅着眼于赋予班干部管理岗位的属性，过度强调其管理职能，却忽视了服务的本质，导致班干部“官”“管”色彩愈发浓重。新时代教育背景下，我们期待中的班干部则是更多被赋予了服务性质。

1. 角色属性：从“管理者”向“服务者”转型

相对于管理型班干部常以纪律维护者、任务分配者的形象出现，服务型班干部则将自己定位为学生公共生活的志愿者。他们积极主动地参与到班级的各项事务中，以帮助同学解决问题、促进班级和谐发展为己任。他们需要具有强烈的服务意识、良好的沟通能力、出色的组织协调能力以及高度的责任感，以真诚的付出和积极的行动赢得同伴的尊重与信任。

2. 价值内核：以“我为人人，人人为我”为行动准则

服务型班干部以“我为人人，人人为我”为行动准则，这一准则的核心在于服务班级，并且这种服务具备无偿性与平等性两大特征。无偿性源于其服务行为的价值创造始终处于“服务需求—集体授权”的动态平衡中，体现的是一种纯粹的奉献精神，意味着班干部的付出不掺杂任何功利性目的。平等性则体现在班干部平等对待每一位同学，强调“伙伴关系”而非“上下级关系”。

3. 功能定位：以岗位服务实践促进社会化能力发展

服务型班干部岗位为学生提供了独特且丰富的实践场域，使其在履行职责的过程中，主动承担责任，积极寻找解决方案，深度参与到班集体的各项事务中去。同时，他们的服务行为还具有重要的示范和引领作用，全方位促进自身及同学的社会化能力发展，有力地构建起“服务即成长”的育人生态。

“真正的教育是对话，而非独白”，服务意识的深化本质上是一场关于责任与爱的集体对话。增强“服务意识”，我们可以尝试从班干部制度的改革着力，在班级制度建设中注入温度，激发学生的生命自觉，让学生在具身化的服务实践中体认责任、感知联结、涵养共情。

“把班级还给学生，让教育回归生命”，当我们在班级生活中种下民主的种子、浇灌关怀的雨露、培育责任的根系，当制度化的“管理”转变为自觉性的“服务”，班级管理困局便迎刃而解。

**做法：**

## 别让“特权”乱了“班干部”的阵脚

南京市科利华铁北中学　涂梦岩

近期，班级内涌现的一些现象令我深感忧虑：新任班长徐同学似乎过于沉醉于班长的“光环”之中，对同学们颐指气使，要求无条件服从其指令。他甚至频繁要求同学们协助处理私人事务，如打水、清理个人垃圾、跑腿等，此举引发了众多同学的不满。大家纷纷质疑，班干部是否应享有“特权”，此举无疑破坏了班级氛围的公正性与团结性。

面对此景，我曾多次与徐班长进行深入交谈，强调班长不仅是一份荣誉，更是一份为集体服务的责任。尽管他起初态度诚恳，承诺会积极改正，但好景不长，旧态复萌。几番波折之下，班级内部的矛盾与不满悄然加剧。

转机出现在我被学校破格提拔为部门负责人的那一刻。面对这份突如其来的任命，我初感意外：“为何是我？”在同事们的祝贺声中，我的内心掀起波澜：“看来我的能力尚算出众，绩效工资是否会有所提升？”这一念头闪过，我恍然间理解了小徐的处境。

被选为班干部后，“特权意识”的考验在所难免。这种意识可能源于对班长职务的期望、对管理权力的渴望，以及师生、家长的影响等因素。对成人而言，尚存这种意识，更何况是孩子呢？

我决定，以身作则，从实际行动出发，先调整自己的工作思路，再逐步影响小徐，以期达到教育的目的。

---

涂梦岩，任班主任10年，曾获江苏省班主任基本功大赛一等奖。

## 一、深学岗位职责，精编工作规划

在学校每周的行政部门管理会议上，各部门不仅要总结上周的工作亮点与待改进之处，还要精心规划下周的工作目标与具体行动步骤。为了更有效地进行汇报准备，我精心设计了既清晰又实用的部门工作规划与总结表格。这一表格不仅详细列出了各项任务的时间节点、负责人及预期成果，还融入了可量化的评估指标，使得工作进展一目了然。

受此高效管理工具的启发，我进一步将这一理念延伸至班级管理，为班干部量身定制了相应的工作表格，特别注重将复杂的岗位职责转化为贴近学生生活、易于理解的描述性语言，月初制定周密的计划，同时涵盖

**“卓越·领航”班委提升营**

日期：4.10　　姓名：[redacted]　　岗位：班长

| | | | | |
|---|---|---|---|---|
| 月度工作重点 | 领导班级完成青春仪式上合唱《上春山》排练。 | | | |
| 岗位目标 | 圆满完成表演并展现本班风彩 | | | |
| 具体计划及做法 | ①挑定表演人员，排好阵型<br>②编排肢体动作，分发演唱顺序<br>③现场排练，挑选背景音乐及MV。 | | | |
| 需要老师的帮助或指导 | 需要音乐老师指导动作<br>需要家长帮忙剪辑MV。 | | | |
| ☆☆☆☆☆<br>完成情况自评 | 履行职责<br>主动承担 | 方法有效<br>成果显著 | 和谐相处<br>礼貌待人 | 榜样带头<br>以身作则 |
| | ☆☆☆☆☆ | ☆☆☆☆ | ☆☆☆☆ | ☆☆☆☆☆ |
| 改进计划 | ①根据男女生音区不同制定更有效的演唱方案<br>②在指导过程中有耐心，同时提高效率 | | | |

附：班委职责——班长

1. 全面负责班级同学德智体美劳各项活动的开展，在为同学们服务中提高自己的管理水平。
2. 团结全体班委，团结同学，严于律己，在班级中起表率作用。
3. 及时传达学校、班主任对班级活动的要求，并组织落实到实处。
4. 主动、及时处理班级出现的突发性事件。

月末需要反馈的完成情况，并在全班范围内进行公示，既增强了透明度，也激发了班干部的责任感与荣誉感。

二、强化思想引领，提升能力素质

随着新方法的实施，班干部的管理工作初见成效，然而，徐班长作为班级的领头羊，其逐渐显露出的懈怠情绪与高傲性格成为新的挑战。这让我深刻反思，意识到仅凭制度约束难以从根本上解决问题，关键在于强化班干部的思想根基。

回想起自己参加组织生活时上党课的经历，那些深刻的理论讲解与生动的案例分析，不仅坚定了我的理想信念，也极大地提升了我的党性修养，确保真正做到“不忘初心，牢记使命”。我意识到，班干部同样需要“党课式”的思想引领。毕竟对于班干的培养，应该以思想筑基，提前谋划，而不是等问题出现之后才来“灭火”。

受此启发，我决定在班级内部开展“班干部成长”系列课程，旨在通过定期且系统的理论学习，引导班干部树立正确的价值观，强化服务意识，提高工作效率。为了增强课程的吸引力与实效性，我精心设计每月主题，结合时事热点、历史人物传记、团队管理案例等丰富内容，采用小组讨论、角色扮演、模拟演练等多种活动形式，既注重理论深度，又强调实践操作，同时加强纪律性与自我约束的教育，对班干部进行全方位的支持与辅导，让他们在轻松愉快的氛围中不断成长。同学们从最初的漫不经心到后来的主动记录、撰写感想，让我倍感欣慰。

| 主　题 | 课例名称 | 活动形式 |
|---|---|---|
| 职责规范 | “班干部责任田：耕耘职责，收获规范” | 主题讲座 |
| 管理技巧 | “智驭班级：实战管理修炼秘籍” | 案例研讨 |
| 品德教育 | “律己　慎独　德润　品正” | 团体拓展 |
| 人际交往 | “和谐使者：人际交往的艺术” | 沙龙分享 |
| 时间管理 | “时间魔术师：时间管理的智慧” | 情景模拟 |

三、民主查访监督，形成立体网络

学校每学期都会面向全体学生和家长，进行对于教师的评教评学活动。这不仅促进了老师们教育教学质量的提升，也为我提供了宝贵的启示。为了营造一个更加公正、透明的管理环境，我在部门内也推行了互评制度，这一举措有效增强了团队成员之间的监督与协作，取得了显著成效。

受此鼓舞，我将这一成功经验移植到班干部的培养体系中，创新性地设立了班级监察委员制度，鼓励全班同学轮流担任监察委员，对班干部的日常工作进行全面、细致的监督，并将监督结果记录在特制的查访单上，定期汇总反馈。

“慧眼小卫士”班级查访单（监察委员）

日期：11.5　　　　记录人：[redacted]

| | |
|---|---|
| 查访人员 | [redacted]（班长） |
| 事件记录 | 今日上午，最后一节课后，同学们没有按规定排队下楼，而是蜂拥而出，赶往食堂，出现了推搡现象 |
| 解决方法 | 班长知道后请同学们排队，在人群中没有找到体育委员 |
| 解决效果 | 班长只拉到十几个同学排队，被执勤志愿者扣了班级常规分 |
| 德才风貌 | 班长能及时发现问题，以身作则，即使只有少部分同学，依然，依然坚持做好表率 |
| 总结得失 | 班长可以联合其它班委，如体育委员、值日班长，分工合作，在日常多进行排队礼仪教育和安全教育 |

此外，我还意识到班干部的培养不应局限于其内部小圈子，而应面向全体同学，形成更广泛的参与和监督机制。因此，我大胆尝试打破传统班干部界限，发起成立了“班级守护联盟”，鼓励全班同学积极参与到班级管理中来。同时，定期举办“班委论坛”“民主生活会”等活动，为班干部与全班同学提供了一个开放、平等的交流平台，围绕班级管理、班级文化、团队协作等议题进行深入探讨与分享，不仅增强了班干部的领导力与团队协作能力，也让全班同学学会了换位思考，增进了相互理解与尊重。

如今，随着这一系列举措的全面实施，班干部在履行职责、学习提升、接受监督中实现了深度融合与协同发展，全体同学也学会了换位思考，获得新的认识，形成班干身正得力、全员积极配合的良好班级面貌。在这样的共生共长环境中，每位同学都能够在实践中学习，在参与中成长，共同享受着成长带来的喜悦与成就感。

**专家点评：**

班干部培养作为班级德育的重要载体，其核心在于实现角色认知重构与育人价值回归。当前班干部制度可能存在三大症结：角色异化为管理者导致学生心理抗拒，岗位培训缺位加剧胜任力危机，激励断层消解责任内驱力。德育工作者需把握“教是为了不教”的智慧，将班干部岗位转化为学生自我赋能的实践场，最终实现从制度管理到文化自觉的跨越，培育兼具服务精神与领导素养的新时代学生骨干。

# 第二章　如何教好每位学生？

## ——论个体学生的指导与转化

## 第一节　如何做好学习指导？

### 一、学习状态的诊断与调整

**情境一：**王同学的学习态度非常好，上课时认真听讲，笔记一丝不苟。课后作业也都保质保量完成，经常受到老师的表扬，作业还常被作为范本在班级展示。但每次一到考试王同学的表现就不尽如人意，不是思路混乱就是粗心大意，考试成绩和平时的表现完全不符合。老师和她交流了多次，她自己也觉得很困扰，为什么平时的勤奋努力不能换来优秀的成绩？

**看法一：**

#### 如何帮助特殊的“学困生”

南京市宁海中学　顾婵

《中小学心理健康教育指导纲要》中指出：高中阶段的心理健康教育内容包括帮助学生“培养创新精神和创新能力，掌握学习策略，开发学习潜能，提高学习效率，积极应对考试压力，克服考试焦虑”。情境中的小王同学是个学习态度端正、日常学习表现突出的优等生，同时也是个无法在考试中取得优秀成绩的特殊“学困生”。针对她的迷茫和困扰，班主任除了要加强学习指导，还应当积极采取措施提升学生应对考试的能力，让学生能够在考试中发挥出应有的水平，助其拨云见日、笃定“天

---

顾婵，任班主任 11 年，曾获长三角班主任基本功大赛一等奖。

道酬勤”的认知。

一、缓解考试焦虑，稳定情绪

考试焦虑是指因考试压力过大而引发的异常生理心理现象。心理学认为，心理紧张水平与活动效果呈“倒U型”曲线关系。适度的紧张对考试有激励作用，过度的紧张会引起考试焦虑，影响考场发挥。情境中的小王每到考试“不是思路混乱就是粗心大意”，属于非常典型的考试焦虑的情绪表现和行为表现，严重的考试焦虑还可能引发心跳加快、呼吸急促、手心出汗、肠胃不适等生理反应。在与小王的交流中，可以从以下两方面缓解她的考试焦虑：

首先，寻找引发考试焦虑的原因，对症下药。要充分了解小王的考试压力主要来自哪里，是来自家长压力、教师要求、同学竞争等客观原因，还是来自知识准备不充分、自我期望值过高、自信心不足等主观原因。然后再针对原因寻找对策，比如和家长、教师沟通，适度期待，提供积极的情绪支持，减轻小王的心理压力；指导小王制定合理的复习计划、查漏补缺，当她对知识储备有足够信心时，焦虑自然会减少；同时引导小王以平和的心态看待考试，把它当作挑战自我、提升自我的机会，尽力而为、不留遗憾。

其次，学会缓解考试焦虑的方法，稳定情绪。在考前复习阶段，如果觉察到自己有紧张、不安、行动刻板、思维受阻等焦虑反应，可以尝试着听听音乐、做做运动，或者找好朋友宣泄一下内心的负面情绪。而在考试中，要进行积极的自我暗示，“我能行”“我觉得难，别人也会难”，增强自信；感觉紧张的时候可以采用深呼吸法，以放松身心，保持头脑冷静。

二、掌握应试技巧，科学答题

考试是检验学习成果的重要方式之一，和情境中的小王类似，有不少学生从考试一开始就手忙脚乱，解题过程中遇到了困难就心态崩溃从而导致考试失利，甚至因为某一学科没考好而影响到其他学科的发挥，满盘皆输。除了扎实的知识储备，班主任和任课老师要指导学生掌握有效的应试技巧，让学生在考场上发挥出最佳水平。

制定科学答题策略。拿到试卷后，不要急于答题，先通览全卷，大致了解试题考查的知识点，总体把握试卷的难度；开始答题后，一般按照试题顺序答题，如果遇到难题，不要过多纠缠，留下记号，待试卷上的简单题目都完成后再重点突破难题；答题过程中，要仔细审题，准确理解题意后再作答，尤其是论述类试题，要注意书写规范、要点突出、条理清晰。

合理分配考试时间。根据试题题型、数量和分值来分配答题时间，文科考试要确保在规定时间内答完所有试题，理科考试要确保会做的试题都能答完；适当预留检查时间，检查计算过程是否有误、试卷选择题转涂答题卡时是否匹配等。

以从容的心态应考。考试中遇到难题或时间紧张了怎么办？不要惊慌失措，不要胡思乱想，不提前预想结果好坏，只专注于解题过程，保持节奏继续答题。学生应当认识到无法获得能力范围以外的分数，努力做到该拿的分一分都不丢即可。

三、同步日常学习，考学统一

面对不好的考试结果，学生常会有一些困惑，为什么很简单的计算题，考试时会算错？为什么平时会做的题，考试时突然没有思路？他们和情境中的小王一样，会在考试中“粗心大意”“思路混乱”，会质疑“为什么平时的勤奋努力不能换来优秀的成绩”。班主任要引导学生意识到日常学习习惯、思维习惯中存在的问题并积极改进。

克服“粗心大意”问题。粗心不仅仅是一时的马虎，它是思维力、专注力、数感与语感等能力不足的信号，是学习过程中那些不容易被察觉却至关重要的根本问题的表象。学生要在平时学习中减少干扰、提高专注力，培养细心的思维习惯和良好的检查习惯。

提高“限时训练”意识。同样的一道题，在平时心理放松、时间充裕和考试时心理紧张、时间紧迫两种情况下，完成度自然会有差异。因此，在日常完成作业时，学生要根据作业量有意识地进行限时训练，一来可以提高专注度和学习效率，二来有利于适应考试节奏、提高应试能力。

增强“知识迁移”能力。目前考试以素养立意，重在考查学生在陌生复杂情境中运用所学知识解决问题的能力。因此，在日常课堂学习中，学生不仅要重视听讲和记录，还要重视思维训练和知识建构，把它们变成解决问题的方法和工具，从容应对考试中出现的一切问题。

**看法二：**

## 勤奋为何不高效

南京市红山初级中学　吴涛

一、情境分析

在这则情境案例中，王同学所表现的“学考反差”现象并非个例。从表面上看，这是学生日常学习过程与考试结果之间的不匹配，但其深层原因在于学习主体性的缺失、深度加工能力不足。通过比较日常学习与考试的特点可以发现，二者存在显著差异：考试要求学生在规定时间内独立解决问题，尤其是在当前核心素养导向的背景下，试题命制更加灵活，注重对学生综合能力的考察。如果学生的学习仅停留在机械记忆层面，缺乏对知识的深度理解与灵活运用，往往难以取得理想的成绩。此外，王同学的现象还可能源于应试策略的缺失和对考试的过度焦虑，这些因素共同导致了她的努力与结果之间的落差。

二、被动接受与主动建构的失衡

1. 被动接受的表现

王同学在课堂上认真听讲、笔记一丝不苟，课后作业也能保质保量完成，这些行为表明她在学习过程中更多地处于被动接受知识的状态。她严格遵循教师的要求，注重知识的记录和重复练习，这种学习方式虽

吴涛，任班主任 11 年，南京市德育工作带头人。

然能够帮助她初步掌握知识，但却缺乏对知识的主动思考和深度理解。例如，当教师在课堂上提出问题时，王同学是主动尝试解答，还是被动等待教师公布答案，再将答案抄录在笔记本上？如果是后者，长此以往，可能会从心理上对教师产生依赖，始终处于一种“等待”状态。这种依赖心理在考试中会进一步放大，一旦缺乏教师的直接指导，她可能会感到不安甚至惶恐，从而加剧对考试的畏惧心理。



2. 主动建构的缺失

主动建构是指学习者在学习过程中，通过主动思考、探索和整合信息，将新知识与已有知识经验相结合，从而形成个人化的理解和认知结构的过程。学习者是知识的主动建构者，而非被动的信息接收者。从实践表现来看，主动建构要求学习者在课堂上主动提出问题、积极参与讨论，并尝试用自己的语言复述学习内容；在课后，学习者需要通过总结、归纳、绘制思维导图等方式梳理知识，或通过实践应用加深理解。这一过程不仅帮助学习者将新知识与已有知识建立联系，还能将外部信息内化为个人认知，最终形成系统化的知识网络。通过主动建构，学习者能够实现从“知道”到“理解”、从“记忆”到“应用”的跨越，从而真正掌握知识并提升解决问题的能力。

三、意义学习与高效学习的协同策略

1. 挖掘动机，减少低效努力

情境中的王同学学业结果与平时付出“努力”的不匹配性，学生是清楚的，但其仍然采用这样的方式，进行低效学习，实质是因为其不愿意走出舒适区，做出改变。作为班主任老师，寻找合适契机，与这些学生进行交流，肯定其付出的努力，但也要客观分析努力过程与结果不匹配的原因。

2. 科学方法，助力高效学习

引导学生转变学习方式，关键在于教师提供科学、系统的学习方法，帮助学生在科学的学习路径中真切感受到学业水平的提升。班主任与任课教师需形成教育合力，共同关注学生的学习方式转变。例如在课堂上，教师应增强问题的探究性，设计富有启发性与挑战性的学习任务，激发学生的主动思考与深度参与。在学习的初始阶段，可采用小组合作学习的方式，通过角色轮换，鼓励学生积极表达观点，支持他们主动学习，从而培养学生的自主学习能力和团队协作精神。

3. 增值评价，树立学习信心

面对这部分学生，提升自我效能感，树立信心是引导学生愿意做出改变的关键，因此，在班级中，要创设多维评价方式，以增值评价，让进步有迹可循，通过学习基础的分析明确学习起点，利用信息化手段，对学生学习过程中的各方面表现进行观察和记录，全面考察学生成长和发展情况，提供个性化的指导和支持；通过同伴互评、小组组评等方式，挖掘学生闪光点，帮助学生树立学习信心。

**做法：**

## 优化学习模式，破解“伪勤奋”困局

南京师范大学附属小学　魏婷婷

在探讨指导学生学习的有效策略时，我们认识到单纯依赖机械性的重复训练不仅无法达到预期的学习效果，根据 Sweller 的认知负荷理论，相反还会造成学生的认知障碍，阻碍其深度理解和创新思维的发展。因此，优化教育评价体系，构建家校社协同共育的学习共同体，以更加科学、全面的方式引导学生学习，成为当前教育改革的重要议题。

一、课堂革命：让知识“活”起来

课堂革命，这一教育领域的深刻变革，旨在打破传统教学的桎梏，让知识不再局限于书本上的文字与公式，而是以一种生动、鲜活的方式“活”起来，深入学生的心灵与实践之中。在传统的小学语文课堂中，

魏婷婷，任班主任 10 年，曾获江苏省班主任基本功大赛一等奖。

古诗词的学习往往侧重于背诵和默写，学生可能只是机械地记住了诗句，而未能真正理解和感受诗词中的意境与情感。

我们可以借助思维可视化工程，将抽象的古诗词内容转化为直观、生动的学习材料，让古诗词“活”起来。随着上课铃声的响起，语文课堂瞬间变得热闹非凡。学生们身着各式各样的服装，有的戴着草帽，有的手持纸风筝，还有的提着竹篮，仿佛穿越了时空，来到了清代诗人高鼎笔下的《村居》世界。诗人高鼎，由学生扮演，他手持折扇，站在“草地”的一角，深情地吟诵着《村居》的诗句，仿佛真的置身于那幅宁静而美好的田园画卷中。整个课堂仿佛变成了一幅生动的画卷，学生们在角色扮演与情景模拟中，深刻理解了《村居》这首古诗词的意境与情感。他们通过亲身体验，将抽象的诗词内容转化为直观、生动的学习材料，让古诗词真正“活”了起来。

二、评价转型：从“筛子”到“梯子”

在教育改革的浪潮中，评价体系的转型尤为关键。传统的评价方式往往像一把“筛子”，筛选出所谓的“优生”与“差生”，却忽视了每个学生独特的成长轨迹和潜能。而今，我们正向一种更加人性化、全面化的评价机制迈进，它更像是一架“梯子”，帮助学生一步步攀登，实现自我超越。

为了更全面、细致地关注学生的成长，班级设计了一套包含“知识技能”“思维方法”“学习品质”三个维度的电子存折系统。这一系统如同个性化的成长日记，每周都会自动生成一份详细的成长报告，记录学生在各个方面的进步与变化。起初，部分同学在面对复杂问题时往往局限于一种解题思路，但随着学习的深入和老师的引导，开始尝试从不同的角度思考问题。为了进一步激发学生的学习积极性和内在动力，班级还设立了“进步银行”这一动态评价机制。在这一机制下，学生的课堂表现、作业进步等都被转化为“学习币”，这些学习币可以兑换各种特权，如“错题豁免权”“命题小考官”等。此外，我们还创新了试卷设计，在期末试卷中增设了“解题思路陈述区”。这一区域要求学生不仅给出正确答案，还要详细阐述自己的解题思路。从“筛子”到“梯子”的评价体系转型，不仅改变了对学生的评价方式，也让我们认识到每个学生都有着不同的成长节奏和潜能。

三、家校协同：打破焦虑传导

当今社会，家校协同已成为教育领域中一个不可或缺的话题。它不仅关乎学生知识的获取，更涉及学生心理健康的培养与家庭氛围的和谐构建。家校合作可以有效打破焦虑的传导链条，促进孩子健康成长。

通过数据分析发现，68% 的焦虑源自家长在教育过程中角色定位与界限把握不当。阿德勒的个体心理学强调，每个孩子都有追求优越感的天性和克服自卑感的内在动力，家长过度的保护与干预可能会阻碍孩子的自我成长，导致孩子产生不必要的焦虑。因此，班级“心灵树洞”匿名信箱平台，不仅是一个情绪释放的渠道，更是家校合作解决教育焦虑问题的窗口，促使家长反思并调整教育方式，给予孩子更多的信任与自由。同时制定“进步发现卡”反馈机制，鼓励家长每天记录孩子的三个微小进步。如可以记录下孩子自己发现作业中矛盾条件的瞬间，视为独立思考的闪光点。这一做法与卡罗尔·德韦克的成长心态理论不谋而合，即相信人的能力和智力是可以通过努力不断发展的。这种正面反馈机制有助于打破“唯成绩论”的固有观念，让家长和孩子共同关注成长的过程而非单一的结果，从而在根本上减轻教育焦虑。

教育不是标准化生产，而是个性化唤醒。我们应更全面、细致地关注学生的成长，当我们用智慧打破“伪勤奋”的迷思，激发他们的内在动力，相信每个孩子都能找到属于自己的成长节奏。

## 二、学习动机的激发与培养

**情境二：**李同学在日常生活中总是粗枝大叶，丢三落四，在学习上也表现为拖沓懒惰。课堂上总是半睡半醒，作业交与不交都看心情。凭借一点小聪明，李同学每次考试都能及格，他对这个成绩沾沾自喜，还在班级里宣扬自己不学习也能过关。老师和他本人以及家长沟通多次，但他们觉得学习及格就行，根本不需要刻苦努力，因此每次沟通都毫无效果。

**看法一：**

## 突破“60 分陷阱”：激发学生学习动机的关键路径

南京市第九中学　单皖苏

习近平总书记在全国教育大会上强调，培养社会主义建设者和接班人，要“在培养奋斗精神上下功夫。志存高远是学习进步的动力”。可见，目标与志向对于学生的终身发展起到了至关重要的作用。然而，当下的青少年享受着优渥的生活条件，往往对于知识浅尝辄止，对于未来缺乏规划。这一现象要求学校教育深入探究学生学习状态背后内在动机与价值观塑造的深层次问题。

一、聚焦问题

《深化新时代教育评价改革总体方案》中明确指出教师应“树立科学成才观念。坚持以德为先、能力为重、全面发展，坚持面向人人、因材施教、知行合一，坚决改变用分数给学生贴标签的做法”。然而，当前的教育实践中仍存在“唯分数”“低目标”等顽疾。情境中李同学对于及格的沾沾自喜，家长对于沟通的不以为意都反映其陷入了“60 分陷阱”。

首先，小李仅满足于及格，沾沾自喜并宣扬不学习也能过关，表明他的学习行为完全受外部因素驱动。在自我动机理论里，内部动机源于对知识本身的兴趣以及个人成长的需求，而外部动机则主要由外在的奖励、评价等因素所激发。小李的学习行为仅仅围绕考试及格这一外部目标，完全忽视了知识本身的魅力以及个人成长的内在需求。

其次，小李在学习上拖沓懒惰，课堂上消极怠工，作业上随意应付，

---

单皖苏，任班主任 6 年，曾获江苏省班主任基本功大赛二等奖。

这反映出他对自身学习能力信心不足，自我效能感偏低。或许是过往学习中的多次挫折，又或是缺乏足够的肯定和鼓励，让他觉得努力也难以取得理想成绩，从而放弃努力，学习动机匮乏。

最后，家长对“及格即可”的默许态度，强化了小李的消极学习认知，进一步削弱了小李的自我动机。根据维果茨基的社会文化理论，家庭作为重要的“最近发展区”，其教育期望直接影响学生的学业目标设定。家长的低期望与教师的干预目标形成冲突，导致教育合力无法形成。

二、“60分陷阱”所带来的教育隐患

在教育实践中，越来越多的学生和家长对于学习的态度都陷入了“60分陷阱”中，只关注结果而非过程，只追求达标而非卓越。它不仅影响当下的学业表现，还会对学生的未来发展、社会适应和终身学习能力产生持续的负面影响。

1. 认知能力的局限。

满足于60分的学生往往只采用表层的学习策略，例如机械记忆，缺乏对于知识的深度加工和整合。长此以往，学习模式固化，学生难以突破思维定式，无法培养批判性思维与创新能力。

2. 学习动机的扭曲

学生的学习动机系统也会产生扭曲。当外在动机占据主导时，学生的学习行为会完全依赖外部奖励机制，内在好奇心和求知欲逐渐消退。与此同时，长期低水平表现也会强化“我不行”的自我认知，形成习得性无助的心理。

3. 心理韧性的削弱

习惯于低挑战任务的学生，抗挫折能力明显不足，面对挫折时更容易产生逃避行为。他们将能力视为固定特质，不愿接受挑战，缺乏成长型思维，也就拒绝成为终身学习者。

三、激发学生学习动机的策略

1. 激发内在动机，培养兴趣驱动

教师可以通过多样化的教学方法，挖掘知识的趣味性和实用性，让学生在自主探索中发现知识的魅力，从而激发他们对知识本身的兴趣。例如，物理课堂的动手实验，历史课堂的博物馆走访，让学生在解决问题的过程中感受到学习的乐趣和成就感，将学习从外部驱动转变为内在兴趣驱动。

2. 增强自我效能感，树立成功信念

教师应给予学生过程性评价，关注点滴进步，及时肯定，根据学生的实际水平为他们设定合理的学习目标，让学生在不断达成目标的过程中积累成功经验，逐步提升自我效能感。当学生成功完成一项有挑战性的学习任务时，及时表扬他们的努力和能力，帮助他们建立“我能行”的积极自我认知。

3. 家校协同合作，统一教育理念

学校和家庭应加强沟通与合作，共同为学生营造积极的学习氛围。学校可以定期组织家长会、家长培训等活动，向家长传达正确的教育理念和方法，让家长认识到培养学生全面发展的重要性。家长要积极配合学校教育，关注学生的学习过程，鼓励学生追求卓越，而不是仅仅满足于及格，形成家校教育合力，共同激发学生的学习动机。

**看法二：**

## 初中生“及格心态”的成因与对策

南京外国语学校　张若熙

习近平总书记强调：“培养什么人、怎样培养人、为谁培养人是教育的根本问题。”面对当前部分学生出现的“及格心态”和消极学习态度，

---

张若熙，任班主任 9 年，曾获江苏省班主任基本功大赛一等奖。

如何帮助学生树立远大理想、培养拼搏精神，是每一位教育工作者需要深入思考的问题。

一、“及格心态”的表现与根源分析

模拟情景中的李同学在课堂上常常昏昏欲睡，作业敷衍了事，仅靠一点小聪明维持着及格线。更令人担忧的是，他还在班级中宣扬“不学习也能过关”的错误观点，影响其他同学。从马卡连柯的集体教育理论来看，个别学生的不良行为如果得不到及时纠正，容易在班级形成消极示范，影响整体学习氛围。

李同学能够不费太多努力就达到及格线，这种轻易获得的“小成功”反而阻碍了他进一步发展的动力，使他缺乏明确的学习目标和内在动力。按照马斯洛需求层次理论，他可能停留在较低层次的需求满足，尚未形成对知识的追求和自我实现的渴望。这种情况下，如果父母、教师不能帮助他建立更高层次的需求和目标，他就容易满足于现状。

二、消极学习态度的普遍性原因探究

1. 社会环境因素

在这个信息爆炸的时代，网络游戏、短视频等即时享乐的诱惑无处不在。调查显示，我国未成年网民已达 2 亿人，互联网普及率高达 95%。这些碎片化、娱乐性的内容不断刺激大脑的多巴胺分泌，让学生习惯于追求即时满足感。相比之下，学习是一个需要延迟满足、持续投入的过程，这种反差容易让学生对学习失去耐心，滋生得过且过的心理。

2. 学校教育反思

传统的“满堂灌”教学方式难以激发学生的学习热情。陶行知先生说“生活即教育”，提醒我们要让教育回归生活本真，激发学生内在的求知欲望。《义务教育质量评价指南》也明确指出要改变唯分数论的评价导向，注重学生的全面发展。课堂教学需要转变方式，让知识的汲取变得生动有趣，让学习的过程充满成就感。

3. 家庭教育审视

当前一些家长的教育观念出现了偏差，要么过分追求分数，要么放任自流。反观奥运冠军全红婵的成长故事，她的父亲虽是普通农民，却有着超前的教育意识，懂得发掘孩子特长、培养兴趣爱好，最终帮助孩子在国际赛场上绽放光彩。这给所有家长提供了深刻的启示。

三、激发学习动力与规范学习行为的有效策略

每个学生都有自己的优势领域。对李同学这样有一定聪明才智的学生，我们要善于发现和发挥他的特长。可以让他担任班级创新科技小组的负责人，关注人工智能发展动态。比如最近国产 AI 大模型 Deepseek 的突破性进展，让学生看到中国科技工作者勇攀高峰的奋斗精神。还可以以学生们感兴趣的游戏《黑神话：悟空》或者热映电影《哪吒》为切口，深思游戏、电影背后的创作历程：主创团队打磨数年，对待每个细节都几近苛刻，追求完美呈现，而正是这种对细节近乎偏执的追求，才成就了现象级的国漫。

面对学习动力不足的李同学，可以运用“目标分解法”帮助学生循序渐进地养成好习惯。比如建立个性化的学习计划表，将看似遥远的目标分解成触手可及的小任务：课前 15 分钟预习新知，课后 20 分钟巩固重点，周末梳理本周收获。在班级中为李同学搭配一位学习态度端正的同桌，用积极的朋辈影响带动他的改变。

《关于健全学校家庭社会协同育人机制的意见》强调要形成教育合力。教师可以通过家访深入了解家庭情况，以生动的案例帮助李同学家长认识“得过且过”的危害。也可以在学校组织生动有趣的家长开放日活动，邀请家长走进课堂，参与孩子的学习生活，在见证进步中增强教育信心。

做法：

## 满足三大需求　激发动机觉醒

南京师范大学附属中学　昌晶

面对李同学学习拖沓、行为懒散和目标缺失的表现，我们需要追本溯源，满足学生的心理需求，创设支持性教育环境，激发向上的内驱力。自我决定理论认为“个体的健康成长及最佳机能的实现，都有赖于自主需要、能力需要和归属需要这三种基本生理需要的满足”。这三种需要的满足“不仅与人们的内在动机有关，而且与人们对幸福的体验有关，让个体形成内在动机，并以自我决定的方式，根据其自发兴趣进行探索，并尝试新的体验”。班主任所要做的就是充当激励者的角色，创造教育契机，从关注个性、肯定能力和团体支持三个层面满足需求，激发“李同学们”内在动机的觉醒。

一、关注个性，寻找学习价值

在教育教学实践中，满足学生的自主需求是激发学习动机的关键路径。不少学生因为尚未发现所学知识与实际生活或个人兴趣的联系，从而片面地将学习视为枯燥无味的外在任务。班主任可以将日常德育与学科知识结合，引导学生发现学习的价值。比如关于垃圾分类宣传的班会课上，我并未局限于带领同学机械地记忆分类指南，而是组织了一次跨学科的小型探究活动，研究为什么分类指南中废充电电池和扣式电池属于有害垃圾，而一次性干电池却属于其他垃圾。面对这个有挑战性的问题，同学们一下来了精神，积极讨论，各抒己见。通过将书上的知识具象为生活化的问题情境，同学们找到了低头学习与抬头生活的连接点，从被动听讲转变为主动求索，学习的内在动力被激发出来。

另外，老师也可以根据学生的个性特点，量身打造与其兴趣相关的特色学习任务，让学生在学习中找到乐趣和价值。教育部《关于加强义务

---

昌晶，任班主任11年，曾获江苏省班主任基本功大赛一等奖。

教育学校作业管理的通知》中，倡导创新作业类型与方式，“鼓励布置分层作业、弹性作业和个性化作业，科学设计探究性作业和实践性作业，探索跨学科综合性作业”。如果有同学喜欢某款游戏，可以结合游戏中的比分计算设计数学或逻辑分析任务；如果有同学喜欢绘画，可以引导他为文学作品绘制插图……“勤学者不如好学者，好学者不如乐学者”，当学习任务与个人兴趣产生共鸣时，学生更容易产生对学习的积极认识，更愿意主动学习。

同学们创作的诗歌插图

二、肯定能力，触发学习动力

有些同学因为学习一直没有进展，担心即便努力也无法取得佳绩，因此选择以不在乎的姿态作为自我保护。班主任需要构建多层次的展示平台，给予每位同学被看见和被肯定的机会。每年我们学校都会举行全员参与的跨学科探究活动，每位同学都有机会选择一个课题组加入。在课题研究小组中，每个人都有机会成为知识的贡献者。做一个被帮助者或许能获得短暂的安慰，但真正的幸福和成就感，来自通过努力为他人和团队带来价值。

在家庭层面，班主任也要让家长见证和参与孩子的成长。抱着“及格就行”这一态度的家长往往并非真的要求低，而是长久看不见孩子进步的无奈。班主任可以利用各种机会向家长展示孩子的成长。家长会前我会专门布置教室，让班级的每一面墙都说话，其中有认真优秀的作业，有条理清晰的笔记，有独具匠心的艺术作品，有班级活动的照片……每一位同学都有熠熠闪光的作品。这样的方式传递的不仅是班主任对每一个孩子的重视，更给了家长以孩子为荣的理由。当家长对孩子的进步有了信心，家校教育的目标就更容易形成有效共振。

三、团体支持，构建学习氛围

李同学的学习态度可能受到周围环境的影响，根据班杜拉社会学习理论，同伴的示范效应能有效唤醒自我效能感。在个体成长的征途中，明确的目标与可效仿的榜样至关重要。面对像李同学这样有能力却缺乏内在动力的学生，单一的说教往往难以奏效，班主任可以通过分享身边人的成长故事，展示刻苦努力的品质如何成为改变人生轨迹的强大动力，在潜移默化中激发内驱力。以我校为例，一位毕业生用首笔薪资设立了奖学金，她在颁奖视频中分享了自己高中时参加数学竞赛的历程，那份“再怎么难受都不愿意放弃的坚持”让她入选数学奥林匹克国家队，并从清华大学走向更广阔的世界舞台。这段视频在校园中引发热议，课间同学们纷纷议论这位“竞赛女神”，意识到那些看似遥不可及的成功就发生在自己身边，同龄人的奋斗与辉煌极大地触动了同学们的心灵，许多人在心中默默种下了追求卓越的种子。

教育不是为了评价人，而是通过评价去改变人。我也在班级构建多元的评价模式，让每一位同学感受到集体中他人的关注。我们班的期末评语由“班主任叙事”与“同伴叙事”两部分构成。“班主任叙事”侧重记录学生的成长点滴，通过具体事例展现每位同学独特的价值；“同伴叙事”则采用颁奖词撰写的方式互评，以同龄人的视角捕捉他人的闪光瞬间。老师和同伴的认可与支持能够让同学感受到被看见被关注的情感价值，从而激发强大的动力，引导学生向善向上。

正如马斯洛所言，任何一个人，或者说所有人，只要从饥饿、口渴

同学们撰写的颁奖词

和迫在眉睫的灾难中解脱出来而获得自由——即满足了所有更具优势性的动机——更高层次的人类动机必定会抓住机会，显露头角。每个人都有追求更高层次需求的潜能，班主任的任务就是创造教育契机，点燃学生心中的那团火。

**专家点评：**

新时代教育评价改革视域下，学生学习指导正经历从知识本位向素养本位的范式转型。作为德育工作者，需以“立德树人”为根本遵循，在个体指导中实现价值引领与能力培养的有机统一。唯有将学业指导提升至生命教育的高度，才能真正实现“教书”与“育人”的深度融合，培养德才兼备的时代新人。这既是教育现代化的必然要求，更是落实“为党育人、为国育才”使命的战略支点。

## 第二节　如何加强理想信念教育？

### 一、理想信念教育的路径

**情境一：**为了喜迎党的二十大胜利召开，学校开展了“青春心向党，献礼二十大”唱响红歌活动。当班主任把消息告诉同学们时，王同学带头说：“唉，红歌太老土了，都是爷爷奶奶唱的，我们为什么要唱？”李同学附和道：“是啊，都是‘老掉牙’的一套，为什么不搞个流行歌会呢？那才是我们的菜！”

一时间，教室里炸开了锅，同学们议论纷纷，牢骚不断。

**看法一：**

## 让红歌传唱厚植理想信念

南京市琅琊路小学　严悦

《中小学德育工作指南》强调，理想信念教育是中小学德育工作的核心任务，需通过“活动育人”等途径引导学生“树立共产主义远大理想和中国特色社会主义共同理想”。在“青春心向党，献礼二十大”红歌传唱活动中，学生因认为红歌“老土”“过时”而抵触的现象，折射出当前理想信念教育在情感共鸣、价值内化和形式创新上的短板。如何以红歌为载体，激活学生的理想信念认同，是新时代德育工作者亟须破解的课题。

一、问题聚焦：红歌传唱遇困境

从情景中可见，学生对红歌传唱活动的质疑并非单纯否定音乐形式，而是反映了理想信念教育中的深层次问题：

1. 历史与现实的割裂。学生将红歌视为“老掉牙”的符号，本质是对革命历史与当下生活关联性的认知断裂。他们未能理解红歌中蕴含的理想信念（如艰苦奋斗、家国情怀等）与新时代青少年使命的延续性，导致精神传承的“代际鸿沟”。

2. 情感与价值的疏离。红歌承载的集体主义、奉献精神等价值观，与现代学生个体化、多元化的生活体验缺乏有效链接。若教育仅停留在“唱”的表层，未触及“信”的内核，自然难以产生情感共鸣。

3. 形式与需求的错位。单向灌输的传统活动模式与当下青少年追求互动性、创新性的需求不匹配。他们更乐意接受流行文化中的个性化表达，而红歌活动若缺乏时代性转化，易被贴上“形式主义”标签。

综而观之，学生抵触的根源在于理想信念教育未能充分遵循“知情

---

严悦，任班主任 15 年，曾获得长三角班主任基本功大赛一等奖。

意行”的德育规律，未能将抽象的政治信仰转化为可感知、可体验、可践行的成长动力。



二、理性分析：德育理论巧导航

基于《新时代爱国主义教育实施纲要》提出的“贴近现实、贴近生活、贴近学生”原则，结合德育理论，可从三方面重构新时代理想信念教育的育人逻辑：

1. 价值澄清：红歌为桥连古今。根据路易斯·拉斯等人提出的价值澄清理论，德育需引导学生主动思考、选择并践行价值观。红歌传唱活动应避免简单说教，转而通过“问题链”设计引发学生思辨：如，《黄河大合唱》中的“保卫家乡”精神，如何与当代青年参与乡村振兴、科技创新等国家战略的实践相呼应？《没有共产党就没有新中国》的历史叙事，如何转化为对“中国共产党为什么能”的理性认同？还可以通过主题研讨、跨年代对话（老党员与学生共唱红歌），帮助学生真正理解红歌中的理想信念不仅是历史记忆，更是驱动个人奋斗的精神密码。

2. 情境体验：共鸣激活夯信念。班杜拉的社会学习理论强调，价值观内化需通过情感体验实现。可借鉴“沉浸式德育”理念，打造多维体验场景：如“音乐＋历史”，将红歌创作背景与党史故事结合，制作“红歌背后的信仰密码”系列微课，用影像还原革命年代的真实情境，在沉浸式欣赏红歌的同时，学生于潜移默化中了解歌曲背后的历史故事和革命精神，增强历史认同感和爱国情怀。还可以尝试“音乐＋研学”，组织学生赴红色教育基地开展“红歌采风”，通过走访老区、采访革命后代，收集素材并创作新时代红歌，让理想信念在创作中具象化。大胆使用“音乐＋AI”，运用虚拟现实技术重现红歌诞生的历史场景，让学生在“穿越”中感受革命先烈的信仰抉择，强化共情体验。

3. 意义建构：个体叙事聚力量。依据朱小蔓教授生命叙事理论，理想信念教育需尊重学生的主体性表达。可设计“红歌与我的成长”主题活动：比如，鼓励学生挖掘家族红色记忆（如祖辈参与革命、建设的故事），将其与红歌结合进行艺术创作（如家庭音乐剧、口述史纪录片）；开展“红歌新唱”创意大赛，允许学生以自己喜欢的音乐方式，如RAP、电子音乐等现代形式改编红歌，在创新中诠释对理想信念的理解；通过个体叙事与集体记忆的交融，使学生意识到“唱红歌”不仅是集体任务，更是自我价值与国家命运的对话。

我们要清醒地认识到，红歌传唱不是简单的文艺表演，而是一场跨越时空的理想信念对话。新时代德育工作者需以“大思政”视野重构活动逻辑，让红歌成为青少年理解历史、观照现实、展望未来的精神纽带。当学生能在《歌唱祖国》中听见科技强国的时代强音，在《我和我的祖国》中谱写属于自己的奋斗乐章，理想信念教育才能真正实现从“入耳”到“入心”的升华，培育出心怀“国之大者”的强国一代。

**看法二：**

## 从质疑到认同：唱响的不只是旋律

南京市第五高级中学　徐媛媛

一、问题聚焦

党的二十大是全国人民政治生活中的一件大事，学校组织“青春心向党，献礼二十大”唱响红歌活动，不仅是对党的光辉历程的致敬，更是一次涵养学生家国情怀、培养学生文化认同的重要契机。然而，个别学生质疑红歌的价值，认为其“老土”“过时”。这种现象需要班主任深入探究，并通过创新方式有效引导，使学生真正理解红歌的精神内核，感受其时代价值，从质疑走向认同。

二、红歌的精神内涵与育人价值

1. 红歌：历史记忆与民族情感的载体

红色歌曲不仅是一种音乐表达形式，更承载了中国革命、建设和改

徐媛媛，任班主任7年，曾获江苏省班主任基本功大赛一等奖。

革开放各个时期的精神追求。红歌记录了中华民族的奋斗历程，展现了爱国主义、集体主义和奋斗精神。通过让学生触摸历史脉搏，理解“红色基因”的深刻内涵，培养担当民族复兴大任的时代新人。

2. 唱响红歌的德育价值

在《中小学德育工作指南》中，理想信念教育是重要的德育内容，学校德育应注重实践育人，将爱国主义教育、革命传统教育融入学生的成长过程中。唱响红歌通过集体合唱的方式，使学生在感受旋律的同时，理解其中蕴含的奋斗精神和家国情怀，提升文化自信和民族自豪感。

三、症结所在：革命传统教育的现实困境

1. 代际鸿沟：红色符号的认知偏差

当前青少年成长于信息化、全球化时代，受到多元文化的影响，对流行文化有较强的接受度，而对传统文化和红色文化的认同感相对较弱。部分学生认为红歌属于老一辈人的文化记忆，与自身兴趣不符，因而缺乏主动参与的动力。这种代际文化隔阂，导致了对红歌价值的误解和低估。

2. 教育短板：传统模式的路径依赖

部分学校在组织红色教育活动时，仍采用单一传统的模式，缺乏创新性，未能充分调动学生的兴趣。《中小学德育工作指南》指出，德育工作要“符合中小学生年龄特点、认知规律和教育规律，努力增强德育工作的吸引力、感染力和针对性、实效性”。

3. 价值冲突：红色文化的主流冲击

流行音乐、短视频等成为一些青少年的主要娱乐内容，导致他们对经典红歌的关注度下降。相比之下，红歌的旋律和表达方式相对庄重，这使得部分学生对其产生距离感，甚至认为其“不够潮流”。

四、创新方式有效引导的路径探索

1. 融入现代传播手段，提升吸引力

新时代的红色教育可以借助新媒体技术，使红歌焕发新的活力。例如，借助短视频平台推出“红歌接力赛”，引导学生自发拍摄、剪辑、传播，让他们以更具创意的方式表达对红歌的理解。此外，可以利用虚拟现实（VR）等技术，打造沉浸式红色音乐体验，让学生亲身感受历史场景，增强情感共鸣。

2. 拓展活动形式，增强互动体验

相较于单纯的合唱比赛，可以采用更具互动性的形式。例如，可组织“红歌剧场”，让学生结合历史故事编排情景剧，或者通过歌舞、朗诵、微电影等多种表现形式再现红歌精神。

3. 强化文化认同，激发情感共鸣

让学生真正接受红歌，关键在于文化认同的建立。班主任可以利用好德育阵地——班会，在班会课上组织“红歌赏析”“红歌故事会”等活动，带领学生分析歌词，讲述红歌诞生的时代故事。

同时，对于班级中个体学生的言论，班主任也需要具备高度的教育敏感性，及时加以指导与转化。

4. 结合社会实践，深化教育效果

可以组织学生参观革命纪念馆、参与志愿服务，并在这些活动中设置“红歌传唱”环节，使他们在实践中加深对红歌精神的理解。例如，在敬老院开展“红歌慰问演出”，让学生与老一辈共同歌唱，在代际互动中体会红歌的深远意义。

从学生的质疑到最终的认同，是一个从认知到情感共鸣的过程。红歌活动不仅是旋律的传唱，更是精神的传承。学校在开展红色教育活动时，应结合新时代青少年的审美需求，增强学生的参与感和体验感。唯有如此，红歌才能在新时代焕发新的生机，让青年一代在歌声中感悟信仰的力量，坚定理想信念，汇聚起奋进新时代的磅礴力量。

**做法:**

## 以"真"育人，推动新时代背景下的理想信念教育

南京市第五十四中学 侯庆秋

清明节，学校组织同学们前往雨花台烈士陵园开展祭扫活动。在活动过程中，有部分学生做出在陵园内追逐打闹、在纪念馆内谈笑等不恰当的举动。回到学校之后，班主任老师对同学们不文明祭扫的行为进行了教育，但是有一些同学不以为然，他们认为处于和平年代的我们没有必要总是怀念过去那战火纷飞中的悲惨事迹，而是要好好享受当下的美好生活。针对上述现象，我在班级中实施以下举措，帮助学生培养爱国情操，坚定理想信念。

一、开"真"班会，发掘学生的爱国情感

班会课作为学校教育的重要载体，其教育意义不仅体现在日常班级管理中，更渗透到学生成长的深层维度，成为落实"立德树人"的根本任务、培养"全面发展的人"的核心场景。正如苏霍姆林斯基所言："真正的教育是自我教育"，班会课正是这一理念的最佳实践场域。基于此，我在班级开设了《我的中国心》主题班会。

1. 挖掘学生的真问题

在班会课上挖掘学生的真问题，是一个富有挑战性的任务，但也是一个极有价值的过程。本节班会课通过前期的问卷调查先行了解学生对爱国主义教育的困惑，课堂一开始用"在祭扫过程中，令你最难忘的一幕是什么？"这一问题直接切入主题，再用祭扫雨花台烈士陵园过程中部分学生的不文明行为将学生的真问题暴露出来。环环相扣，层层递进。先发现问题，而后再解决问题，以学生为主体，了解学生问题背后的需要，倾听学生的心声。本节课的切入点虽小，但重点突出，直击问题的核心，提高了本节课的效率。

---

侯庆秋，任班主任16年，曾获长三角班主任基本功大赛二等奖。

2. 贴近学生的真生活

爱国主义教育要贴近学生的真正生活，只有将爱国主义教育与学生日常的生活实践紧密结合，才能使其更加深入人心，产生深远影响。本节主题班会的所有环节的设计都源于发生在学生自己身边的故事，以同学们前往雨花台烈士陵园祭扫这件事为这节课的主要线索，学生在自己亲身体会的基础上追寻爱国的真谛。从缅怀雨花先烈到对梅园新村纪念馆的寻访，再到寻找身边的爱国之“星”，这样的活动设计更接“地气”，更有助于培养学生的社会责任感。真正让学生感受到，正是革命先辈们不惜牺牲一切才有如今的繁荣盛世，我们一方面要铭记历史，另一方面也要接过建设祖国的接力棒，努力建设好祖国，让祖国更加强大是吾辈的责任。

3. 激发学生的真情感

爱国主义教育离不开情感的激发，情感是学生践行爱国之举的催化剂。“找找身边的爱国之‘星’”环节让学生在找的过程中认识到哪些爱国行为是我们这些普通人可以学习和效仿的，在心中树立起榜样意识。在本节班会课中，关于雨花英烈陈景星最后一封家书的故事，更是把学生的爱国情感推向了高潮。陈景星烈士的故事是学生在参观雨花台烈士纪念馆时发现的，学生自己寻访到的故事更能打动学生。真情感的激发为学生之后践行爱国之举创造了顺其自然的环境和条件。

二、办“真”活动，坚定学生的理想信念

1. 生生之间

同伴教育是提高教育效能的有效路径，随着年龄的增长，同伴已经逐渐取代家长和老师成为中学生的重要他人。我校利用这一特点开展了丰富多彩的理想教育活动，如“火红十月”爱国主义专题辩论赛、“我和我的祖国”国旗下讲话、国家公祭日主题晨会等等。让学生通过观察、总结和理性地思考切实明白我们为什么要爱国，我们的理想为什么要和祖国的发展挂钩？为什么要为共产主义远大理想和中国特色社会主义共同理想而努力奋斗等等。

2. 家校之间

孩子的成长离不开家长的陪伴，家庭教育是理想育人指导不可或缺的重要载体。我校策划了一系列以坚定理想信念为主题的家庭活动，引导家庭参与，在参与的过程中渗透理想育人指导的理念，取得了不错的效果，例如，每天进行亲子共读活动，每周一次亲子共读交流会。共读的书目由学校推荐和家长自选相结合，比如《诞生：共和国孕育的十个月》《马克思靠谱》等系列理想信念培育的书籍，在交流的过程中既融洽了亲子关系，又慢慢帮助学生了解祖国、爱上祖国，树立远大的理想。

3. 社会参与

协同育人的一个重要方面就是社会的参与与帮助，利用社会有利资源让学生融入并了解社会。比如说，我校开展“我与抗美援朝老英雄面对面”的访谈活动，特别邀请曾参加过抗美援朝战争的老一辈革命家讲述当年的故事。老战士从自己参军的经历谈起，讲述了自己作为文工团战士参加朝鲜战争的故事。当她现场唱起“雄赳赳，气昂昂，跨过鸭绿江”这首志愿军战歌的时候，在场的同学们深刻感受到革命先辈的奋斗精神和爱国情怀，也情不自禁地跟着哼唱起来。一名学生在活动后感慨道：“以前只在课本上读到这些历史，今天亲耳听到老战士的讲述，才真正明白今天的幸福生活来之不易。”

“十年树木，百年育人”，育人不是一朝一夕、一蹴而就的，而是一个漫长的过程。习近平总书记在2024年全国教育大会上强调，教育引导青少年学生坚定马克思主义信仰、中国特色社会主义信念、中华民族伟大复兴信心，立报国强国大志向、做挺膺担当奋斗者。因此，新时代背景下对学生进行理想信念教育，是国之大计，也是我们肩负的时代重任。

## 二、涵养理性爱国观

**情境二：**某国启动核污水排海后，社会上发生了多起打砸某国进口车事件。午休期间，两位男生就此展开讨论，李同学说：“这些买进口车的人就是不爱国：要我说，打砸车辆算是轻的，就应该抵制这个国家所有的产品！”王同学说：“对，失去了中国市场，他们的经济就会垮掉，看他们以后还敢在领土争端上挑衅我们！我们全家从来不买这个国家生产的东西。”

**看法一：**

## 发挥爱国情感在理想信念教育中的重要作用

南京宇通实验学校　赵健

在全球化进程不断加速的今天，国际间的交流与合作日益频繁，但同时也伴随着各种矛盾与冲突。情境中，当某国启动核污水排海这一严重危害全球生态安全与人类未来的行为发生后，社会上的反应强烈，其中多起打砸某国进口车事件以及如李同学、王同学这般抵制该国所有产品的言论，反映出民众浓烈的爱国情感，也正是理想信念教育的良好契机。然而，如何正确引导和发挥这种爱国情感，使其在理想信念教育中发挥积极且关键的作用，是我们应该思考的问题。

一、爱国情感是理想信念的基石

爱国情感作为人们对自己国家深厚的热爱与眷恋之情，是理想信念形成的重要基础。在中华民族的历史长河中，无数仁人志士正是怀着对祖国的炽热情感，为国家的独立、民族的解放和繁荣富强不懈奋斗。古有岳飞精忠报国，驰骋沙场抵御外敌，“壮志饥餐胡虏肉，笑谈渴饮匈奴血”，其爱国之情成为他抗击金兵、保家卫国的强大精神动力；近代林则徐虎门销烟，以无畏的勇气和坚定的决心，捍卫国家尊严和民族利益，源于他对祖国深深的热爱与责任感。

在现代社会，爱国情感同样是理想信念的源泉。当我们看到国家在科技、文化、经济等领域取得巨大成就时，心中涌起的自豪与喜悦之情，会激发我们为国家的进一步发展贡献力量的愿望。例如，我国航天事业

---

赵健，任班主任 11 年，曾获长三角班主任基本功大赛二等奖。

不断取得突破，从载人航天到月球探测，再到火星探测，每一次成功都让国人倍感骄傲，这种情感促使许多年轻人投身航天事业，为实现我国航天强国的理想而努力学习和工作。

二、爱国情感在理想信念教育中的重要性

1. 激发奋斗动力

在理想信念教育中，爱国情感能够激发学生的奋斗动力。面对某国核污水排海这一恶劣行径，学生们表现出的愤慨，若能正确引导，将转化为为国家科技进步、环境保护等方面努力奋斗的动力。以这种爱国情感为驱动，学生们在学习和成长过程中会更具目标性和主动性，努力克服困难，不断提升自己，为实现国家的理想目标而不懈努力。

2. 塑造正确价值观

理想信念教育的核心是塑造正确的价值观。爱国情感有助于引导学生树立正确的国家观、民族观和价值观。在抵制某国产品的讨论中，学生们的出发点是维护国家利益，这体现了他们朴素的爱国情怀。然而，需要引导的是，理性爱国同样是价值观的重要组成部分。通过理想信念教育，让学生明白爱国不仅是情感上的表达，更要体现在理性的行为和正确的价值观上。要尊重法律、尊重他人的合法权益，不能因为爱国情感而采取过激、违法的行为，如打砸进口车等。

3. 增强民族凝聚力

在理想信念教育中，培养学生的爱国情感，能够让他们深刻认识到自己与国家、民族的紧密联系，从而增强对民族的认同感和归属感。就像在核污水排海事件引发的社会关注中，民众的爱国情感汇聚在一起，形成了对国家环境保护事业的高度关注和支持，这种凝聚力为国家应对国际挑战提供了坚实的群众基础。

三、如何引导爱国情感在理想信念教育中发挥作用

1. 加强正面引导

通过开展主题班会、爱国主义教育活动等方式，例如，在面对某国

核污水排海事件时，可以组织学生进行专题讨论，分析事件的原因、影响以及我国的应对策略，让学生在理性思考中深化爱国情感。

2. 融入学科教学

将爱国情感教育融入各个学科的教学中。在语文教学中，可以通过讲解经典的爱国诗词、文章，让学生感受古人的爱国情怀；在历史教学中，讲述中国近现代史中抵御外敌、争取民族独立的故事，激发学生的民族自豪感和责任感。通过学科教学的渗透，让学生在学习知识的同时，不断强化爱国情感，树立正确的理想信念。

3. 实践活动锻炼

组织学生参加社会实践活动，让他们在实践中践行爱国情感。例如，开展环保志愿者活动，让学生参与到海洋环境保护、垃圾分类宣传等实际行动中，为国家的环保事业贡献力量。通过这些实践活动，学生不仅能够将爱国情感转化为实际行动，还能在实践中深化对国家和社会的认识，进一步坚定自己的理想信念。

**看法二：**

## 升华爱国教育，从激情爱国到理性爱国

南京外国语学校　张若熙

习近平总书记强调："要引导青少年树立正确的历史观、民族观、国家观、文化观，不断增强对伟大祖国的认同、对中华民族的认同、对中华文化的认同。"面对当前部分学生爱国情感表达方式偏激的现象，如何引导他们理性表达爱国热情，是教育工作者需要认真思考的重要课题。

一、学生爱国情感与理性认知失衡的表现与成因

从对话内容看，两位同学表现出强烈的爱国情感，这种情感本身值得肯定。但他们将爱国等同于"抵制""打砸"，把复杂的国际问题简

张若熙，任班主任9年，曾获江苏省班主任基本功大赛一等奖。

单化处理，反映出认知与情感的严重失衡。

从思维方式看，同学们陷入了简单的非此即彼的思维定式。他们认为“买进口车就是不爱国”，这种过于狭隘的认知，既不符合全球化背景下的国际交往规律，也偏离了理性爱国的正确路径。根据克尔伯格的道德发展理论，他们的道德判断仍停留在“遵从与惩罚导向”的初级阶段，需要引导其向更高层次发展。

从情绪控制看，学生容易被社会热点事件刺激，产生强烈的情绪共鸣。但这种情绪若得不到理性疏导，很容易演变为偏激行为。我们需要帮助学生在强烈的爱国情感基础上，培养理性思考能力。

二、当代青少年爱国表达失调的社会根源

在自媒体时代，学生获取信息的渠道日益多元，但也面临着信息碎片化、情绪化的挑战。有些自媒体为了吸引流量，倾向于发布煽动性的内容，容易激发学生的极端情绪。

当前爱国主义教育中存在着重情感激发、轻理性引导的倾向。一些爱国教育活动过分注重煽情，容易让学生产生冲动性的爱国表达。面对复杂的国际问题时，如果缺乏理性思考的能力，学生就容易陷入情绪化的对抗思维。《中小学德育工作指南》中强调要教育和引导学生“学习运用马克思主义基本观点和方法观察问题、分析问题和解决问题，学会正确选择人生发展道路的相关知识，具备自主、自立、自强的态度和能力，初步形成正确的世界观、人生观和价值观。”这就要求我们在爱国主义教育中，既要重视情感培养，又要注重理性引导，帮助学生形成全面、客观的国际视野。

在重大事件面前，社会群体的情绪容易相互感染和放大。青少年正处于价值观形成的关键期，更容易受到群体情绪的影响。这需要我们创设理性讨论的环境，帮助学生在同伴交流中形成更成熟的认知。

三、构建理性爱国观的有效教育策略

当前的爱国主义教育要与时俱进，既要弘扬爱国热情，更要培养理性思维。在教育实践中，其实学生身边有无数生动的教育素材，我们可以通过多种方式帮助学生建立科学的爱国观。在班会上，我们可以引导学生思考这些现象背后的深意：面对国际制裁，华为不仅在手机芯片领域实现突破，还推出了智算中心和AI计算架构，在基础科技领域不断突破；北斗系统已实现全球组网，打破了GPS的垄断地位，为全球提供精准定位服务；小米SU7仅用三年时间就创造了堪比保时捷的性能表现：风阻系数低至0.195，超过特斯拉Model S；自研电机转速达27200rpm，打破了国际巨头的技术垄断……真正的科技工作者们正在实验室里夜以继日地攻克技术难关，用实力提升国家竞争力。这些成功的经验告诉我们：在全球化时代，唯有坚持开放创新，才能在国际竞争中赢得主动。反观欧美，盲目排外只会限制自身发展。

在教育方式上，我们可以组织学生调研身边的科技创新案例。比如走访本地科技企业，了解他们如何在“卡脖子”领域实现突破；邀请在跨国企业工作的优秀校友分享经验，让学生理解在全球化背景下如何实现个人价值和报效祖国的统一。

爱国主义教育是一个循序渐进的过程，需要我们用智慧和耐心引导学生将爱国热情转化为理性思考和实际行动。“教师要引导学生坚定理想信念，树立正确的世界观、人生观、价值观，为实现中华民族伟大复兴的中国梦贡献力量。”

**做法：**

## 构建理性爱国观的实践路径

南京市红山初级中学　吴涛

在某国核污水排海事件激起社会广泛争议的背景下，我校于午休时段发生了这样一幕：两名学生围绕“是否应该打砸某国进口车”展开了激

---

吴涛，任班主任11年，南京市德育工作带头人。

烈交锋。李同学坚称“购买进口车就是不爱国”，王同学则力主“全面抵制某国产品”。此类言论暴露出青少年爱国主义教育中存在三个较为突出问题：其一，将爱国行为简单粗暴地等同于抵制外货，陷入认知的狭隘胡同；其二，法治观念的严重匮乏，混淆了合法表达与违法暴力的清晰边界；其三，在全球化浪潮汹涌的当下，缺乏应有的理性判断能力，被情绪裹挟。鉴于此番现象，对学生施行价值澄清与法治教育迫在眉睫，势在必行，以助力他们在新时代的大背景下构建起理性爱国观。

一、认知重构：建立立体化爱国认知框架

《新时代爱国主义教育实施纲要》指出：“涵养积极进取开放包容理性平和的国民心态。加强宣传教育，引导人们正确把握中国与世界的发展大势，正确认识中国与世界的关系，既不妄自尊大也不妄自菲薄，做到自尊自信、理性平和。爱国主义是世界各国人民共有的情感，实现世界和平与发展是各国人民共同的愿望。”作为班主任，可以针对这一现象开展主题班会，利用“货架选择法”模拟超市采购场景：当某国产品在质量、价格、环保等方面具有优势时，如何平衡个人需求与国家利益。引导学生在真实情境中理解“理性消费不等于不爱国”的辩证关系。同时，融合学科教学，在学科教学中持续性、常态化融入爱国主义教育内容，协同育人，共同引导学生构建理性爱国观。例如，历史课剖析近代“抵制洋货”运动的历史局限，政治课解读《中华人民共和国外商投资法》的立法精神，地理课分析全球产业分工的必然性。例如通过汽车产业供应链图示，展示某国品牌汽车可能包含60%以上国产零件的现实，打破“非黑即白”的认知壁垒。

二、情感培育：创设沉浸式体验场景

构建理性爱国观，绝非仅停留在“知”的层面，还需以情感浸润为滋养，最终在现实生活中落地生根。因此，我们致力于创设沉浸式体验场景，让学生在“选择”中提升道德水平，于实践中磨砺理性思维。为此，我们精心组织学生分角色演绎“贸易谈判代表”“外交发言人”“跨国企业

CEO”等角色，置身于模拟联合国场景之中，亲身体验国家利益与全球合作的复杂关系。在“危机处理”环节，面对技术封锁等棘手问题时，引导学生思考如何在维护国家尊严的同时，保持开放合作的姿态。通过角色扮演，学生在模拟场景中展开理性思考，于实践中深化对理性爱国的理解，真正将爱国情怀转化为理性行动。

三、行为引导：构建实践育人体系

以实践为载体，构建全方位育人体系，将爱国热情转化为实际行动。组织“我为家乡献良策”社会调查活动，鼓励学生深入家乡，了解需求，提出切实可行的发展建议。同时，成立“科技创新实验室”，聚焦环保技术攻关。例如，针对核污水排放问题，指导学生研发水质检测装置，以科技力量守护生态环境，展现新时代青年的爱国担当；邀请法律专家走进班级，向同学们深入解读《中华人民共和国治安管理处罚法》相关条款，组织模拟法庭审理“打砸外货”案件。通过真实案例剖析，让学生明确爱国表达的法律边界，培养“激情不越界，理性守底线”的法治意识，确保爱国行为始终在法律框架内进行。通过设计“理性爱国成长档案”，从“国际视野”“法治意识”“建设能力”三个维度设置评价指标。采用“情境测试+项目评估+同伴互评”相结合的方式，全面跟踪学生爱国观的发展轨迹，助力学生在实践中成长。从破坏抵制转向建设创造，最终培养具有全球视野、法治精神、创新能力的时代新人，使爱国主义真正成为推动民族复兴的持久动力。

**专家点评：**

爱国主义教育核心在于唤醒个体生命与民族基因的文化共鸣，实现“小我”向“大我”的精神进阶。在百年变局加速演进的语境下，爱国主义教育亟需突破符号化、仪式化的传统范式，校园文化浸润、课程思政渗透、社会实践熔铸形成协同链条。通过建立学生爱国主义素养发展性评价体系，使教育效果可测量、可迭代。这既是落实《新时代爱国主义教育实施纲要》的战略应答，更是培育具有“中国心、民族魂、世界眼”的时代新人的必由之路。



## 第三节 如何应对校园欺凌？

### 一、言语欺凌的预防与应对

**情境一：**王同学语文默写得了45分，遭李同学嘲笑，被戏称为“笨驴”，外号迅速传开。小王深感愤怒与屈辱，向老师反映。老师批评了李同学，但他未悔改，反而更嚣张。课间，李同学挑衅王同学并恶语相向，王同学欲发作，李同学却逃跑并大喊：“‘笨驴’要打人啦！”王同学因李同学的恶意中伤而感到痛苦不已，越来越沉默寡言。

**看法一：**

#### 让孩子沉默的，不仅仅是欺凌本身

南京市五老村小学 方雨琳

读完100多字的情境，作为班主任，我心中沉痛不已。

当“笨驴”这个充满侮辱性的外号在教室走廊回荡时，我们看到的不该仅是两个学生之间的冲突，也不能将此简单归咎于个别学生的品行问题。那些让孩子选择沉默的力量，往往隐藏在看似正常的教育日常里。细细想来，“欺凌”从来不是一个孤立事件。

一、分数暴力：教育评价体系的异化

王同学在语文默写中获得的45分，这本应是对学生知识掌握程度的客观反馈，却意外成为言语欺凌的导火索。语文教师（班主任）或许从未意识到，当他们在晨读时间宣读默写成绩或对学生分数不加以任何隐私保护时，那张写着“45分”的默写纸在此异化为暴力符号，其威力远

方雨琳，任班主任10年，曾获长三角班主任基本功大赛一等奖。

超数字本身。这种简单量化的评价方式，如同给每个学生贴上价值标签，为语言暴力提供了看似正当的“事实依据”。

改变这种困境需要超越“就事论事”的处理模式，教师要避免用“拖后腿”“拉低平均分”等话语批评学生，同时建立多元发展性评估体系，如用成长档案替代分数排名，让每个学生都能在差异化标准中找到价值坐标。

二、集体失语：教育干预的无效性循环

小王深感愤怒与屈辱时曾向班主任反映，这是“被欺凌者”可贵的求助行为。但是，面对班主任的批评，李同学为何置若罔闻，甚至变本加厉？讲台上的教师往往陷入双重角色困境，作为暴力制止者，他们需要维持教室秩序；作为班级管理的执行者，他们又是分数暴力的实施者。这种身份撕裂在班主任批评李同学时暴露无遗，使得任何表面化的惩戒都显得苍白无力。

当我们将目光穿透情境表面，会发现沉默的不仅是那个蜷缩在教室角落的孩子，还有教室里“沉默的大多数”。这种沉默并非简单的道德冷漠，而是群体心理机制作用的结果。我们常会发现，在“成绩至上”的群体共识下，优等生群体天然获得道德豁免权。他们对“差生”的欺凌行为，常被解读为“优等生的特权”或“激励后进的手段”。而中等生群体则陷入“从众沉默”的困境：既不愿冒险挑战既有秩序，又害怕成为下一个被排斥对象。当“笨驴”的外号在教室流传时，哄笑的同学、移开视线的班干部、保持中立的优等生，可能共同“允许”了语言欺凌的滋生。

这种集体性道德冷漠让我们警醒：教室应该是容错的地方，班主任应努力构建尊重、包容的教室文化，并与家长达成共识，不让“唯分数论”成为欺凌的温床。

三、文化镜像：语言暴力的潜移默化

班主任与李同学沟通时，不难预测他可能会说“我没有骂他，网络上都是这么玩梗的”。当李同学高喊“笨驴要打人啦”时，我们应当反思：

校园语言暴力从来不是孤立现象，而是社会暴力文化的镜像投射。如：社交媒体中泛滥的标签化攻击、短视频平台传播的羞辱文化、影视作品中“酷”化的霸凌者形象、游戏世界里暴力解决问题的思维模式，或许都在重塑青少年的交往方式。

这种文化环境的负面影响不仅在于传播暴力形式，更在于重塑价值判断标准。当网络空间的匿名性消解了现实交往的责任意识，当碎片化传播弱化了暴力行为的后果感知，青少年对现实暴力的敏感度就会持续降低。最终，屏幕上的“键盘侠”与教室里的“欺凌者”，本质上都是暴力文化孕育的畸形产物。

要打破这种文化困局，需要构建全方位的美育防护网。这不仅是学校的责任，更需要文化监管部门、内容生产平台、家庭教育形成协同机制。当社会文化能够提供足够丰富的非暴力叙事模板时，青少年才能在多元价值选择中自然摒弃暴力沟通方式。

作为班主任，当欺凌发生时，我们一定要积极作为。当教育不再制造“低分失败者”，当群体不再默许“欺凌潜规则”，当文化不再输出“暴力美学”，欺凌行为才可能从根本上得到矫正，校园才能真正成为滋养生命的沃土。

**看法二：**

## 莫让外号成为欺凌工具

南京市浦口三中　魏倩

《中华人民共和国未成年人保护法》：学生欺凌，是指发生在学生之间，一方蓄意或者恶意通过肢体、语言及网络等手段实施欺压、侮辱，造成另一方人身伤害、财产损失或者精神损害的行为。近年来，校园欺

魏倩，任班主任 9 年，曾获江苏省班主任基本功大赛一等奖。

凌事件时有发生，国家对校园欺凌问题高度重视，出台了一系列政策和措施来预防和治理。

中小学阶段，经常会有起外号的现象发生，外号一旦传播开来，便会像烙印一般存在。其中有一些不雅外号，带有嘲笑、侮辱意味，成了伤害他人的利器，成了校园欺凌的工具，严重影响学生的身心健康，影响班风的建设。因此，班主任在管理中要有前瞻性，防微杜渐，杜绝起不雅绰号的现象，预防校园欺凌的发生；又要有敏锐性，及时发现问题，教育欺凌者，安抚被欺凌者，消除不良舆论影响，从而促进班集体的向上和美，让每个孩子都在阳光下健康成长。

情境案例反映的是学生起带有嘲笑意味的外号所引起的校园欺凌事件。案例中的李同学起外号可能是因为不懂得尊重他人，边界感模糊，不清楚外号对他人身心造成的伤害；抑或是想要通过这种行为引起大家的关注，成为焦点。不仅如此，这个外号的迅速传开，也反映出班级学生的从众心理，以及他们的判断能力有待提高。当然，班级出现这种现象，也表明了教师在教育工作上可能有所欠缺，需要思考班级是否有相关且明确的规章制度，是否对孩子们做好尊重、交往、防欺凌等教育引导工作。如何不让外号成为欺凌的工具，班主任可以从以下几个方面着手。

一、指出问题，明确严重后果

每个人是自己的责任主体，因此在遇到此类事件时，要告知欺凌者问题所在，明确他这种行为的严重后果，对他的行为进行纠偏。很多孩子起外号可能是觉得好玩，并不了解深层后果。首先起外号是不尊重别人的表现，伤害了对方的身心，可以跟他讲外号给对方带来的影响变化，可以让他换位思考，如果是自己被起了这种外号，心里会是怎样的感受？己所不欲勿施于人，要学会尊重他人，与同学友好相处。其次要指出这种行为对班级的影响，外号在班级中传开，形成了不良舆论，甚至使班级陷入混乱，不利于班风的建设，不利于班集体的和谐发展。再者，更要对孩子进行法治教育，明确底线。《未成年人学校保护规定》明确指出：

认定构成欺凌的，应当对实施或者参与欺凌行为的学生作出教育惩戒或者纪律处分，并对其家长提出加强管教的要求，必要时，可以由法治副校长、辅导员对学生及其家长进行训导、教育。如果学生的行为被认定为构成欺凌，必定要受到相应的惩戒。



## 二、集体教育用好舆论阵地

马卡连柯的平行教育理论指出，集体教育与个别教育是不可分割的，在教育学生时要将二者结合。针对班内存在起不雅外号的现象，班主任开展相应的主题班会，组织调查问卷，学生写下关于起外号的想法，教育学生认识到取嘲笑、侮辱性外号的严重后果，引导他们思考：如果互相尊重，我们会怎样？班级会怎样？让学生们从不同角度思考探究，学习团结友爱，学习悦纳他人。班主任还需组织学生进行校纪校规的学习，进行防欺凌专项学习，对学生进行心理健康教育，让孩子有安全感，勇敢向校园欺凌说不。同时，班主任还要用好班级的舆论平台，比如文化墙、黑板报、班级日志等，选择发生的具有代表性的事件，出专题内容也要丰富，可以是对好人好事的赞扬，或对不良倾向的批评等等，一周一话题，让学生充分展开讨论评议，发挥班级舆论阵地的作用，从而营造良好的班级环境，提升班级的凝聚力。

总之，在面对取外号这种语言欺凌问题时，班主任要果断应对，及时教育，明确底线，进行行为纠偏；也要做好心理疏导工作；积极引导班级正确的舆论导向，教育学生相互尊重，友好共处，提升学生的道德判断能力，这样才能打造美美与共的和谐班集体，从而促进学生身心健康成长。

**做法：**

## 用角色换位化解“非典型性欺凌”

南京市银城小学　魏敏

一、一个孩子的遭遇：“玩笑”背后的刺痛

小林这学期转学到新班级，他总是一个人待着，在课堂上总是缩着脖子低着头，声音细若蚊蝇，下课也很少走动。第二周的一个晨读，教室突然爆发出哄笑声。我抬头看去，小林脸涨得通红，正死死攥着语文书——他的课本扉页不知被谁画了只乌龟，旁边写着“你就是小乌龟”。“谁干的？”我敲了敲讲台，教室瞬间寂静。几个男生眼神躲闪，小声嘟囔：“开个玩笑嘛，乌龟多可爱……”小林微微发抖，但始终低着头一言不发。

翻开班级日志，细碎的记录拼凑出令人心惊的图景：

9月2日：体育课上小林被同学撞倒；

9月5日：小组活动时无人主动和小林组队；

9月8日：小林藏在书包里的课外书被传阅嘲笑；

……

这些零碎的细节拼凑出一个清晰的信号：班级中弥漫着一种“隐性暴力”：起外号、排挤、哄闹，这看似玩笑般的“非典型欺凌”，正在伤害着一个孩子。我决定立即主动干预。

二、一场角色体验：厘清“玩笑”与“欺凌”

1. 角色盲盒，换位思考

第二天早晨，我拿出一个“身份盲盒”，学生们在其中随机抽取信封，里面有三类角色：“被取笑的人”“故意哄闹者”“沉默旁观者”。在抽到角色后，必须全天用该身份学习和生活，设身处地去扮演角色，感知角色的内心感受。

一个总爱恶作剧的男孩抽中了“被取笑的人”，他一整天都低着头

---

魏敏，任班主任21年，曾获江苏省班主任基本功大赛一等奖。

缩在座位上，并忍受哄闹者如影随形的嘲笑。起初他还嬉皮笑脸，但午休时，当有人“敬业”地往他抽屉塞垃圾时，他突然忍不住吼起来：“有完没完！”

下午班会课，班级陷入了自省的氛围。我在黑板上写下三个问题：

你扮演的角色让你最难受的时刻是什么？

如果这一切发生在现实中，你会怎么办？

你从这场角色体验中，感受到了什么？

孩子们纷纷描述自己的心理感受：“以前觉得起个外号没什么大不了的，现在才知道这会给别人带来这么大的伤害。”“当我扮演旁观者时，我发现沉默也会让伤害加倍。”“欺负别人就像往别人心里钉钉子。”“我们应该多站在别人的角度思考，不能随意伤害他人。”几名男生也主动站起来向小林诚恳道歉，表达歉意。这次角色体验，让学生们深刻认识到了欺凌行为的危害。

2. 深入探讨，明确界限

在处理这起欺凌事件的过程中，我一直致力于让学生厘清“玩笑”与“欺凌”的界限。因为，缺乏对欺凌现象的正确认知，正是此类事件发生的重要原因。很多欺凌者不认为自己的行为是“欺凌”，以致行为越来越恶劣；旁观者没有察觉到欺凌的发生，因而未能及时进行干预保护；被欺凌者没有及时寻求帮助、避免伤害；老师缺乏对欺凌的认识，把学生欺凌当成同学之间的“玩笑”，更会助长欺凌的进一步恶化。在回顾诸多典型欺凌事件的过程中，最常看到的一个词就是“开玩笑”。但“玩笑”与“欺凌”之间，应该有一条明确的界限：玩笑不应包含恶意，其结果更不应该给对方造成身心伤害。一旦越过这个界限，便不能再称之为“玩笑”，这极易导致“欺凌”现象的发生。

我相信，班里的男生最初真的只是想和小林“开玩笑”，但渐渐地有了些许试探的意味，也有了逐渐滋长的恶意，在小林没有明确表达不满的情况下，他们便默认自己的行为已被默许，却没有考虑行为会给自己的同学带来的伤害。

通过这样的角色换位，学生对玩笑和欺凌有了正确的认知，懂得自觉杜绝实施、及时发现和制止不恰当行为，也能更好地规范自己的行为。

三、一方健康生态："预"在日常细微处

小林的遭遇也让我认识到，班主任必须在学生冲突发展的早期阶段，即"小、弱、轻、温"之时留心观察，方能做到真正的"预"和"防"。欺凌之前的"前兆"阶段是班主任出手干预的最佳阶段，因此，我们要在平时的工作中注意从细微处下功夫，察微言，观微行，顾微情，及早预防。

1. 日常观察，让每个孩子都被看见

在日常班级管理中，关注学生的行为和情绪变化至关重要。我每天找机会和学生交流，了解班级的情况，耐心倾听学生的心声，让他们尽可能充分地表达自己的想法。对于不善表达的孩子，班级设置了"心情小驿站"——窗台上摆着绿、黄、红三种颜色的磁铁贴，学生每天到校后自主选择颜色吸附在个人照片旁，便于我进行特别的聊天和关注。

如果班级中出现学生持续一段时间的情绪低落、不参加任何集体活动等自我封闭的行为，或者是频繁扰乱课堂秩序、无故迟到等引起关注的行为，就及时通过谈话、走访等方式了解背后的原因，帮助他们寻找解决问题的途径。

当学生偶发正面冲突时，我会第一时间进行干预，先安抚好双方情绪，避免事态进一步恶化。然后想办法多方了解情况，仔细甄别、判断问题性质，既不过分放大问题随意定性，也绝不糊弄敷衍学生。通过调查来明确双方责任，让学生感觉到老师态度公正，并在此基础上对双方进行调解。调解结束后，持续关注冲突双方的关系发展，避免问题反复，对某一方形成伤害。

2. 班级文化，用温暖对冲隐性暴力

班级的氛围影响着集体中的每个人，如果集体风清气正，就能避免很多问题的发生。因此，我在班级中打造了"双螺旋"育人生态：一方面以“善意播种”行动重塑集体价值观，每日晨会增设“温暖放大镜”环节，引导学生发现并讲述身边的美好瞬间。另一方面通过“角色共建”激发集体责任感，由学生自主认领课间巡视、矛盾调解等任务。还创设了“能量流转站”，当有学生遭受负面评价时，全班同学给予他二十次真诚的赞美。这种具象化的集体修复仪式，既让学生直观感受善意积累的不易，也使整个班级意识到，每一句随意的嘲讽，都需要成倍的温暖来弥合，用集体的力量及时遏制不良势头。

经过半年的实践，班级里最让我欣慰的变化不仅是欺凌事件的不再发生，更是孩子们主动构建了预防欺凌的安全网，“被取笑的人”不再需要攥紧课本独自颤抖，“沉默旁观者”都化作温暖守望的星辰，欺凌的阴影终在阳光般的共情中消散。

## 二、身体欺凌的预防与应对

**情境二：**在教室里，王同学总徘徊在李同学周围，伺机捣乱，常趁李同学转身或低头时扔其书本文具。王同学还拉拢同学形成小团体共同欺负李同学。一次活动课上，王同学带两人围住李同学，扇其耳光并令其模仿马儿爬行。李同学害怕内向，从未敢向老师和家长透露。王同学的嚣张气焰让全班笼罩在压抑和恐惧中，其他同学或冷眼旁观，或保持沉默，生怕成为下一个目标。

**看法一：**

### 校园欺凌：一场需要集体治愈的“心灵流感”

南京仙林外国语学校　魏环君

校园本应是孕育希望的沃土，却因欺凌行为滋生出令人窒息的荆棘。A 同学默写失利后遭遇的持续羞辱，并非偶然的恶作剧，而是校园欺凌现象的典型缩影。教育部《未成年人学校保护规定》明确指出，校园欺凌是

魏环君，任班主任 14 年，南京市德育工作带头人。

发生在学生之间蓄意或恶意通过肢体、语言及网络等手段实施欺压、侮辱的行为。这种行为如同精神世界的病毒，不断侵蚀着青少年的心理健康，破坏着教育生态的和谐。

一、校园欺凌的形态解剖

校园欺凌呈现出多样化的表现形式，主要包括肢体欺凌、语言欺凌、关系欺凌和网络欺凌四大类型。语言欺凌占比高达 63.5%（中国青少年研究中心 2022 年数据），表现为恶意起绰号、散布谣言、公开嘲笑等，这种“软暴力”往往因其隐蔽性而被低估。关系欺凌通过孤立排斥、集体冷暴力等方式实施，在女生群体中尤为常见。而随着移动互联网的普及，网络欺凌正以 27.8% 的年增长率（中国社会科学院 2023 年报告）成为新型欺凌方式。

A 同学的遭遇集中展现了语言欺凌与关系欺凌的复合伤害。从“笨驴”“地雷”这样的侮辱性绰号，到课堂上的公然挑衅，最终演变为造谣中伤的集体排斥，完美演绎了校园欺凌从个体伤害到群体异化的升级路径。这种持续性的精神暴力，远比肢体冲突更具破坏性。

二、双重创伤：个体与集体的精神塌方

心理学研究表明，遭受校园欺凌的学生出现抑郁症状的概率是普通学生的 2.8 倍（北京大学儿童青少年卫生研究所，2021）。A 同学从最初的愤怒到最终的失落，正是创伤后应激反应的典型表现。

班级生态系统在欺凌事件中遭受着结构性破坏。B 同学的行为引发群体模仿，形成“看客心理”，导致价值判断标准扭曲。当恶意中伤成为舆论主导，班级就异化为“丛林社会”，学生间信任纽带断裂，集体认同感消解。这种环境变异最终反映为 A 同学在评优中的异常落选，暴露出班级治理机制的失效。

三、阴影背后的多重镜像

欺凌行为的滋生是心理、家庭、学校三方合力的结果。欺凌者往往存在共情能力缺陷，通过贬损他人获取虚幻的优越感。B 同学的持续挑衅，折射出其情绪管理能力与道德认知水平的双重滞后。家庭教育的失位更为关键，数据显示，76%的欺凌者来自教养方式极端（过度溺爱或严重忽视）的家庭（中国教育学会2020年调研）。

学校场域的“破窗效应”不容忽视。当教师初次处理时仅停留在表面批评，未能建立长效干预机制，实际上默许了越轨行为的合理性。德育课程的形式化、心理辅导资源的短缺、事件处理的标准模糊，共同构成了欺凌滋生的制度温床。

四、构建三维防御矩阵

防治校园欺凌需要建立“预防—发现—干预”的全链条机制。在预防层面，应开设浸入式德育课程，通过角色扮演、心理剧等形式培育同理心。某重点中学的“情绪日记”实践表明，定期自我觉察训练能使欺凌发生率降低43%。

家校社协同治理是破题关键。建立欺凌行为预警平台，整合班主任观察、家长反馈、同学匿名举报等信息流。借鉴日本“学级顾问”制度，组建由心理教师、法律顾问、社工组成的专业团队。对于B类持续施暴者，需要启动“行为矫正计划”，融合家庭治疗与社区服务。

法律规制是最后的防护网。2021年修订的《中华人民共和国未成年人保护法》增设网络欺凌条款，但需细化实施细则。可参照美国部分州的“强制报告制度”，对教师的不作为追责。更重要的是建立校园征信体系，将欺凌记录与升学评优挂钩，形成行为约束的闭环。

当A同学在晨读中再次垂下头时，我们看到的不仅是个体的创伤，更是整个教育系统的叩问。治理校园欺凌不能止于个案处理，更需要制度重构与文化重建。通过建立“早发现、准研判、快处置、深修复”的防治体系，让每个孩子都能在阳光下挺直脊梁，这或许才是教育最本质的承诺。毕竟，没有健康的心灵成长，任何教育成果都是空中楼阁。

**看法二：**

## 将校园欺凌消灭在萌芽状态

南京宇通实验学校　赵健

校园，本应是莘莘学子汲取知识、茁壮成长的净土，是梦想启航的港湾。然而近年来，校园欺凌事件却如阴霾般笼罩，频频刺痛社会的神经，成为教育领域乃至整个社会亟待解决的严峻问题。

从情境来看，校园欺凌有一个逐步升级的过程，而防治校园欺凌，从萌芽状态入手最好。班主任可以深入研究校园欺凌逐步升级的原因，常见原因，并探索有效的预防策略。

一、情境中校园欺凌逐步升级的原因分析

1. 个体层面：王同学行为的心理动机

在情境中，王同学作为欺凌者，其行为背后有着复杂且值得深入探究的心理动机。从寻求关注的角度来看，王同学或许在家庭或学校等常规环境中难以获得足够的认可和尊重。

满足控制欲也可能是王同学行为的重要心理动机之一。处于青少年时期的王同学，自我意识逐渐增强，渴望在群体中拥有话语权和掌控力。而李同学性格胆小内向，反抗能力较弱，成了王同学实施控制行为的理想对象。此外，王同学可能还存在错误的价值观与道德认知。

2. 群体层面：小团体形成与从众心理

在校园欺凌逐步升级的过程中，群体层面的因素起到了推波助澜的作用，其中小团体的形成以及同学的从众心理尤为关键。当小团体形成并对李同学实施欺凌行为时，其他同学看到这种情况，出于对自身处境的考虑，即使内心不认同这种行为，也可能选择跟随小团体的态度，保持沉默或参与其中。

群体极化效应也在一定程度上加剧了校园欺凌的升级。当小团体中

---

赵健，任班主任 11 年，曾获长三角班主任基本功大赛二等奖。

的成员共同参与欺凌行为时，他们的行为会相互影响、相互强化。

3. 环境层面：学校管理与班级氛围的影响

学校管理与班级氛围在校园欺凌逐步升级的过程中的作用不容忽视。学校和班级没有建立起有效的欺凌监测体系，无法及时发现王同学最初扔书本文具等轻微欺凌行为；没有设立专门的举报渠道，或者即使有举报渠道，也未能对学生的举报给予足够重视，导致欺凌行为不能被及时制止，从而使王同学的行为逐渐升级。

班级氛围对校园欺凌的影响也十分显著。在一个压抑、不和谐的班级氛围中，学生之间缺乏信任和关爱，容易产生矛盾和冲突，这为欺凌行为的滋生提供了土壤。班级中同伴关系的失衡也是导致欺凌升级的重要因素。

二、校园欺凌出现的常见原因分析

家庭因素：不当教养方式的影响。不当的教养方式往往是导致孩子出现校园欺凌行为的重要根源，其中溺爱型、忽视型和暴力型家庭对孩子的负面影响尤为显著。

学校因素：教育与管理的不足。学校将大量的时间和精力投入学科知识的传授上，对学生品德修养的培养不足。学校与家长之间的沟通协作也存在不足，使得学校和家庭无法形成合力，共同应对校园欺凌问题。

教师因素：教师在应对校园欺凌事件时，由于缺乏专业素养，往往处理不当，无法有效引导学生。

社会因素：不良文化与舆论导向。暴力文化传播，舆论关注失衡，也会对青少年产生误导，加剧校园欺凌现象。

三、将校园欺凌消灭在萌芽状态的策略思考

1. 加强家庭教育指导

指导家长定期开设家庭会议，加强亲子沟通，关注孩子心理需求。鼓励家长积极参与学校组织的各项活动，如家长会、家长开放日、亲子活动等。通过这些活动，了解孩子在学校的学习和生活情况，与老师共同探讨教育孩子的方法和策略。

2. 加强班级文化建设

营造积极向上、团结友爱的校园氛围。通过开展丰富多彩的校园活动，如主题班会、文艺汇演、体育比赛等，增强学生之间的沟通与交流，培养学生的团队合作精神和集体荣誉感，减少学生之间的矛盾和冲突。

3. 建立健全班级防治机制

定期心理健康监测机制，与学校心理咨询辅导室建立常态化沟通，了解学生心理健康状况。

设置班级安全观察员，每周与班主任沟通班级人际关系安全情况。

用好校规校纪，在学生出现矛盾的时候，如发现学生之间有争吵、打架、孤立等异常行为，要及时依法依规进行调查和处理。

建立跟踪回访机制，对班级矛盾等事件进行跟踪回访，了解涉事学生的思想和行为变化，确保欺凌问题在萌芽阶段就得到彻底解决。

**做法：**

## 愿所有的童年都能被温柔以待

南京市五老村小学　方雨琳

在教室后排的阴影里，李同学的书本文具总在转身的瞬间散落一地；看李同学被迫在活动课上模仿马儿爬行时，整个班级陷入死寂的沉默……这是心理学中典型的“黑羊效应”：群体为维护表面和谐，将某个成员异化为“替罪羊”，通过集体排斥转移内部矛盾。对此，班主任需要穿透三重迷雾：如何拯救蜷缩的“黑羊”，唤醒迷失的“牧羊犬”，重构失序的“羊群生态”。

一、对话“黑羊”：照亮心灵阴影

面对被欺凌的李同学，班主任可以这样沟通：

方雨琳，任班主任10年，曾获长三角班主任基本功大赛一等奖。

1. 从“隐蔽角落”到“专属树洞”

班主任需主动创造非公开的谈话场景，例如放学后空置的美术教室、校园长廊的长椅等，营造一个安全、私密的交流环境，让学生能毫无顾忌地倾诉内心的痛苦。

当李同学断断续续描述被逼学马爬行的经历时，班主任需警惕二次伤害。可采用“事件拼图法”：先引导其回忆具体场景（“当时教室里有谁？”），再聚焦身体感受（“膝盖磕在地上疼吗？”），最后探索心理状态（“那时候最希望发生什么？”）。这种结构化问题既能帮助教师掌握欺凌细节，又避免受害者陷入情绪闪回。在他倾诉的过程中，我们要给予充分的肯定和鼓励，让他知道自己并不孤单，勇敢地站出来是正确的选择。

2. 从“受害者”到“自我保卫者”

作为班主任，要明确承诺会采取措施保护他，为他提供支持和安全感。但不仅仅是告诉孩子“老师以后会保护你”，还要教会李同学一些具体的自我保护技巧。例如，在面对言语欺凌时，保持冷静，不要被欺凌者的话语激怒，避免陷入情绪化的回应。可以用坚定的语气告诉欺凌者：“你的话让我很不舒服，请停止这种行为。”如果欺凌者继续挑衅，不要与其纠缠，而是迅速离开现场，向老师或其他可靠的成年人寻求帮助等。

二、对话“牧羊犬”：叩击柔软内核

而对于欺凌者王同学，沟通更是敲响他心中警钟的关键。约谈时要规避权威场域，如选择篮球场边的台阶并肩而坐，以“了解其找存在感的原因”这样颠覆心理预期的开场白，引导他说出家庭角色缺位、学业挫败等深层诱因。接着，通过“欺凌账单”游戏促使其理性思考，让他清晰认识到欺凌行为的危害。同时，挖掘其组织能力，任命其为运动会啦啦队总策划或组建班级骑行社并赋予安全督导职责，将支配欲转化为建设性领导力。再签订《行为修正承诺书》，以每日帮助他人、每周提交反思日记、每月参与公益服务等可量化行动，矫正其悔改诚意。在这个过程中，要持续关注他的变化，及时给予肯定和鼓励，让他感受到自己的努力被看到和认可。

与王同学的沟通，是一次引导和转变的过程。要让他明白，真正的强大不是通过欺负他人来体现，而是通过积极的行为和良好的品德来赢得尊重和认可。帮助他树立正确的价值观和人生观，引导他将注意力转移到积极的事情上，发挥自己的优势，为班级和同学做出贡献。

三、集体教育：重构“羊群”生态

集体教育在重构班级生态中不可或缺。可以开展“秘密漂流瓶”活动，让每位学生在匿名纸条上书写：“我最无助的时刻，是当……”让隐秘的痛楚显影，还可以通过“角色置换剧场”，引导学生感受孤立无援的困境。

平日里，可以开展主题班会，通过生动案例让学生深刻认识欺凌行为的危害，引导学生换位思考，培养同理心和正义感；组织丰富多彩的团队合作活动，如户外拓展、班级合唱比赛等，增强班级凝聚力，让学生在相互帮助中感受集体温暖；树立正面榜样，在班级墙面设立“榜样之星”专栏展示优秀学生事迹，激励其他同学；建立互助机制，成立班级监督小组，鼓励学生及时报告欺凌行为，让每个学生成为班级和谐的守护者，责任感与使命感在此刻悄然生根发芽。

四、家校携手：我们都是牧羊人

班主任要及时、客观地向家长反馈学生在学校的情况，无论是欺凌者还是被欺凌者。定期召开家长会或进行家访，倾听家长的想法和担忧，了解他们在家庭教育中的困惑与挑战。家长需警惕孩子可能遭遇欺凌的迹象：若身体上反复出现不明瘀伤、抓痕或衣物破损，可能暗示身体欺凌；情绪方面，若孩子突然变得沉默、焦虑、抗拒上学，或出现失眠、食欲不振、成绩骤降，需高度关注。

日常沟通时，应营造安全氛围，用“在家可以畅所欲言，我们永远支持你”等语言增强孩子信任感，若确认欺凌，需立即收集证据：网络欺凌留存聊天截图，身体伤害保留医疗证明及证人证言。同时主动联系学校，冷静说明情况并要求制定方案，如教育惩处欺凌者、安排同伴保护等。教导孩子勇敢拒绝欺凌，结伴行动并及时求助，强调被欺凌绝非其过错，鼓励孩子积极维护自身权益。

在校园这个小小的社会里，每一个孩子都是独一无二的星辰。当我们用心去穿透欺凌的重重迷雾，用爱去点亮每一个黑暗的角落，我们就在为孩子们的未来编织一个充满阳光的梦。愿所有的童年都能被温柔以待，每一个孩子都能在充满尊重、理解和关爱的环境中茁壮成长，带着自信的笑容迈向那充满无限可能的明天。

**专家点评：**

对欺凌者需突破行为矫正层面，通过道德叙事重构其价值认知，在责任承担中唤醒道德良知；对受欺凌者要超越创伤修复，以抗逆力培养激活主体尊严，避免标签化二次伤害。这要求教师具备“道德诊疗”能力，引导学生在道德冲突中实现认知升维。德育工作者当以“生命牧者”的担当，用专业智慧让教育在修复道德裂痕中彰显出力量，这也是落实立德树人根本任务的必然要求。

## 第四节 如何开展心理健康教育？

### 一、青春期叛逆的应对

**情境一：**不久前，李老师接到了一位家长的求助电话：“李老师，我家小A最近怎么变得这么叛逆？她以前乖巧听话，现在简直像换了一个人，做事情总是有自己的主见，还总是抱怨我唠叨，拒绝和我沟通，一副不耐烦的样子。您能告诉我，我的孩子为什么会这样吗？”这位家长的困惑道出了许多家长的心声，随着孩子步入高年级，叛逆的情绪逐渐显现，时间一长，家长和孩子之间的隔阂也愈加明显，令人无奈。

看法一：

## 解锁青春期亲子沟通密码

南京市力学小学　舒畅

在青春期的开端，家长与孩子的沟通往往面临重重挑战。孩子自我意识的觉醒、情绪的波动以及逆反心理的滋生，都是这一阶段的独特表现。叛逆期是孩子成长过程中独立性与自我意识觉醒的明证，在这一时期，孩子们渴望被理解与尊重，他们正在探索自我与外界的关系，因此家长与班主任需要提供相应的支持与引导。

依据《中华人民共和国家庭教育促进法》相关规定，父母或者其他监护人应当树立家庭是第一个课堂，家长是第一任老师的责任意识，承担对未成年人实施家庭教育的主体责任，用正确思想、方法和行为教育未成年人养成良好思想、品行和习惯。作为班主任，我们应时刻关注学生的成长动态，并在适当的时机，以适宜的方式为家长提供指导。

一、青春期叛逆的普遍性

叛逆在青春期的青少年身上是普遍存在的现象。在这个阶段，孩子们开始探索自我，建立独立的个性和价值观。在这个过程中，他们对父母的权威产生怀疑，渴望对生活和决策拥有更多的掌控感。这种对独立性的需求往往表现为对父母的反抗与拒绝沟通。

1. 自我意识觉醒的“冲撞”

随着青春期的到来，孩子生理和心理上的变化如同催化剂，促使他们更加关注自我。曾经对父母言听计从的孩子，开始渴望建立独属于自己的身份标识。在面对父母的建议和要求时，他们内心深处的自我意识会发出抵触信号。

2. 情绪波动引发的“风暴”

青春期孩子体内激素水平的剧烈变化，如同不稳定的天气系统，使

舒畅，任班主任 20 年，曾获得长三角班主任基本功大赛一等奖。

得他们的情绪极易波动。可能上一秒还因为一场球赛的胜利欢呼雀跃，下一秒就因为与同学的小摩擦而烦躁沮丧。这种情绪的起伏不定在亲子沟通中表现得尤为明显。当孩子处于负面情绪状态时，父母一句无心的询问或叮嘱，都可能成为引发冲突的导火索，让亲子之间的沟通陷入僵局。

3. 沟通方式差异导致的“鸿沟”

许多家长在与青春期孩子沟通时，依然延续传统的命令式和控制式。在他们的观念里，父母的权威不容置疑，要求孩子无条件服从。但这种沟通方式完全忽视了青春期孩子对尊重和理解的强烈渴望。

4. 社会环境影响产生的“分歧”

青春期的孩子十分重视同伴关系，渴望融入同龄人群体，获得同伴的认可和接纳。在这个过程中，他们极易受到同伴的影响。比如，身边的朋友都热衷于追求某种潮流文化，孩子可能也会跟风，即便父母认为这种文化并不适宜。这种因社会环境影响而产生的观念和行为差异，进一步加剧了亲子之间的矛盾。

二、采用共情的沟通方式

1. 商讨而非命令：与孩子沟通时，更多地采用讨论的方式，给予他们参与感，让他们感受到自己的意见被重视。可以通过家庭会议等方式，让孩子参与家庭决策，增强他们的责任感和归属感。

2. 肯定而非否定：鼓励孩子在探索中犯错，以积极的心态支持他们的每一次尝试，而非一味指责。即使孩子的选择结果未必理想，家长也应引导他们从中学习，帮助他们总结经验。

3. 关心而非唠叨：真正倾听孩子的内心世界，了解他们的需求与感受，建立深厚的信任关系。在沟通中，避免使用带有负面情绪的语言，而是用理解与支持的态度来与他们对话。

三、破解逆反的有效措施

作为班主任，我们需敏锐地察觉学生在青春期的发展需求，及时关注并引导他们。可以通过以下多元化的教育活动展开工作：

1. 专题班会：围绕青春期主题展开讨论，让孩子们自由分享自己的想法与感受。通过同伴的交流，孩子们能够更好地理解自身的变化，感受到彼此的支持。

2. 学生讲座：邀请学长或心理辅导老师为学生讲解青春期心理变化及应对策略。这样的讲座可以帮助孩子们了解自身的情绪波动，并获得处理这些情绪的方法。

3. 家长讲座：定期举办家长培训，帮助家长掌握科学的教育方法与沟通技巧。通过与专家的互动，家长能更好地理解如何在孩子的叛逆期提供有效支持。

青春期的叛逆是孩子成长过程中必经的阶段，家长在此期间需要调整教育方式，理解孩子的心理变化。通过建立良好的沟通机制，尊重孩子的独立性，家长与孩子之间的关系能够得到改善，最终实现更好的相互理解与支持。面对孩子的叛逆情绪，家长应以开放的心态去接纳与引导。相信我们能够更好地支持孩子的成长，最终帮助他们顺利度过青春期的挑战。

**看法二：**

## 解码青春：青春前期学生的心理关注与情绪引导

南京市陶行知学校　陈卉

青春前期学生处于复杂多变的生存环境中，社会环境快速变化带来的不确定性、学业上的沉重压力、复杂多变的人际关系以及家庭期望带来的心理负担，共同构成了他们面临的主要挑战。案例中家长口中王同学的变化，其实源于她正在经历青春前期，开始有了更强烈的自我意识。只有引导家长了解孩子的身心发展特点，理解其内在心理需求，建立良好的亲子关系，同时构建互融共育的成长环境，才能更好地引导孩子走出“青

陈卉，任班主任6年，曾获长三角班主任基本功大赛一等奖。

春迷雾”，帮助他们形成积极的生活态度和价值观。

一、解密青春前期心理特征

青春前期，通常指学生从小学高年级向初中过渡的阶段，这一时期的孩子正经历着身心迅速发展的变化。他们开始从儿童期向青少年期过渡，不仅在生理上出现显著变化，心理上也经历了从依赖到独立、从幼稚到成熟的深刻转变。

在这一阶段，学生开始形成自我意识，对周围世界有了更加清晰的认识和判断。他们渴望独立，希望摆脱成人的束缚，对自己的事情有更多的决定权。同时，他们的情绪也变得更为复杂多变，既容易兴奋又容易沮丧，既渴望被理解又害怕被看透。这也是案例中王同学像变了一个人，做什么事情都有自己的主见，逆反、顶嘴的原因。

二、探索情绪引导的有效方法

面对这些心理特征引起的行为和性格变化，班主任需提醒家长给予孩子足够的理解，深入了解其内心世界，帮助他们积极疏导情绪。班主任可以提供有效的情绪引导方法：

1. 培养情绪管理力

开设情绪表达和管理的心理活动课，教孩子识别身体发出的情绪信号，如紧张时心跳加速，学会用恰当的方式表达情绪和宣泄情绪；带领孩子练习简单的放松技巧，如深呼吸、渐进式肌肉放松法；鼓励孩子记录情绪日记，培养自我觉察能力。

2. 建立同伴互助体

组织集体活动或小组讨论，帮助学生建立积极的同伴关系，在同伴中获得支持和认同；教授基本的社交技能，如倾听、分享等，帮助他们更快更好地收获友谊。

3. 适度规则与期待

与孩子共同商定合理的学习和生活目标，讨论制定合理的期望和规则，保持适度的弹性，循序渐进培养责任感。对于孩子的努力及点滴进步，应及时给予肯定和鼓励，帮他提升自我效能，建立自信。

4. 情感支持与交流

给予学生足够的情感支持，及时给予必要的关爱和鼓励；当孩子取得进步和成就时，要给予肯定和赞扬；每天预留专属的亲子交流时间，耐心倾听孩子的心声，畅通亲子沟通渠道，增进亲子间信任与理解，从而增强学生的自信心和幸福感。

三、构建互融共育的成长环境

构建互融共育的成长环境是促进青春前期学生健康成长的重要保障。这需要家长、教师和社会各方面的共同努力。

1. 加强家校合作

家校要加强沟通与协作，共同关注孩子的成长需求和心理变化，定期交流学生在校表现和家庭情况，共同制定教育策略和方法。

2. 营造和谐氛围

家长要营造和谐、温馨、民主的家庭氛围，给予孩子足够的关爱和支持，学校也应当创建一个包容、尊重、友爱的文化氛围。

3. 提供心理支持

学校应提供心理支持服务，帮助青春前期的孩子应对心理和情绪问题。可以设立心理辅导室，配备专业的心理健康教师，为孩子提供个别或团体心理咨询服务。同时，学校应面向家长、老师、学生定期举办心理健康讲座，助力学生更好地认识自己、管理情绪、应对挑战。

4. 倡导向上风气

倡导积极向上的社会风气，为青春前期的学生树立良好的榜样。通过媒体宣传、公益活动等方式，传递正能量和价值观，引导学生形成正确的世界观、人生观和价值观。

在探索青春前期的心理关注与情绪引导的旅途中，我们深刻认识到，只有通过解码青春前期学生的心理特征，给予他们有效的心理关注与细致入微的情绪引导，为他们构建互融共育的支持系统与成长环境，才能努力实现让每一个处于青春前期学生的心灵都能在关爱与理解中茁壮成长。



**做法：**

## 从冲突到共鸣的转变之旅

南京市五老村小学　赵俊华

一、叛逆期的家庭挑战

在儿童心理发展进程中，小学高年级至高中阶段，孩子会经历不同程度的心理蜕变，叛逆现象也随之呈现，背后成因复杂。心理教师常会接到家长关于孩子叛逆的各种求助。比如，小学时热爱钢琴的小辉，升入五年级后，面对家长的练琴催促，抗拒地表示“这不是我喜欢的”，在学校对待作业也变得敷衍起来。又如，小张上初中后，与父母交流明显减少，妈妈的关心换来的只有不耐烦，周末安排一旦不合心意就引发争吵，还抗拒父母过问学习情况……这些叛逆表现不断冲击着亲子关系，严重影响了家庭氛围与孩子的心理健康发展。

二、叛逆期的心理机制与成长意义

1 叛逆期的心理机制

从心理学视角看，孩子进入叛逆期后行为变化是心理发展的必然。随着年龄增长，自我意识觉醒，他们渴望独立，大脑前额叶皮质快速发育，思考和自主意识变强，但情绪调节系统未成熟。当父母像往常一样过度关心和干涉其生活细节时，孩子追求独立的需求被激发，觉得个人空间和权利受侵犯，进而产生愤怒、抵触情绪，表现为顶嘴、拒绝沟通等，导致亲子矛盾加剧。

2. 叛逆期的成长意义

叛逆期虽让家长困扰，却对孩子成长有益。它是孩子构建价值观和世界观的标志，在与父母的冲突中，孩子尝试新行为和思维方式，学会

赵俊华，任班主任 25 年，南京市德育工作带头人。

为自己的行为负责，按自己方式安排周末活动，能了解兴趣，培养自主决策和自我管理能力。同时，这一时期孩子更关注同伴看法，利于发展社交技能，为适应未来社会生活奠定基础。

三、开启“智慧导航＋心灵共鸣”教育模式

1. 利用智慧导航工具辅助理解与教育

在数字化时代，科技工具为家长和教师提供了新的教育途径。家长可以借助一些亲子沟通类的 APP 或公众号，这些 APP 或公众号通常包含丰富的亲子互动课程、叛逆期心理知识科普等内容。例如，家长可以通过阅读这些学习如何解读孩子叛逆行为背后的心理需求，了解不同年龄段孩子的心理特点，从而更有针对性地与孩子沟通。同时，一些智能穿戴设备也能帮助家长了解孩子的日常活动与情绪状态，比如通过监测孩子的运动数据、睡眠质量等，推测孩子近期的心理压力，及时给予关心和引导。利用科技工具，家长能够更全面、深入地理解孩子，为教育提供有力支持。以下是“亲子成长助手”科技工具的部分功能介绍：

| 科技工具 | 主要内容 / 功能 | 使用效果 |
| --- | --- | --- |
| 苏心（APP） | 助力亲子互动与青少年心理知识科普 | 比如在心理测试板块，它设有多种情绪测试，孩子能借此直观了解自身情绪状态。完成测试后，APP 会给出详细分析报告，提供诸如冥想、深呼吸、积极自我暗示等个性化情绪调节技巧 |
| 全国青少年心理健康辅导站（公众号） | 专业资源与新时代互联网技术的深度融合 | 其中“家有儿女”栏目专门针对家长面临的亲子问题答疑解惑 |
| 宁教授工作室（公众号） | 致力于青少年心理健康服务及亲子关系改善 | 定期举办“慧心父母”读书课和休学青少年心理赋能“流水营”等活动 |
| 儿童电话手表 | 集安全、学习、娱乐、健康于一体，功能丰富且实用 | 能记录孩子的心情和生成睡眠报告，帮助家长更好地了解孩子的健康状况 |
| 运动手环 | 主要功能包括睡眠监测、助眠辅助、健康监测和运动记录等 | 具备睡眠辅助功能，还提供助眠音效，进一步辅助用户放松身心，改善睡眠 |

2. 激发心灵共鸣，建立深度情感链接，引导个性化成长

（1）用开放式的提问和鼓励性的语言

与叛逆期的孩子沟通，方式至关重要。家长应避免使用命令式、批评式的语言，而是采用开放式的提问，如“你对这件事情是怎么看的呢？”“你觉得这样做会带来什么样的结果呢？”这种提问方式能够引导孩子思考，同时让他们感受到被尊重。鼓励性的语言也不可或缺，当孩子表达自己的想法时，家长要给予积极的反馈，如“你的这个想法很有创意，能和我详细说说吗？”这能增强孩子的自信心，让他们更愿意与家长交流。

（2）通过游戏，激发合作与创造力

游戏是亲子间建立情感链接的有效方式。家长可以与孩子一起玩一些合作类的游戏。在游戏过程中，孩子和家长共同面对挑战，通过协作完成任务，这不仅能激发孩子的合作能力与创造力，还能让亲子关系更加融洽。例如，一家人一起玩“家庭大冒险”游戏，游戏规则是每周设定一个主题，如“美食探索”，全家一起尝试制作一道新的菜肴。在这个过程中，孩子负责查阅菜谱、准备食材，父母则协助他完成烹饪。通过这种游戏化的互动，孩子充分发挥了自己的创造力，同时也增强了与父母之间的合作能力，家庭氛围变得轻松愉快。

（3）设立角色互换日，增进理解与共情

设立“角色互换日”是让家长和孩子互相理解的好方法。在这一天，孩子扮演家长的角色，负责安排家庭事务，如做饭、打扫卫生、管理家庭财务等；家长则扮演孩子，听从“小家长”的安排。通过这样的角色互换，孩子能够体会到家长的辛苦，理解家长平时的唠叨与严格要求；家长也能从孩子的角度出发，感受孩子在面对学习压力、社交困扰时的心理状态，从而增进彼此的理解与共情。

让我们用智慧与爱，陪伴孩子走过叛逆期，见证从冲突到共鸣的美好转变，共赴成长之约！

## 二、学业压力的调试

**情境二：**李同学是一个学习极为刻苦的孩子，仿佛将自己与外界隔绝，几乎把全部的时间和精力都投入了文化课的学习当中。近期，学校一年一度的音乐节即将拉开帷幕，李老师在班级里进行了全面的动员，可小李却毫不犹豫地明确表态自己不想参加。不仅如此，之前的手抄报比赛、篮球比赛等活动，小李也是一次都没有参与过。铺天盖地的作业、频繁的考试竞争，都让小李感受到了前所未有的巨大学业压力。在他看来，任何非学习的安排都是一种毫无意义的浪费……

**看法一：**

### 从“逃避”到“破茧”：中小学生过度追求学业背后的心理动因与干预策略

南京市临江高级中学　王悦

《中小学德育工作指南》强调，德育工作旨在培养德智体美劳全面发展的社会主义建设者和接班人。但“重文化、轻德育”的现象在教育教学实践中依然存在。有的学生甚至觉得只有文化课才是“正经事”，德育活动形同虚设。情境中的李同学，就是一个典型。他学习很刻苦，在文化课的学习上倾注了全部心思和精力，拒绝一切活动和社交，仿佛与外界隔绝。这种状态的背后隐藏着深层次的心理问题，值得深入剖析和探究。

一、行为剖析：“奔赴”背后的“逃避”阴影

从行为表现来看，李同学对文化课的学习可谓是一心“奔赴”，几乎达到了“两耳不闻窗外事”的境界。他一门心思学习，好像把自己置身于一场没有硝烟的战争中。但是，这场“奔赴”并没有给他带来持续的成就感，反而使他心理压力陡增。从根本上说，李同学过分追求学业成绩的行为实际上是一种逃避行为。他通过逃避参加活动，一心投入学习，来确

王悦，任班主任8年，曾获江苏省班主任基本功大赛一等奖。

保自己处于熟悉的“安全地带”，以免受到挑战和伤害。这种选择的背后，隐藏着他的心理诉求：避免失败和消极评价。然而，这样回避的方式不仅解决不了深层次的问题，还可能加剧他的焦虑情绪，形成一种恶性循环。

二、心理溯源：行为背后的心理动因

1. 核心信念的禁锢

心理学研究表明，个体的行为与情绪深受其核心信念的影响。核心信念是人们对自我、他人及世界的深层认知，在成长过程中逐步形成，并对个体的行为表现产生重要影响。结合情境来看，李同学的核心信念可能是“我必须成绩突出”或“考得不好是不被接受的”。这种极端的认知模式让他忽略了发展的多元性，过度地将他的自我价值和学业成绩绑定，陷入了认知的误区。

2. 认知偏差的影响

情境中的李同学存在明显的认知偏差。他习惯于采用“全或无”的思维方式，认为只有学习好才是成功，否则人生就是失败的。这种想法让他一直想考高分，不能接受自己在学业上有任何闪失。同时他看不上其他活动，认为那些活动都是浪费时间的东西。这些错误认知让他陷入了更严重的焦虑和迷茫。

三、破茧之策：助力成长的有效策略

1. 借助心理辅导：重塑合理的认知

教师可以通过心理辅导和个体化指导帮助李同学进行认知纠偏，引导他重新认识自我价值的多元性，从而明白考试成绩不是衡量个人能力高低的唯一标准。这一过程需要结合具体情况具体分析，来帮助学生逐步建立健全自我评价体系。

2. 激发内在动机：点燃兴趣的火花

情境中的李同学逃避活动，可能的原因是他不了解自己喜欢什么、也不知道自己有什么优势。想帮他解决问题，就需要帮他更好地认识自己，激发他的内在动力，找到自己的兴趣和特长。老师可以通过兴趣测试、职业规划等方式帮他找到感兴趣的活动。同时老师也可以让他自己多观察和记录，发现自己在某些方面的优点，并给出积极的回应，鼓励他从简单的事情开始，逐渐发展出个人爱好。

3. 家庭支持：营造宽松温暖的氛围

家庭是人生的第一所学校，家长是孩子的第一任老师。家庭环境对人的成长起着至关重要的作用。情境中李同学的行为表现，或许与家庭过分关注其学业成就有关。因此，对于李同学的家长来说，营造一种比较宽松的家庭氛围是很有必要的。教师可与家长定期沟通，将李同学在学校中的表现及成长状况告知家长，并引导家长理解多元发展的重要性。同时，教师还可以为家长提供一些亲子沟通方面的建议，如：适当调整对学习成绩的关注程度，多关注孩子的兴趣和情感需求，在后续成长中给予孩子无条件的支持。

四、结论

李同学的案例反映出当前部分学生真实面临的心理窘境。教育教学不应仅指向学业成绩的提高，更应关注学生心理素质、多元能力的全面发展。只有关注学生的心理健康，才能培养出真正健康、快乐和全面发展的人才。

**看法二：**

## 学业压力下的心灵突围：如何平衡学业压力与多元发展

南京市力学小学　舒畅

在学业压力愈发沉重的背景下，李同学的成长之路究竟该如何开拓？文化知识的学习固然重要，但在这个充满挑战的环境中，如何找到学业与多元发展的平衡点，是我们迫切需要深入探讨的话题。

---

舒畅，任班主任20年，曾获得长三角班主任基本功大赛一等奖。

一、学业压力与多元发展不平衡的根源

在竞争激烈的学习环境中，学生们面临着巨大的学业压力，主要原因可归结为以下几点：

1. 社会期望的重担：家长对学生成绩的过高期望，社会就业压力大，社会竞争激烈，往往让他们觉得必须不懈奋斗，以符合外界的标准。

2. 时间管理的短板：许多学生在学习安排上缺乏有效的时间管理技巧，学习与休闲时间严重失衡，导致身心疲惫。

3. 单一发展的局限：在对高分的追求中，学生们往往忽视了其他兴趣和才能的重要性，限制了自身的全面素质提升。

二、学习场域的方向重塑

1. 坚守一个核心——健康成长：在学生的学习过程中，所有的安排都应该是以学生的健康成长为出发点，学业压力也应是促进学生成长的一种动力。在那些因学业压力出现问题的案例中，如果老师和家长能够合理调控压力，并在其中挖掘促进学生心理健康的机会，引导学生正确看待压力，学会自我调节和释放，那么就能在面对学业压力时培养出坚韧的心理品质和积极的应对态度。

2. 守住一个底线——心理健康：学校和家庭都应高度重视学生的心理状况，及时发现问题并给予有效的干预和支持。学校可以开设心理健康课程，为学生提供心理咨询服务，帮助学生解决心理问题。家长也应该关注孩子的情绪变化，与孩子建立良好的沟通渠道，及时了解孩子的心理需求。

3. 拓展一个维度——多元发展：除了关注学生的学业成绩和心理健康，还应该拓展学生的发展维度，促进学生的多元发展。学校可以开设丰富多彩的课外活动，如音乐、美术、体育、科技等社团，为学生提供展示自己才华的平台。同时，学校还可以鼓励学生参加社会实践活动，提高学生的社会适应能力和创新能力。

三、压力平衡的智慧哲学

1. 遵循适度原则，关注身心平衡

学业压力应当以学生的身心承受能力为限。教育者应根据学生的实际情况，合理调整教学内容和难度，避免过度施压。例如，在我的班级中，我尝试采用分层教学法，针对不同学生的能力水平设计差异化的作业和考试。这种个性化的教学方式不仅减轻了学生的压力，还提高了他们的学习效率。此外，我还鼓励学生每天进行至少 30 分钟的体育锻炼，以缓解学习带来的疲劳感。

2. 构建沟通机制，关注家校平衡

应对学业压力需要家校双方的共同努力。学校应定期与家长沟通，分享教育理念和教学计划，帮助家长了解孩子的学习状态。家长也应积极配合学校，关注孩子的学业和心理状态，与老师共同制定适合孩子的学习方案。例如，我曾在班级中设立“家校联系本”，每周与家长分享学生的学习和生活情况，并针对问题提出建议。这种沟通机制不仅增强了家校之间的信任，还为学生营造了更加和谐的学习环境。

3. 培养自主能力，关注自我平衡

学生的自主学习能力是应对学业压力的关键。教育者应注重培养学生的自我管理能力，帮助他们学会合理安排时间、制定学习计划、调整心态。例如，在我的班级中，我每周组织一次“时间管理分享会”，邀请学生分享自己的学习方法和时间安排经验。这种同伴互助的方式不仅提高了学生的时间管理能力，还增强了他们的学习主动性。此外，我还鼓励学生树立正确的学习观念，认识到学习的意义不仅在于取得好成绩，更在于提升自身的能力和素质。

在学业压力日益增加的背景下，李同学的成长之路需要学生、家长与教师的共同努力。通过坚守健康成长的核心、守住心理健康的底线、拓展多元发展的维度，我们可以为学生创造一个既能促进成长又能呵护心灵的学习环境，让更多的学生在学业的道路上实现心灵的突围，健康快乐地前行。只有这样，我们才能培养出具有创新精神、社会责任感和良好心理素质的新时代人才。作为教育工作者，我们任重而道远，但只要我们用心去探索和实践，就一定能够为学生的成长开辟一条更广阔的路径。



**做法：**

## 破茧成蝶——学业压力下的心理调适与全面发展教育案例

南京师范大学附属中学　庞冉

这一情境中的李同学对待学习的理解较为狭隘，未能处理好学习与活动、生活的关系，随之而来的是巨大的学业压力，长此以往，对他的身心健康都会造成不良影响，更不能保证学习效率、促进学业发展。《中华人民共和国教育法》第四十四条规定："学校应当关心、爱护全体学生，促进学生身心健康。"《中小学心理健康教育指导纲要》强调"预防与发展为主"，要求学校针对学业压力、人际交往等问题开展心理辅导。教师应该在与李同学建立信任的基础上，整合家校教育资源，积极协助和指导学生融入集体，为其纾解压力、调整认知，使其学会合理规划时间，平衡学习与活动、生活的关系。为此，建议展开以下三个阶段的工作。

一、建立信任与认知松动

虽然李同学对学习的方式、意义有一定的认知偏差，他自己却认识坚定、态度鲜明，有着强烈的自我认知。对于这样的同学及情境，教师需要先建立与同学间的信任关系，在此基础上使其认知能够调整、改变。而信任关系的建立，可以通过"非评判式"的访谈进行。

"非评判式"访谈是一种以学生为中心的心理沟通技术，其核心在于通过接纳、共情、不评价的对话方式，营造安全、自由的表达环境，帮助学生放下心理防御，真实展露内心需求与情感。访谈中教师避免使用"应该""必须"等指令性语言，不评价学生观点的对错，而是通过开放式提问、

庞冉，任班主任16年，曾获长三角班主任基本功大赛一等奖。

积极倾听和给出情感反馈，引导学生自主表达。教师在实施过程中，一般要秉持三项原则：（1）接纳性态度："我理解你的感受，愿意听你说"；（2）中立立场：不将教师价值观强加于学生；（3）焦点转移：从"问题纠错"转向"需求探索"。

非评判式访谈通过避开学习话题，专注其兴趣（如科幻小说），弱化学生的"被教育"感，逐步建立信任。在访谈中发现，李同学对机器人设计有浓厚兴趣，但因"浪费时间"而回避。教师借此链接其兴趣与能力（如逻辑思维、专注力），为后续行为干预提供切入点。通过苏格拉底式提问（如"如果有一天不需要考试，你想成为什么样的人？"），引发其对"学习—人生"关系的反思，而非直接反驳其"非学习无用论"。李同学在访谈中提到"害怕考差被父母骂"，教师回应："这种压力一定让你很累吧？"——共情式反馈使其感受到被理解，负面情绪得以释放。

这样的教育方式遵循人本主义理论（罗杰斯），强调"无条件积极关注"，通过接纳学生的全部体验（包括消极情绪），促进其自我觉察与成长。在非评判对话中，教师可捕捉学生的"自动化负性思维"（如"不学习就会被淘汰"），为后续认知调整奠定基础。非评判式访谈并非单纯的话术技巧，而是一种教育姿态的转变——从"纠正者"变为"陪伴者"。当学生感受到真正的尊重与接纳时，封闭的心门才会悄然打开，为后续心理干预创造可能。

二、梯度融入与动机激发

"梯度融入"指通过分阶段、低门槛的任务设计，逐步引导学生从被动回避转向主动参与，避免因"一步到位"引发心理抗拒；"动机激发"则通过内在兴趣链接与外部正向反馈，增强学生参与活动的持续动力。以下以李同学的干预为例，说明具体实施步骤：

阶梯一：观察者角色（降低心理门槛）。比如，邀请李同学担任音乐节"摄影助理"，仅需用手机拍摄3张活动场景（如黑板报、同学排练）。这个角色只需要站在教室后排拍照，不需要与他人"交流"，而班主任应做到即时反馈：“你拍的黑板报细节，帮我们留下了重要素材。”通过“旁观者”身份，减少李同学的社交压力，初步建立“参与即贡献”的认知。

阶梯二：技术支持者（链接个人优势）。比如，利用李同学擅长制作 PPT 的特长，委托其制作班级辩论赛倒计时模板，任务无需公开表达或团队协作。教师提供机会和平台，在班级屏幕上展示作品，再以合适的时机表达肯定。通过能力赋能强化自我价值感，弱化“参与活动 = 浪费时间”的认知偏差。

阶梯三：团队协作者（适度社交暴露）。比如，与两名性格温和的学生组队完成“校园植物分类”实践任务，明确其负责数据整理（如记录植物名称、拍照编号）。在可控范围内接触社交互动，体验合作价值，逐步降低对集体活动的回避倾向。

“梯度融入与动机激发”并非简单的任务拆分，而是遵循维果斯基“最近发展区”理论，基于学生心理发展规律的精准干预。通过“小步走、不停步”的策略，既尊重了高焦虑学生的心理节奏，又为其打开一扇看见多元自我的窗口。当李同学从“躲在题海后的孤岛”走向“协作探索的港湾”时，教育的真正意义——唤醒生命潜能——便在此刻悄然实现。

三、巩固支持与长效机制

巩固支持指的是在初步干预取得成效后，通过持续的支持措施来保持和加强这些成果；长效机制则是建立可持续的体系，确保干预效果不会因时间推移而减弱。因此，这一阶段的重点是确保李同学的行为改变和认知转变能够长期维持，并形成自我调节的能力。在具体实操中，可以采用以下方法：

（1）召开“生涯探索”主题班会，重塑成长认知。依据马卡连柯的平行教育理论，通过教育集体可以促进个人。通过在班会课上分享优秀人物的案例，展示程序员 / 画家 / 科普作家等职业的多元化成长路径，强调“兴趣与能力结合”的重要性。

（2）培养自主规划时间的能力，做自己的小主人。要想处理好学习和活动、生活的关系，还是要落实到时间规划上，教师还可以指导学生采用番茄钟工作法，通过劳逸结合降低学习疲劳感，同时将兴趣活动融入日常节奏。

（3）家校动态反馈机制，构建持续支持网络。班主任、心理教师、家长每月通过微信群语音会议，同步李同学的“微进步”；家长每日记录一项李同学的非学业亮点（如“主动整理书桌”“拼装模型耐心细致”），周末汇总发送至班主任。

“巩固支持与长效机制”阶段是教育干预从“短期见效”到“长期稳定”的关键跃迁。通过工具赋能、认知拓展、系统联动三管齐下，李同学逐步从“被压力驱动的学习机器”转变为“自主探索的成长主体”。当他在机器人社团中设计出第一个会走动的模型时，教育的终极目标——唤醒终身发展的内驱力——已然实现。

**专家点评：**

面对个体差异化、动态化的心理发展需求，教育者亟需实现从“心理干预者”向“成长建构师”的角色跃迁，在认知重构、关系重塑、环境重建中培育学生可持续发展的心理韧性。值得强调的是，心理健康教育必须坚守教育性与发展性双重属性，强化家校社协同机制建设，通过家长心理课堂、社区心理服务站等载体构建“预防—干预—发展”的生态圈。

## 第五节　如何合理使用教育惩戒权？

### 一、教育惩戒权使用的边界

**情境一：**小王总是爱在上课的时候插嘴、和同桌说话，任课老师均反映小王的行为严重影响了课堂纪律，点名批评、罚站都不见效。一次语文课上，小王又没有管住嘴巴，还引得同学们哄堂大笑，班主任情急之下要求小王从此以后上课都戴上口罩，以此为戒，什么时候改正什么时候再拿下来。

小王面露难色，不得已戴上了口罩。没想到，傍晚班主任就接到了家长的投诉电话……



**看法一：**

## 教育 GPS：惩戒边界的行走“导航”

南京市江宁实验小学 陈海宁

“教育惩戒”是近几年社会、学校、家庭比较关注的一个热点话题，教育惩戒的边界争议，始终是悬浮在教师头顶的达摩克利斯之剑。案例中老师因为惩罚上课爱讲话的学生戴口罩，引发家长投诉；此前，还有网络报道教师因没收学生手机引发跳楼，教师过度惩戒导致家长集体诉讼……这些实例折射出教育惩戒的复杂处境。在放任与约束之间，在关爱与权威之间，教育惩戒犹如在刀尖起舞，需要“教育 GPS”导航，帮助教育者精准定位。

一、教育场域的坐标重构

七八十年代，经常听到家长对老师说：“老师，孩子不听话就打。”如今因为对子女的过度保护心理，网络时代学生权利意识的觉醒，全民依法维权行为的崛起等因素，传统教育惩戒体系正在经历剧烈震荡。教育惩戒的坐标系不再由单一权威决定，而是需要融合法律规范、教育规律与人文关怀的三维定位。

坚守一个方向——教育。在教育教学中，所有的措施都是为了达到教育目标，对学生的终身成长负责，“惩戒”也是一种教育措施。在案例中，如果老师和家长能够合理利用惩戒，并挖掘惩戒过程中蕴藏的教育机会，引导学生认识到问题，就能在接受惩戒的过程中激发自我反思、自我教育的意识，愿意在行为上努力做到自我约束，达到一个“惩”而“戒”之的效果。可是案例中，老师让爱讲话的学生戴口罩的惩罚举措没有达到教育约束效

---

陈海宁，任班主任 28 年，曾获长三角班主任基本功大赛一等奖。

果，反而引发家长投诉，说明在惩罚与教育的边界，一定是缺少了某些重要的教育举措，没能落实“惩戒是为了教育”这一理念。惩戒，要成为促进学生生成向上的正向力量，不是问题解决的终点，而是新的教育起点。

守住一个底线——法治。现代教育，法律红线是不可逾越的惩戒禁区，这要求教师像精准的 GPS 系统，时刻校准教育目标的经度与法律法规的纬度。2021 年 3 月，教育部制定的《中小学教育惩戒规则（试行）》（以下简称《规则》）开始施行，保障和规范学校、教师依法履行教育教学和管理职责，保护学生合法权益，促进学生健康成长、全面发展。文件中对什么情形可以实施教育惩戒，可以进行哪些教育惩戒，如何实施教育惩戒都做了比较详细的规定。必须肯定，案例中的老师采用戴口罩的惩罚方式，并没有违背《规则》。可是《规则》赋予老师教育惩戒的权利，并不代表老师机械地模仿法规就是合适的教育方法。

二、惩戒平衡的行走哲学

缺少惩戒，教育就不完整；过分惩戒，教育就偏向。教育惩戒的实践智慧在于把握动态平衡。

遵循尊重原则，关注主体平衡。教育惩戒要在尊重学生人格与权益的前提下，帮助学生认识和改正错误。案例中的老师面对小王的问题，虽然生气，但并没有因个人情绪辱骂或歧视学生，这一点值得肯定。但戴口罩的措施，让学生感觉自己没有得到尊重，丢了面子，产生了教育的隐性划痕。案例启示老师们在面对学生的问题时，首先要做好自己的情绪控制和言语管理，遵循平等尊重的原则。某位老师发现班级一学生经常说脏话，引发同学不满，老师就惩罚该学生为每位同学写一句表扬语，并在班级大声朗读。既引导该生去发现同学的优点，在朗读过程中，又缓和了他与同学的关系。这种既尊重又创新的举措，将惩戒转化为教育契机，印证了杜威“教育即生长”的理念。教师需要像艺术家般雕琢惩戒形式，使其成为触动心灵的育人装置。

构建协作机制，关注主导平衡。教育绝不是学校的单一活动。家长主动自觉与老师协作共育尤为重要。《中华人民共和国家庭教育促进法》明确指出父母对孩子实施道德品质、身体素质、生活技能、文化修养、行为习惯等方面的培育、引导和影响。案例中小王同学上课无法专注，家长事先是否知晓？如果知道，是否采取适当的教育与训练？孩子再犯，说明家庭教育缺失或者家教方式不合适，是否主动与老师沟通？很显然，案例中的家长没能借助老师的惩戒措施，对孩子进行教育，达到家校携手共育的效果。当孩子出现抵触心理时，家长将责任完全推到老师身上，并采用投诉方式解决问题。这样的方法，既不能解决小王“上课违纪”的问题，还可能使师生关系和家校矛盾激化。

三、惩戒艺术的时空维度

教育惩戒的艺术性体现在时空维度的精准把控。

保证“适当”。“严在当严处，爱在细微中”，实施教育惩戒应当符合教育规律，注重育人效果，选择适当的时机、恰当的场合和适当措施，才能发挥教育惩戒“四两拨千斤”的教育作用。面对案例中的情形，老师当堂处理是不是最佳时机？“戴口罩”的处罚方式是否合适？事后有没有及时与家长沟通，形成教育一致？小王同学的问题，显然不是第一次。班主任是否抓住最合适的时机进行相应的沟通与教育？当家长投诉时，班主任采用怎样的沟通方式才是有效的？事后将实施怎样的教育方法？每一环节只有处理得适当，才能化解矛盾，解决问题。

保持“预警”。在实际工作中，有经验的老师一般都会主动去了解学生行为的综合表现，评估学生心理承受指数，设计个性化的惩戒制度，这样的举措，可以建立一个惩戒预警的“电子围栏”系统，实现惩戒教育多维实施，避免产生类似案例中的滞后性伤害。

教育惩戒的终极目标不是规训身体，而是塑造灵魂。站在教育现代化的十字路口，惩戒边界的行走艺术呼唤更精密的导航系统。这个系统既要有法律芯片的刚性约束，又要有人文数据的柔性调节，更需教育者永不停歇的自我校准。当惩戒真正成为指向成长的 GPS，教育就能在尊重与规范的轨道上，驶向立德树人的终极目的地。这需要每个教育者在日复一日的实践中，修炼既坚守原则又充满温情的行走艺术。

**看法二：**

## 教育惩戒难在何处

南京市宁海中学　顾婵

教育惩戒是完整教育中不可或缺的重要手段，《中小学教育惩戒规则（试行）》（以下简称《规则》）对学生可以被实施教育惩戒的情形和教师可以采取的教育惩戒措施做出了相应的指导。但在现实生活中，教师实施教育惩戒依然面临诸多困难。

一、教育惩戒方式如何选择

选择恰当的惩戒方式需要遵循教育规律，体现育人本质。班主任选择教育惩戒方式可以从以下几个方面进行自我审视：

合法合规。《规则》指出，教师在课堂教学中，对违规违纪情节较为轻微的学生可以当场实施以下教育惩戒，如点名批评、一节课堂教学时间内的教室内站立等。情境中，小王同学上课爱讲话从而严重影响课堂纪律，班主任对其点名批评和罚站是符合规定的。

尊重学生。情境中，小王被罚戴口罩以管住嘴巴时为何面露难色？因为口罩就像变相的标签被贴在脸上，让他失了面子、伤了自尊，并引发了后续的家长投诉电话。教育惩戒的目的是教育，不是惩罚，哪怕学生的错误一再发生，也不能急于求成、随性而罚。

互动沟通。《规则》指出，可以采用学校校规校纪或者班规、班级公约规定的其他惩戒措施。因此，可以提前制定班级惩戒规则，既能规范教师行为，也能让学生有所敬畏从而产生自我约束力。在实施惩戒时，虽有约在先，仍应与学生沟通了解原因，避免简单粗暴处理。对于情境中

顾婵，任班主任 11 年，曾获长三角班主任基本功大赛一等奖。

的小王，班主任可以采用课后谈话的方式，结合惩戒规则引导他思考行为后果，建立规则意识，这种方式更能触及学生内心，从而避免屡犯屡罚、屡罚不改的情况。

二、教育惩戒尺度如何把握

教育惩戒尺度有时很难把握，惩戒不足达不到教育效果，惩戒过重有可能伤害学生身心健康，所以教师需要在惩与不惩间、罚轻罚重间反复斟酌。

是否坚持有错必罚？杨宗远在《何为正当的教育惩戒——实体与程序层面所应当遵循的规范》一文中提及，某国曾针对违规违纪学生采取零容忍的处罚策略，结果大量学生辍学回家，违纪行为并没有明显改善，说明有错必罚不一定有助于教育目的的实现。当被惩戒的学生出现类似情境中“点名批评、罚站都不见效”的惩戒疲劳现象和“不得已戴上口罩”的惩戒抗拒情绪时，班主任应考虑学生的性格特点、抗压能力等，做好教育疏导工作；同时应认识到并非只有惩戒才能终止违纪行为，寻求其他途径未尝不可，陶行知先生“四颗糖”的故事启示我们有时候宽容比惩戒更有力量。

惩戒轻重如何确定？首先，要杜绝体罚行为，它背离了教育惩戒中的“教育目的”，是不可触碰的红线。其次，对于学生非罚不可的违纪行为，班主任应考量惩戒是否适度：惩戒措施应轻于违纪行为的客观危害；如果违纪行为的客观危害大但主观恶意小，惩戒措施宜轻不宜重；如果惩戒措施较重，应在保护学生自尊的前提下让学生认识并改正错误。教育惩戒需要教师将关爱学生与严格要求相结合，在爱与规则之间找到育人工作的平衡点。

三、教育惩戒实施如何获得支持

教育惩戒的有效实施需要制度保障、专业支持和家校协同等完善的支持系统。

制度保障是教育惩戒实施的前提。教育部门应当制定详细的惩戒实施细则，对惩戒的情形、方式等作出具体规定，为教师提供明确的操作指南。同时，要建立申诉和救济机制，保障学生和教师的合法权益。

专业支持是教育惩戒实施的助力。学校应当组建专业支持团队，包括心理教师、德育专家等，对教师进行系统培训，提升其教育管理的能力。当遇到与情境中班主任类似的惩戒困境而无计可施时，可以向专家团队寻求帮助，选择最合适的教育方式。

家校协同是教育惩戒实施的关键。《规则》中有“教师对学生实施前款措施后，可以以适当方式告知学生家长”的要求。教师可以利用家长会、家校联系QQ群等渠道，向家长说明教育惩戒的目的和方式，争取家长的理解和支持；在实施教育惩戒时，要与家长及时沟通。情境中的班主任在采用戴口罩的方式对小王进行惩戒时，尤其是发现孩子出现抵触情绪后，如果能及时与家长沟通，共同对孩子进行疏导安抚和教育引导，可能就不会出现家长投诉的现象，教育惩戒也能取得更好的效果。

**做法：**

## 向“戒”慎“惩”——基于“三看”原则的教育惩戒实践

南京市将军山中学　王赂

一、“脱耦”分析，微观教育惩戒行动的困境本质

正如情境中所述，“无计可施”“效果不明”的教育惩戒在带班一线中并不鲜见。受惩戒情境差异、社会舆论压力、家长教育理念等复杂因素的制约，中小学教师在教育管理活动中缺乏政策工具支撑，在实操方面缺乏具体指导，这样的惩戒困境是政策制度下缺乏进一步的案例借鉴和行动指南，本质上是中小学教师对教育惩戒的深度认知有所缺失，是各主体未能实现权与责的平衡。

王赂，任班主任14年，曾获长三角班主任基本功大赛一等奖。

## 二、向“戒”慎“惩”，“三看”原则下教育惩戒的应然



教育惩戒在“戒”不在“惩”，措施与手段是为了“戒”这一最终目的，面向未来而非仅是当下。教育惩戒不等于体罚，不是变相体罚，亦不是语言暴力等“心罚”。惩戒应保持“培育观”，应坚持“三看”原则，即看教育目的是否育人育才，看教育方式是否合法合规，看教育尺度是否把握恰当。基于“三看”原则的教育惩戒更关注学生的情感体验，更有利于学生的自我反省和积极成长，下面介绍一下我校教育惩戒的实施路径。

### 1. 惩戒前：自主联结，建立机制

每个班级成立之初进行制度文化建设时，应当根据班情和学情同步建立一套个性化、较完备的惩戒机制。班级成立之初，可设置两周至四周的观察期，发现问题，由学生以个人或小组名义提交提案至临时班委会，提案中包括问题描述、惩戒建议、解释等，讨论并表决通过。在此过程中，教师应及时进行“戒”的惩罚引导，把控尺度，判断可操作性。

如此“大费周章”的非程式化操作，既结合自身和班级实际情况，让更多的学生关注并深度参与，也为个人成长和班级发展带来助益。当然，这样的惩戒机制随着班级建设进程的推进，需定期修订，以下为我校某班针对午休被扣分问题的讨论修订案。

八X班惩戒机制（第三次修订案）

问题描述：

每天午睡时，总有个别同学不睡，有的忙着“卷”作业，有的借机与好友“眉来眼去”，有的频繁进出教室去接水上厕所……每周班级都会因此被扣除午休纪律分。

行为定性：

扰乱午休秩序，影响班级整体形象，打扰他人午休，属于扰乱课堂秩序行为。偶有以上行为的同学为一级惩戒，多次发现的同学为二级惩戒。

惩戒建议：

根据班级惩戒机制，一级同学需向值日班长进行口头检讨，并接受值日

班长的班规（含惩戒机制）学习指导；二级同学需向班主任提供书面说明，并做出修正承诺，接受纪律委员为期一周的监督。

2. 惩戒中：辨析反馈，寻找契机

根据惩戒建议，班级将召开讨论会，做出二级以上惩戒行为的决议，但在表决前，受惩戒的“主人公”们迎来了最佳的教育契机，如何让“惩戒”不只是“惩”，激发内在动机尤为重要。为此，我校在相关班级试点设计了《辨析承诺书》，让反思更有效力。

第一步，还原事件，理性分析；第二步，探寻归因，助力辨析；第三步，提出自主惩戒建议，可根据班级惩戒机制提供两条建议，供决议时讨论。《辨析承诺书》中更有“助力”一栏，同学或教师代表可为其纠偏助力，激励成长。

<table>
<tr><td colspan="6">辨析承诺书（试行）</td></tr>
<tr><td>姓名</td><td></td><td>时间</td><td></td><td>地点</td><td></td></tr>
<tr><td colspan="2">还原事件（自述）</td><td colspan="4">（含涉及人物、发生结果等）</td></tr>
<tr><td colspan="2">我的本意（或原因）</td><td colspan="4"></td></tr>
<tr><td colspan="2" rowspan="2">我的感受</td><td>当时</td><td colspan="3"></td></tr>
<tr><td>现在</td><td colspan="3"></td></tr>
<tr><td colspan="2" rowspan="2">我的惩戒建议</td><td>建议 1</td><td colspan="3"></td></tr>
<tr><td>建议 2</td><td colspan="3"></td></tr>
<tr><td colspan="2">助力</td><td colspan="4"></td></tr>
</table>

惩戒建议的自我设定，在符合班级惩戒机制的前提下，体现了自我决定理论，激发了内在动机。助力人的出现，让学生的个体行为与身边的重要他人产生了联结，让学生在修正自身问题的过程中获得了人际关系的滋养。

3. 惩戒后：监督制约，疏导保障

惩戒需要保持边界和力度，我们希望学生在惩戒中和惩戒后用积极的心态“加分”，让惩戒不再是情绪化表达，而是发展性激励。因此，惩戒周期可延长，关注受惩戒对象的点滴进步。但在惩戒后的“约定期”中，有两点不可忽略：班主任和助力师应当关注受惩对象的情绪，及时做好疏导；设定好监督机制，针对问题行为是否有改进，并做好记录，在约定期满时，可以总结上报。

当然，在惩戒结论形成后，受惩戒对象也可提出“申诉”。对于三级以上的惩戒行为，需与家长进行惩戒前和约定期限的多次沟通，如有必要学校德育部门需介入。在惩戒过程中，如果有突出表现，也可委托助力人提交“缩短约定期申请单”，更好地完成潜能转变。

三、因“人”而“异”，个性化教育惩戒的智慧实践

以上虽提供了教育惩戒的操作框架，但惩戒策略仍需个性化、精准化，中小学教师们仍需提升教育惩戒的艺术和智慧，以下是我校在个性化教育惩戒方面的相关尝试。

1.“我是手机劝退师！”

小 A 同学被发现私自带手机进入课堂，他外向开朗，能言善辩，人缘颇好。一番讨论后，他成了我们年级的“手机劝退师”，认真学习相关法律法规对于电子产品不能进校园、进课堂的规定，并在约定期限（一学期）内，帮助劝退有类似行为的其他同学。

2.“课堂谁说了算？！”

性格急躁的小 B 同学在体育课上“起义”了，起因是他觉得老师热身锻炼时间长且形式老套。带回教室冷静后，我们约定阳光体育 30 分钟他说了算，但需按照课程设计的流程提供“教案”，在保证全员运动安全的前提下实现运动目标，这节课堂 TA 说了算。

3.“是劳动教育还是劳动惩罚？”

因与同学的肢体冲突，小 C 同学收到了班级惩戒决议。下发后，他非常不满：打扫卫生，又是打扫卫生！劳动难道是惩罚？一封《控诉信》放在我的办公桌上。思辨力增强的同学们确实有了自己的视角，因此，

一场辩论赛应运而生，惩罚性劳动是否有意义？担任四辩的他总结陈词时有了新想法。

高高扬起的“教鞭”也可以轻轻落下，让教育惩戒有尺度、有温度、有限度，是实施的最高境界。

## 二、教育惩戒的实施与长效机制

**情境二：**最近，学校德育主任张老师早读巡视时发现，某班级门口总是有同一位女同学被罚站，但是她若无其事，说“站一会儿老师就会让我进去了”。张主任问询班主任想了解下情况，班主任又生气又着急地说：“罚站是因为她不是第一次迟到，几乎天天迟，同学们早读快结束她才到，和家长沟通也不见起色，站了这么多次她还屡教不改，你看，今天又迟了……”

**看法一：**

### 惩戒为何失效？

南京市五老村小学　方雨琳

在教育实践中，惩戒作为一种教育手段本应起到规范行为、培养责任感的作用。然而，当惩戒沦为简单的重复性惩罚，当师生关系陷入对立僵局，当教育者只关注表象而忽视根源时，惩戒就会失去其应有的教育意义。那么，惩戒失效的可能原因有哪些呢？

一、惩戒方式的机械化

教育惩戒的本质是通过适度的警示促使学生反思行为，但当惩戒沦为机械化的固定流程时，其效力便会逐渐瓦解。案例中的班主任面对学生迟到，始终采用“门外罚站”的单一方式。这种模式化惩戒在初期或许能让学生因“被注视”而产生羞愧感，但随着时间推移，学生逐渐适应了这种惩罚的节奏——她知道“站一会儿老师就会让我进去”，甚至能

方雨琳，任班主任10年，曾获长三角班主任基本功大赛一等奖。

够平静地向德育主任解释规则。此时的罚站已不再是触动内心的教育手段，而演变为师生间心照不宣的流程：教师通过执行惩戒完成教育仪式，学生通过忍受惩戒换取回归课堂的许可。

更深层的危机在于，机械重复的惩戒会模糊行为与后果的关联性。当学生将“迟到”与“短暂罚站”直接挂钩时，她思考的不再是如何调整作息避免迟到，而是计算着“用十分钟站立换取半小时睡眠是否划算”。这种功利化的权衡彻底背离了惩戒的教育初衷，教师若只关注惩戒动作的完成度而不改变惩戒策略，最终得到的只是越来越熟练地应付惩罚的学生。

二、师生关系的对抗化

任何有效的教育措施都需要建立在师生间基本的情感联结之上。当教师被挫败感裹挟，当学生用麻木姿态筑起心墙，惩戒就会异化为师生对抗的武器。案例中的班主任在描述情况时“又生气又着急”，这种情绪状态恰恰暴露了教育理性的失守。教师越是强调“和家长沟通也不见起色”，越是质问“站了这么多次她还屡教不改”，就越容易陷入“必须制服这个学生”的执念。

此时的教育场域中，教师关注的不再是“如何帮助学生改正迟到的习惯”，而是“如何证明惩戒的正当性”。对班主任而言，惩戒首先是一种履行职责的“安全选择”。面对频繁迟到的学生，罚站既符合校规中“适度惩戒”的要求，又能向其他学生传递“规则不容践踏”的信号。但问题在于，当班主任将罚站固化为唯一应对策略时，这种对抗关系中的学生，往往会产生两种极端反应：或是用更激烈的叛逆行为维护自尊，或是用彻底的麻木消解惩戒的冲击力。案例中的女生显然选择了后者，她用“若无其事”的态度构建心理防线，将教师的惩戒视为可以预测的日常程序。更值得注意的是，这种对抗模式具有扩散性——其他学生会默默观察教师如何处理“难管教”的同学，教师的情绪失控或惩戒失效都会潜移默化地影响整个班级的教育生态。

三、教育逻辑的断裂

惩戒之所以失效，最根本的原因在于教育者将惩戒从完整的育人体系中割裂出来。迟到表象背后往往存在着复杂的成因链：可能是家庭作息管理缺失，可能是学生遭遇社交困境，也可能是心理健康出现波动。案例中班主任虽然进行了家校沟通，但这种沟通很可能停留在现象通报层面，未能与家长共同追溯问题根源。当教育者满足于对表面行为进行惩戒时，就相当于医生只顾给发烧病人开退烧药，却不诊断发热的病因。

有效的惩戒应当是从诊断到矫治的教育闭环中的重要环节。它需要前期对学生行为模式的观察记录，需要结合个体特点设计惩戒方式，更需要配套的引导措施。例如对习惯性迟到的学生，与其每日重复罚站，不如要求其参与班级早读领读工作；与其单纯告知家长，不如指导家庭建立作息监督机制。惩戒的震慑力不在于惩罚力度，而在于让学生真切感受到行为修正带来的积极变化。

我想，教育不是培养绝对服从的个体，而在于唤醒人对规则的理性认同。当走廊罚站的女生能够主动思考“我为什么要在乎准时”，当班主任愿意追问“除了罚站我还能做什么”，当家长开始反思“我的家庭给了孩子怎样的时间观念”，惩戒失效的困局才能真正迎来转机。

**看法二：**

## 惩戒：用心征服，因事而诫

南京师范大学附属中学　李韦唯

规则是维持班级良性发展的重要保障，惩戒是维护规则的重要方式之一。2020 年 12 月 23 日中华人民共和国教育部颁布的《中小学教育惩戒规则（试行）》为学生的行为规范划定了清晰的边界，为教师在实施

李韦唯，任班主任 11 年，曾获江苏省班主任基本功大赛一等奖。

教育惩戒提供了明确的依据，但如何利用好惩戒权来提升教育管理效果仍是需要不断探索的问题。

从情境中呈现出的惩戒效果不佳的现象可知，这位同学已经对罚站这一惩戒方式产生了“免疫”，甚至有一定的抵触情绪，其原因有如下几点：

首先，惩戒的方式惯常、单一，缺乏针对性。“站一会儿老师就会让我进去了”的认知，说明惩罚失去了严肃性、持续性和创新性，难以从根本上改变学生的错误认知。

其次，班主任对学生缺乏必要的关怀和引导。在惩戒达不到理想效果时，班主任简单粗暴的处理方式或表现出的束手无策，都可能导致学生的消极抵抗，甚至在班级里衍生出“破窗效应”。

第三，家校之间未能达成有效合作。生活作息习惯的养成需要家庭的配合，更需要家庭氛围的熏陶。在对学生实施教育惩戒这件事上，家校之间要达成教育共识。

根据以上分析，我们会发现“惩戒”之所以难，正是因为我们常常忽略了以下几个方面：

**一、寻找心理机制，解除消极对抗**

著名心理学家罗恩·埃尔普曼曾分析：“总习惯迟到或早到，只是行为模式的一个产物，我们不能将其作为修养道德的评判标准，而是要剖析背后的心理问题。”美国心理学教授丹尼尔·卡尼曼认为，习惯性迟到或者早到的人可能在心理方面存在“规划谬误”，即迟到的人会过于乐观地评估自己对时间的掌控能力。心理学家让·皮埃尔·温特指出，迟到有多种含义，但各种形式的迟到都有一个共同点，就是迟到者让自己因迟到而“引人注目”。

一个常见的迟到现象背后竟然隐藏着如此多的“迟到心理”，班主任的目光不能只停留在“迟到”这个表象上，如果错失了关心和纠错的关键节点，惩戒反而会导致青春期的学生产生紧张、恐慌、羞耻或反感的情绪，在心中留下负面影响。

教育不是一蹴而就、一劳永逸的活动，需要追根溯源发现问题的本质，更需要持之以恒的教化。班主任要善于找到问题背后的心理机制，变单调的“惩”为用心征服。

二、明确教育目的，创新惩戒方式

教育惩戒权是为了保障教育教学过程的正常开展，培养学生遵守规则的意识。因此我们要充分考虑到学生的内心感受，以教育为主，惩戒为辅。比如帮助学生找到迟到的原因，共同制定生活起居时刻表，让每天的时间安排变得有序、合理；帮助其认识早读课在学习中的重要地位，从学业发展的角度提高她对早读课的重视程度等。

倘若必须要加以惩戒，可以因人而异，创新惩戒方式。比如化惩戒为班级服务，并及时肯定，用正向强化来激发她改正的内在愿望等。惩戒的初衷是帮助学生学会遵守规则，学会自律，不是让学生自证其错，因此需借助具体的事情开展教育，因事而诫。

三、加强家校沟通，实现教育互补

生活习惯伴随一个人的终身，学校教育关注的是个体的全面发展，家庭教育需要和学校教育保持一致，相辅相成。情境中这位女同学的频繁迟到与家庭环境有着密切关系，家长对孩子的迟到不以为意，对孩子缺乏良好的引导和督促。在这种情况下，班主任应积极与家长取得联系，了解更多情况，同时向家长展示孩子在学校的出勤、学习等方面的情况记录，对迟到行为晓以利害，并提供建议和帮助。

这件事也提醒班主任平时要关注与家长在教育理念上的沟通，让家长更好地理解学校的规则以及培养方式，双方共同协商更为合理的惩戒方式，避免出现惩戒异议。同时还要经常推广相关的教育法规，如《中华人民共和国家庭教育促进法》，让家长了解家庭教育不可推卸的责任，家长有义务以身作则，创造良好的家庭环境，实现家庭教育、学校教育的多元互补。

规则在前，惩戒在后。每一次惩戒都是为了让学生远离违纪的边界，踏上自觉、自律的人生征程。



**做法：**

## 教育惩戒：从管控学生到赋能发展

南京市第一中学初中部 丁子健

苏霍姆林斯基曾警示教育者：“惩罚一旦失去教育的意蕴，就会异化为暴力。”《中小学教育惩戒规则（试行）》明确提出：“教育惩戒应当符合教育规律，注重育人实效。”当班级门口重复上演的“罚站场景”与育人指向的“适时适度、润心无痕”原则形成鲜明反差时，一线教育者则要以审慎的态度用好教育惩戒这把“双刃剑”。

一、深入发展困境：从表象管理到根源干预

当晨光中的走廊里重复上演“迟到—罚站”的固定剧本时，教育场域正在经历一场无声的异化。面对德育主任的质询，班主任的焦虑背后折射出当前教育实践中普遍存在的逻辑困境：当机械执行校规成为主要管理手段时，教育者的专业智慧正在被程序性惩罚消解。

班主任需要重新审视：当学生几乎天天迟到，教育是否只是停留在行为纠正的层面？是否触及学习动机激发、家庭作息调整、同伴支持系统构建等深层维度？找到问题的根源，方能解决问题。

为此教育者可以建立“系统行为问题分析矩阵”，从多个维度分析学生问题产生的根源所在，以此突破表象的桎梏。以迟到行为为例，下面是迟到学生高频出现的问题所在。

---

丁子健，任班主任5年，曾获长三角班主任基本功大赛一等奖。

| 学生迟到问题根源分析 | | | |
|---|---|---|---|
| 个人因素 | 时间管理能力弱 | 学习压力过大 | 行为动机缺失 |
| 家庭因素 | 家庭作息混乱 | 过度保护型教养 | 多孩家庭压力 |
| 学校因素 | 学科课程接受能力弱 | 师生交往问题 | 同伴交往问题 |
| 外部因素 | 地理位置较远 | 路遇突发状况 | 出行方式问题 |
| 其他因素 | …… | | |

深入这些问题的根源，教育者方可走进学生的内心深处，助力学生的适性发展。

二、回溯教育初心：从惩罚导向到问题解决

案例中女生“站一会儿就能进去”的从容态度，实则是惩罚机制失灵的红色警报。班主任将“准时到校”等同于“教育成功”的认知偏差，使其陷入“迟到即惩罚”的简单对应关系，忽略了行为矫正的本质在于帮助学生建立自我管理意识。

面对迟到的学生，教育者最终应关注学生自我管理的意识，努力发掘学生内心自我改变的动力。不妨将“迟到惩罚”的形式多元化，以符合初中生身心发展的教育惩戒方式来达到问题解决的最终目的。以下的惩戒方式是我在日常生活中的教育实践：

（1）以奖代惩，鼓励准时：设立班级“时间银行”，学生按时到校可获得积分，积分可兑换文具、书籍等个性化小奖品。

（2）小组互助，携手共进：将经常迟到的学生组成“迟到者联盟”，定期开展组会，互相监督、鼓励，共同制定改进计划，并设立小组内部奖励机制。

（3）创设岗位，成长为先：积极开设班级晨读领读员、晨会演讲分享员等岗位，以责任意识、班级活动让学生感受到准时生活的精彩。

三、凝聚育人合力：从单向告知到协同育人

当家校沟通沦为问题通报式的程式化对话时，教育合力的瓦解已成必然。破解困局需要家校共同构建新型的协同关系。传统的沟通对话多站在教师的角度去审视学生与家庭的问题。而新型的协同模式，则是以观察代替评判，以群策群力代替单一批判。下表列举了两种沟通模式的话语：

| | 阐述现象 | 寻求解决 |
|---|---|---|
| 传统模式 | 您孩子又迟到了！ | 请加强管教。 |
| 协同模式 | 我们观察到孩子晨间时间管理存在挑战。 | 我们可以共同制定哪些支持方案？ |

由以上对话可见，传统模式强调责任归因，协同模式则更加注重责任共担。除了改变沟通方式，班主任工作的专业性还体现在其能给予具体的家庭教育指导。在日常生活中，班主任可以制定“21天晨起计划”，邀请家长共同参与，协同合力促进问题的解决。此外常见的迟到问题常常来自家庭生活的“拖延症”，班主任可以开展主题班会，邀请家长共同参与，学习班集体不同家庭的优秀做法，倾听彼此内心的真实心声，在亲子讨论中，共同制定家庭生活公约。

当教育者跳出“违规—惩罚”的二元框架，迟到的秒针就变成了读懂学生的密码。教育惩戒的智慧，在于将每个问题转化为师生共同生长的契机。

**专家点评：**

教育惩戒作为学校德育的实践智慧，本质是以教育理性唤醒生命自觉的育人艺术。在新时代教育治理体系下，教育惩戒应立足学生道德生命成长规律，恪守教育性、适切性、发展性的原则，在惩戒实施中同步开展认知重构、情感共鸣、行为示范等立体化教育引导，使惩戒过程转化为学生道德判断力养成的教育契机，真正达成“惩之有据、戒之有情、育之有效”的德育境界。

# 第三章　如何管好一个集体？

## ——论集体活动的建构与创新

## 第一节　如何开展劳动教育？

### 一、劳动意识的培养

**情境一：**班里的小明特别抵触值日。每次值日，他能躲就躲，实在躲不掉就敷衍了事。今天，轮到小明当“午餐卫生管理员”，他跟同学们抱怨：“我们家都是保姆做这些，我是来学习的，又不是当保洁的。”因为他的不负责，班级午餐常规被扣分，同学们对此意见很大。有同学提议，天天罚小明值日，脏活累活都给他干，让他怕什么就做什么。

**看法一：**

#### 探寻学生劳动抵触根源，构建有效引导机制

南京市北京东路小学　聂黎萍

劳动教育的本质在于培养学生的劳动素养，通过正向引导帮助学生树立正确的劳动价值观，是培养学生责任感、合作意识和实践能力的重要途径。然而，在当前的教育实践中，包括案例所反映的真实情境中，明显发现部分学生存在抵触劳动的现象，甚至将劳动视为负担或惩罚。

一、学生抵触劳动现象的成因分析

1. 空心化：家庭教养方式失范

案例中小明“保姆代劳”的认知，折射出家庭教育观念的代际差异。

聂黎萍，任班主任 15 年，曾获长三角班主任基本功大赛一等奖。

这种教养模式导致儿童形成“劳动阶层化”认知，将体力劳动视为低价值活动，与《中华人民共和国家庭教育促进法》第十六条“培养家国情怀与劳动意识”的规定出现明显偏差。部分家庭因经济条件优越或人手充裕，认为劳动与孩子无关，甚至将劳动与学习对立起来。这种观念潜移默化地影响了孩子，导致他们对劳动产生抵触情绪。

2. 工具化：学校实施路径偏差

部分学校劳动任务仍停留在卫生清扫等简单层面，缺乏系统性和创造性，孩子们并没有通过参与创造性劳动体会成就感和价值感，因此课程实施形式化现象严重；其二，评价体系缺失。许多学校未能建立与《大中小学劳动教育指导纲要（试行）》相匹配的素养观测指标，导致劳动教育效果难以量化评估，案例中也仅仅是借助扣除班级常规分的形式激励学生积极参与劳动；其三，育人理念偏差。案例中其他伙伴群体提出“以劳代惩”，其实是将劳动异化为规训手段，这从本质上违背了“以劳树德”的要求，不仅加剧了小明等学生对劳动的抵触情绪，还可能对其他学生产生负面影响，使他们对劳动形成错误认知。

3. 污名化：社会文化认知错位

案例中小明“我们家都是保姆做这些，我是来学习的，又不是当保洁的”的言论，正是社会文化认知错位的典型表现。这种认知偏差不仅加剧了劳动教育在家庭和学校层面的实施困境，还导致劳动教育的价值被弱化甚至污名化。因此，亟须通过家庭、学校和社会的协同努力，重塑劳动价值观，让劳动教育真正成为培养学生全面发展的重要途径。

## 二、学生抵触劳动现象的策略应对

1. 以政策为引领，重塑劳动价值观

根据《中共中央国务院关于全面加强新时代大中小学劳动教育的意见（2020 年）》，劳动教育是中国特色社会主义教育制度的重要内容。班主任可通过主题班会、故事分享等形式，向学生传递“劳动最光荣、劳动最崇高”的理念。通过开展“点赞身边的劳动者”“劳动精神我来传”

等主题活动，邀请家长或社会劳动者分享劳动故事，帮助学生理解劳动的价值。同时，借助家长会、家长沙龙等形式保持与家长的沟通，引导家长认识到劳动教育的重要性，建议家长在家中为孩子分配力所能及的家务，形成家校协同的教育合力。

2. 优化班级劳动机制，增强学生参与感

根据《大中小学劳动教育指导纲要（试行）》，劳动教育应注重实践性、趣味性和挑战性。班主任可将值日任务从单一的卫生清扫扩展到班级绿植养护、图书角管理、活动策划等领域，让学生根据兴趣选择任务，增强参与感。同时，制定班级劳动评价制度，对认真完成任务的学生给予“劳动达人”“劳动小明星”等荣誉称号，在班级公告栏展示优秀值日生的照片和事迹，激发学生的积极性。此外，针对案例中伙伴群体“以劳代惩”的提议，班主任应明确反对，并通过班会讨论引导学生理解劳动的意义，营造尊重劳动、热爱劳动的班级氛围。

3. 培养集体意识，发挥同伴影响力

班级是学生社会化成长的重要场域，伙伴的力量不容小觑。班主任可通过组建值日小组，将小明与责任心强、乐于助人的同学分在同一组，通过同伴的示范和帮助，带动他积极参与劳动，同时让小明确认自己在小组中的具体职责，增强责任感。此外，组织以小组为单位的劳动竞赛，如“最美教室评比”“最快清洁小队”等，通过集体荣誉感激发学生的参与热情。

劳动教育是培养学生全面发展的重要途径。班主任应以政策为指导，以自身榜样引领，结合班级实际，通过个性化引导、机制优化和创新实践，帮助学生树立正确的劳动价值观，培养其劳动习惯与责任感，让劳动教育真正落地生根，为学生的终身发展奠定坚实基础。

**看法二：**

## 激发学生的劳动源动力

南京市浦口三中　魏倩

劳动教育既是教育体系的重要部分，也是学生成长的必要途径，在中小学开展劳动教育意义重大。《关于全面加强新时代大中小学劳动教育的意见》明确指出：劳动教育是中国特色社会主义教育制度的重要内容，直接决定社会主义建设者和接班人的劳动精神面貌、劳动价值取向和劳动技能水平。学校在劳动教育中应发挥主导作用，应重视对学生的劳动教育，提高学生的劳动素养。

情境案例中的小明抵触劳动，甚至不尊重劳动，究其原因在于小明的劳动源动力不足以及劳动观念有所偏差。案例中的小明讲出“我们家都是保姆做这些，我是来学习的，又不是当保洁的”这种话，可见这个孩子对于劳动的认知和理解是有偏差的，家长比较溺爱孩子，不让孩子参与劳动，家庭教育中可能缺少对孩子劳动价值观的引导，导致孩子忽视劳动价值，不尊重劳动。当然了，出现这种问题，也表明学校在劳动教育中存在一定的问题，也许是对学生的劳动教育不够重视，学校劳动文化氛围不浓厚，或是与劳动相关的教学内容较为简单，对学生的评价体系弱化了劳动方面，导致劳动教育的边缘化。多方面的原因导致孩子缺乏劳动的兴趣和热情，难以养成尊重劳动和热爱劳动的习惯，甚至使学生对劳动有所抵触。作为班主任，应该高度重视这一问题，积极思考如何激发学生的劳动源动力，使学生树立正确的劳动观念，养成良好的劳动习惯。

一、引导激励兴趣关联劳动

针对班级中个别学生不爱劳动的现象，班主任应深入了解原因，引导学生了解劳动的重要性及意义，劳动是人类发展和社会进步的根本力量，劳动创造美好生活，是一切财富、价值的源泉；并将劳动的意义与学

魏倩，任班主任9年，曾获江苏省班主任基本功大赛一等奖。

生的成长、人生价值相联系，每一次的劳动都是在锻炼自己，增强体质、磨炼意志、提高创造力、增强社会责任感。班主任应对学生进行个性化的激励教育，关注其内在需求，将劳动与其兴趣爱好相关联，将学生的兴趣爱好融入劳动中，通过劳动活动满足学生的内在需求，并及时提供积极的反馈，不断激励表扬，学生拥有持续劳动的动力，增强自我效能感，激发学生劳动的兴趣和热情，不再抵触劳动。

二、创设活动目标分层实践

班主任应在班级中进行劳动文化建设，营造劳动光荣的班级文化氛围，开辟劳动角，用好文化墙，让学生在潜移默化中受到劳动文化的熏陶。与学生合作，共同创设学生喜爱的劳动实践活动，例如在举办劳动主题周活动时，可以开展劳动知识竞赛，进行劳动成果展览、劳动技能大赛、我做小师傅——劳动小妙招传授等实践活动。在劳动实践活动中，针对个体学生分设不同层级的劳动目标、任务。尤其是不爱劳动的孩子，更要关注其劳动目标的设置，根据登门槛效应，先对其提出劳动小目标，要求较低；进而根据最近发展区原则，对其提出稍具挑战性的任务与目标，以帮助其逐步适应劳动、体悟劳动，从而增强在劳动中的获得感与成就感，激发劳动的源动力。

三、家庭参与合力共促成长

家庭在劳动教育中要发挥基础作用。因此，班主任应积极与家长进行沟通，让家长明白劳动对孩子成长的重要性。家长在生活中要做好孩子"劳动"的榜样，言传身教，和孩子分享自己劳动的经历，与孩子一起劳动，从而在家庭中树立崇尚劳动的家风；同时鼓励孩子参与日常生活中的劳动实践，可以加以适当的物质或精神奖励；班主任与家长跟进孩子的劳动情况并进行记录，定期互相反馈，形成双效互动，合力共促学生劳动源动力的激发。

劳动教育具有树德、增智、强体、育美的育人价值。作为班主任，我们应该持续关注并探索，激发学生劳动的源动力，使学生尊重劳动、热爱劳动，养成良好的劳动习惯和品质，成长为全面发展的时代新人。



**做法：**

## 劳动淬炼青春，实践创造幸福

南京市第九初级中学　韩雁菲

新时代背景下，劳动教育是落实立德树人根本任务的关键内容，亦是培育德智体美劳全面发展的社会主义建设者与接班人的核心路径。当下，在部分青少年群体之中，存在着劳动意识淡薄、劳动技能匮乏、劳动素养缺失等状况，极大地阻碍了青少年的全面发展。

因此，开展“劳动淬炼青春，实践创造幸福”系列化劳动教育实践活动，显得极为必要且紧迫。凭借系统化、常态化、生活化的劳动教育模式，能够逐步促使“劳动最光荣、劳动最崇高、劳动最伟大、劳动最美丽”的理念，深深扎根于青少年的内心深处。

1.“情感浸润，认知铸魂”——劳动认知主题教育

（1）会谈热议，树立劳动观念

每月，班级会组织开展劳动主题系列会谈，围绕“劳动点亮生活，汗水浇灌梦想”“劳动丰富生活，奏响青春华章”“劳动创造生活，开启成长密码”等主题，深入讨论。晨会上，学生们积极分享身边劳动者的感人故事，班会中，我会引导学生结合自身经历，交流对劳动如何塑造美好生活的见解等。通过这样的互动分享，学生逐步纠正自己对劳动原有的认知偏差，进而形成尊重劳动的美好品质。

（2）文化上墙，营造劳动风尚

环境是价值观的培育土壤，因此，我们的教室内设立了文化展示墙，并开辟了劳动专题板块。在这里，大家交流自己的劳动感悟、张贴劳动过程中的精彩照片，展示亲手制作的劳动成果。通过足迹的呈现，劳动带来

韩雁菲，任班主任 7 年，曾获江苏省中学优秀主题班会比赛一等奖。

的成就感也随之而来，这种潜移默化的环境熏陶，让班级逐渐形成了崇尚劳动、热爱劳动的浓厚氛围，也让劳动教育真正融入学生的日常生活。

（3）模范亲述，感悟劳动真谛

除了在课堂中、校园里培育劳动素养，我还邀请社区劳动模范以及各行各业的家长代表走进校园，举办劳动精神宣讲会，开展“智慧家长大讲台”。宣讲会上，嘉宾亲口讲述他们在岗位上辛勤耕耘的故事，分享一路拼搏的奋斗历程。家长讲堂中，由学生家长分享自己的工作、人生，真实故事的呈现，让每位学生真切地感受到劳动的真谛，感悟劳动蕴含的巨大价值，重建自身的劳动价值观。

2. 体验赋能、知行相长——劳动体验主题实践活动

（1）周期校园劳作日，技能责任共培育

在带班育人的过程中，系统化、持续化的习惯培养显得至关重要。因此，除了布置班级每天的劳动任务，我会将每周三下午的自习时间设为班级专属的劳动实践活动日，将劳动范围延伸至校园，组织学生参与校园环境卫生维护工作。例如，以小组为单位清扫操场、清理学校玉兰厅的角落灰尘。此外，学生们还会向校园物业人员学习，参与绿化养护行动。通过这些亲身实践，学生们不仅强化了自身的劳动技能，还在劳动的过程中，锻炼了自身的责任意识。

（2）月度社区志愿行，服务奉献悟精神

在学校“益旅清风”志愿活动的组织下，结合校家社协同育人机制的保障，我班每个月由学校牵头、社区督行、家长陪护，开展社区志愿服务行。在此期间，学生们会前往象山养老院等机构陪老人聊天解闷、打扫房间卫生；同时，拓展实践空间，利用周末时间协助街道工作人员清理社区公共区域的垃圾、铲除墙壁上的小广告等。在服务他人、奉献社会的实践中，让学生真切体会到劳动所蕴含的巨大意义，强化劳动精神。

（3）学期职业亲体验，强化认知明价值

每学期，班级会精心设计一次职业体验活动，将劳动教育融入其中，

帮助学生塑造正确的职业观和劳动观。一方面，我会结合学校组织的高校一日研学行动，带领学生走进大学校园，让学生深入了解不同职业背后的专业知识，引导他们树立职业不分高低贵贱的正确理念。另一方面，充分挖掘家长资源优势，组织学生走进医院、书店等不同的职业场所，促使学生参与力所能及的工作实践，体会劳动者的辛勤劳动。这些沉浸式的体验，有利于学生体会到“劳动创造价值”的真谛，涵育劳动素养。



3. 评价添彩、劳育于心——劳动评价体系建构活动

（1）技能大比拼，热情共提升

评价赋能，提质增效。结合班级的周期校园劳作日活动，每学期配套开展两次劳动技能大赛，将其作为检验和提升学生劳动素质的重要平台。大赛分为三大板块：生活技能板块，重点考查学生的日常生活自理能力；手工制作区域，涵盖厨艺展示、工艺品制作等内容，为学生提供发挥动手能力的空间；科技创新板块，学生可以运用编程技术进行 3D 打印，激发创新思维等。通过比拼，学生们不仅热情高涨，还通过活动切实提升了自己的劳动技能。

（2）成果创意展，劳动成长秀

让劳动教育看得见、摸得着、有温度，才能更好地激发学生的劳动品质。因此，每学期，班级都精心策划“劳动创意作品展”，为学生搭建成果展示平台。同时，在班级的特色文化角中，开设优秀作品大 PK，推举冠军作品并颁发证书，极大地增强了学生的荣誉感，激发了他们对劳动的热情和兴趣，养成了尊重劳动成果的习惯。

（3）月度树典范，比学氛围浓

为了强化劳动教育的激励作用，班级每月组织开展“劳动之星”评选活动。通过班级投票、教师评议和同伴互评的方式，评选出表现尤为突出的学生，设立“劳动小能手”“创意之星”等荣誉称号，让每个学生都能在劳动中找到自己的闪光点。这不仅激励了学生们的劳动热情，

也让劳动教育真正融入了他们的日常生活，在潜移默化中塑造了积极向上的劳动氛围。

总之，践行劳动教育、培育劳动素养，需要把劳动教育全方位融入班级日常管理体系之中，形成规范化流程和常态化机制。同时，班主任可以定期对劳动教育开展情况进行总结反思，收集学生反馈意见，根据实际效果不断优化活动内容，让劳动教育在班级落地生根、开花结果，为培养德智体美劳全面发展的社会主义建设者和接班人贡献力量。

## 二、劳动教育的实施

**情境二：**某班，学生劳动意识淡薄的问题十分突出。不少同学在教室里随意丢弃垃圾，即便走到垃圾桶旁边，也不愿多走一步将垃圾袋放进垃圾桶。这天，值日生向班主任抱怨："中午刚刚倒过垃圾，这才一节课，垃圾桶又满了，垃圾桶旁边也全是纸屑……"班主任一气之下，在班里宣布：以后班级不再使用公用垃圾桶了，要扔垃圾自己去学校的垃圾房。

**看法一：**

### 涵育劳动意识不妨从垃圾桶开始

南京外国语学校　顾青

一、情境分析

首先，情境中体现的学生劳动意识淡薄的问题其实在目前的校园中非常普遍。究其原因，一来是家庭缺乏对学生完成家务的要求。随着家庭生活水平的提高，有的家庭里有家政服务人员负责打扫卫生等清洁工作。即使没有家政服务人员，家长也很少让学生负责大量的卫生清洁等家务，大多数家长认为让学生专注学业显然比承担家务更加重要，如此一来，学生在家里衣来伸手饭来张口也就成了常态。二来学校保洁的安排让学生缺

顾青，任班主任 20 年，南京市德育工作带头人。

乏责任意识。学校的公共区域有专职的保洁人员，班级的卫生多数是安排了值日生进行保洁。对于不是当天值日的同学来说，公共区域和班级卫生都与自己无关，自然也不可能主动去进行保洁。通过对原因的分析，我们不难发现，从家庭生活和学校生活两个方面来看，让学生自发自觉去进行劳动的推动因素显然有所不足。

其次，情境中的班主任采取的做法是不在班级设公共垃圾桶。在实践中，很多班主任也采取过类似的办法，表面来看似乎解决了一个问题：省略了对班级垃圾桶进行保洁的环节。仔细分析后发现，这只是转嫁了问题，并不是从根本上解决了问题。具体来说，学生在教室里随意丢弃垃圾的行为并没有被杜绝，还很有可能因为没有班级垃圾桶而变得愈发频繁，从而给班级保洁带来更多的问题。此外，学生去垃圾房丢班级垃圾这个行为本身并不能提升劳动和环保意识，如果在去的途中或者垃圾房里随意丢弃会给学校保洁人员带来额外负担，也让学生产生一种错误认识：只要不把垃圾丢在教室就行，丢在其他地方就与我无关了。这种认识把学生和劳动意识进一步割裂开来。可见，不设班级垃圾桶这个做法虽然短期内可能有效，即原来放垃圾桶的地方不用去保洁了，但长远来看并不利于培养学生的劳动和环保意识，甚至可能让学生进一步推卸本应当承担的劳动责任，更加不可能自觉投入劳动和环保。

综上，情境中体现出的劳动意识淡薄的问题通过不设班级垃圾桶的做法并不能得到很好的解决，这是因为当下学生劳动意识的培养本就缺乏自发的环境，此举并不能推动学生自觉地投入劳动和环保。那么，我们能否逆向思考，让垃圾桶的合理设置推动学生劳动意识进入自发自觉阶段呢？从定义上说，自发和自觉标志着人们行为活动的觉悟程度，自发是一种主观能动性行为，受客观环境的影响，自觉是自己有所认识而主动去做，有比较明确的目的和计划。从这两个定义出发，我们可以把垃圾桶的设置作为一个突破口，尝试涵育学生的劳动意识。

二、涵育劳动意识的可行途径探讨

垃圾桶或者垃圾袋其实并不是简单的劳动工具，它完全可以成为涵育劳动意识的重要道具。它的摆放不仅具有实用价值，更是一种行为引导，是一种理念的体现。比如看到垃圾分类的垃圾桶我们自然而然会想到社会上宣传的环保观念，在行为上也会有意识地把垃圾扔到相应的垃圾桶中。由此看来，垃圾桶的合理设置可以从实用、引导、理念三个层面入手。

实用，就是垃圾桶设置要符合学生实际需要，即什么情况下需要。举例来说，有些同学感冒了就会产生大量纸质垃圾，饮食或者用餐时就可能产生食物包装残渣等垃圾，我们会发现有些同学会带一个塑料袋装自己产生的垃圾，装满后再扔到班级或者学校垃圾桶中。这种行为体现了比较好的卫生习惯，也是一种对自己和对环境负责的表现。那么，班级能否准备一些流动垃圾袋，发给有实际需要的同学，这样既满足了学生实际需要，也体现了一种集体对个人的关怀。

引导，就是根据实际情况因势利导。午间或者放学保洁后通常会产生大量垃圾，从实际角度来看，班级的垃圾桶的容量有时候也确实不能满足学生的需要，所以把垃圾丢在垃圾桶外也可以理解。这时，可以采用流动垃圾袋，即中午给有需要的同学个人或者小组发放一次，以此提醒或者引导他们在午间先处理一批垃圾，给放学后的保洁工作减轻负担。同时，为了增强引导作用，班级也可以发动同学设计一些环保小标语贴在流动垃圾袋或者垃圾桶上，比如“请送我回家”“直达垃圾箱 EMS”“请把我带在身边”等。此外，在安排班级值日的时候，我们也可以有意识地安排同学轮流担任一天的垃圾桶卫士，专门负责及时清空垃圾桶和发放流动垃圾袋。

第三个层面即理念培养，是最为困难的环节，如上文所言，由自发到自觉有时候不是自然而然发生的，需要契机和推动力量，或者说需要给学生提供机会，化被动为主动。每个人都喜欢干净整洁的环境，激发学生通过劳动去创造这样的环境是劳动意识培养的关键。这时，我们可以再次借助垃圾桶摆放的变化给学生提供机会。比如，单周班级不设公共垃圾桶，双周设公共垃圾桶，通过拍照比较两周教室的卫生状况和打扫卫生的效率，大家一起分析哪些时间段哪些区域产生的垃圾比较多，或者哪些同学没有能够及时处理产生的垃圾。接下来，班级可以结合实际情况，讨论如何合理发放流动垃圾袋以及调整值日生的内容，并根据大家的意见采取下一步行动。

其实，有时候学生的劳动意识薄弱不是因为懒惰而是因为没有关注，或者认为这件事情和自己无关。解决问题的关键并非设置班级公共垃圾桶，而是让学生参与观察与创造周围的环境。就好像我们看见公共厕所“来也匆匆，去也冲冲”的宣传语一样，看见后大概率就会自发冲水。正如列宁指出，“自发的成分”实质上是自觉性的萌芽状态。多次自发后，学生才能逐渐形成自觉。我们通过垃圾桶和垃圾袋的设置满足学生实际需要的同时引导他们关注自己与周围环境的关系，推动他们自发地投入保洁等劳动，逐渐形成“班级环境人人有责”的理念。从无视到关注，从自发到自觉，这就是涵育劳动意识的逻辑链。

诚然，涵育劳动意识途径多样，过程漫长，但我们不妨从认真对待班级里的小小垃圾桶开始尝试。

**看法二：**

## 让劳动实践唤醒责任自觉

## ——从“取消垃圾桶”看新时代劳动教育的深层重构

南京市琅琊路小学　严悦

《义务教育劳动课程标准（2022 年版）》明确指出，劳动教育要“培养正确的劳动价值观和良好劳动品质”，而《关于全面加强新时代大中小学劳动教育的意见》更强调“日常生活劳动”的基础性作用。情境中班

严悦，任班主任 15 年，曾获得长三角班主任基本功大赛一等奖。

主任“取消公用垃圾桶”的决策，折射出当前劳动教育在价值认同、行为内化与机制创新上的现实困境。当学生将“多走一步扔垃圾”视为负担而非责任时，实质上暴露了劳动教育的深层断裂：如何让劳动意识从“被动约束”走向“主动自觉”，是新时代德育工作者必须直面的命题。

一、问题聚焦：意识淡薄显症结

从“垃圾桶矛盾”可透视当前劳动教育存在的三重脱节：

（1）劳动价值认知的断裂。学生将教室劳动视作“他人责任”而非“共同义务”，反映出对劳动创造美好环境的意义认知不足。《大中小学劳动教育指导纲要（试行）》强调“劳动最光荣”的价值引领，但现实中劳动常被异化为惩戒手段，导致学生形成“劳动 = 惩罚”的负面联结，消解了其社会价值。

（2）责任行为内化的迟滞。科尔伯格道德发展阶段理论指出，儿童9岁后进入习俗水平阶段，但乱扔垃圾行为却显示部分学生仍停留在前习俗水平的相对功利定向阶段。劳动教育若仅依靠值日制度或教师督促，未激活主体自觉，必然导致“班主任在场”与“学生独处”时的行为割裂。

（3）教育方式创新的缺位。垃圾桶旁堆积的纸屑，暴露出传统劳动教育方式的机械化倾向。当前劳动教育多停留于“任务分配—检查评比”的线性模式，缺乏德尼斯·克伯屈“设计教学法”倡导的“做中学”体验，使得学生难以在真实情境中理解劳动与自我成长的关系。

二、理性剖析：原理借力明方向

依据《义务教育劳动课程标准（2022年版）》“日常生活劳动需贯穿学校生活全过程”的基本原则中所倡导的“日常生活劳动制度化”理念，结合德育规律提出重构路径：

（1）价值澄清：重构劳动意义网络。借鉴诺丁斯关怀教育理论，将劳动教育与生命成长相联结。可开展“教室生态系统”主题探究：通过计算教室人均垃圾量、分析垃圾分类处理流程，引导学生认识“多走一步”对资源循环的意义；组织“校园美容师”访谈，邀请保洁员讲述工作故事，用共情打破“劳动阶层化”认知；开发“劳动价值链”课程，让学生跟踪一片纸从生产到回收的全周期，使环保意识转化为具体行动。

（2）情境体验：打造劳动责任闭环。依据杜威“经验学习”理论，构建具身化劳动场景。可试行“班级劳动护照”制度：每位学生需完成“每日三部曲”（整理个人物品、维护相邻卫生区、参与公共事务），通过“过程性评价 + 可视化积分”激发内生动力。如创设“班级劳动银行”，将卫生维护转化为“服务积分”，学生可用积分兑换“免值日券”或换取劳动技能课程，实现“责任—权利”良性互动。

（3）意义建构：激活劳动主体意识。运用弗洛姆“生产性人格”理论，将劳动与自我实现相结合。可发起“教室空间改造计划”：学生自主设计垃圾分类方案、制作环保装置艺术，如用废纸制作“文明警示墙”，让劳动成果成为环境育人的实体符号。还可以开展“劳动 CEO”自主申请项目，鼓励学生研发智能趣味垃圾桶、设计卫生责任游戏 App 等，使劳动实践成为创新素养培育的载体。

诚然，班主任的“取消令”虽具警示作用，但易陷入“消极规避”误区。新时代劳动教育需实现三大转向：空间重构、制度创新和文化浸润，从而构建“责任传递—素养积淀—文化共生”的育人闭环，让劳动教育从被动约束转向主动建构，才能真正唤醒学生的责任自觉与共同体意识。

劳动教育不应是师生对抗的“战场”，而应成为生命成长的“能量场”。当学生能在擦拭讲台时感悟师恩，在分类垃圾中理解生态，在维护环境中珍视集体，劳动教育才能真正实现从“行有所规”到“心有所向”的升华。唯有将劳动转化为学生感知世界、建构意义的生命实践，方能培育出“懂劳动、会劳动、爱劳动的时代新人”。

**做法：**

## 唤醒意识从“心”出发
## ——新时代班级劳动教育的实践与探索

南京师范大学附属中学新城小学怡康街分校　庆竹

新时代劳动教育承载着树德、增智、强体、育美的综合育人价值。然而现实中，“00后”“10后”学生的劳动意识薄弱问题已成为制约劳动教育成效的突出挑战：在维护班级环境卫生、参与值日分工等日常劳动场景中，相当一部分学生表现出较明显的主动性欠缺。部分学生劳动意识淡薄，对于劳动任务“心抗拒”：将卫生值日视为“被迫服务”；“手生疏”：劳动技能严重不足；“路闭塞”：劳动实践时间与空间的不足。

在班级管理中，我尝试从以下三个方面展开劳动教育实践，让劳动意识在学生心中扎根、破土、发芽。

一、从“视而不见”到“价值自觉”

“学校德育，最重要的在于唤醒学生的内在自觉。”通过构建“三阶”劳动教育实施路径，唤醒学生“回到自身”的劳动反思与体悟。

1. 现象聚焦。为打破“视而不见”的认知惯性，运用“每日定点拍摄+数字轨迹标记技术”，建立班级劳动微生态数据库，于班会课上呈现“班级垃圾桶周边生态微报告”，促使学生通过直观的环境数据与现象直面劳动问题，思考日常行为对班级环境的影响，初步承担起作为班级小主人的责任。

2. 深度对话。依据哈贝马斯交往行动理论框架，将话题引申为学生间的自我对话与思考，引导小组通过“问题分析—现场还原—提出方法”解构“垃圾不归我管”的集体无意识现象。正如杜威所言：“教育即经验的改造”，学生在对话中经历从“视若无睹”到“现象惊诧”的认知跃迁。

3. 价值重构。垃圾桶旁张贴的“生态代价计算指南”让学生真切感

---

庆竹，任班主任6年，曾获江苏省班主任基本功大赛一等奖。

受到个人丢弃垃圾的环境成本，深入反思劳动与环境的关系；学校的小剧场情境再现《一片纸屑的奇幻漂流》，让学生亲身参与、体验，建立劳动行为与环境责任的联系，实现具身认知。

当劳动问题成为班级的话题，当劳动教育从被动要求转化为价值认同，学生才能真正将劳动观念内化于心、外化于行。

二、从“单向示范”到“多维浸润”

建立起初步的劳动意愿后，学生对于劳动更加积极、主动，但时间一长，难免出现倦怠、疲软之态，因此，可依据班杜拉社会学习理论，构建劳动教育的“榜样引力场”，从而持续赋能。

1. 建立“日行一善·周习一技·月明一德”阶梯体系。鼓励学生努力让自己成为劳动榜样，建立“即时可见—阶段可达—长期可期”的榜样生成机制：设立“每日微光时刻”记录墙，捕捉学生随手整理学具、帮扶同伴等细微劳动行为；搭建“每周技能达人”展示台，聚焦垃圾分类、绿植养护等专项劳动技能；举办“每月匠心讲坛”，分享自己的劳动故事与劳动心得。

2. 搭建“同伴—师长—职人”3D 榜样矩阵。在班级设立“劳动智慧树”，展示同伴创新性劳动方案；邀请家长组建“职业万花筒”讲师团，呈现各行各业的专业劳动场景；联动社区创建“匠人工作坊”，邀请社区中的劳动者进课堂，引领学生品味平凡劳动的伟大之处。

3. 绘制“知识习得—技能精进—观念形塑”榜样图谱。劳动知识习得方面，构建“经验编码—知识迁移”榜样知识微图谱，榜样进课堂后在班报展出相关劳动知识，设计“主题劳动知识闯关”作为知识迁移，促进劳动认知升级；劳动技能精进上，创设“技能镜像—情境迁移”的榜样赋能微体系，设计“劳动行为迁移卡”，如引导学生将观察到的快递分拣策略转化为图书归类方法；劳动观念形塑时，打造“意义碰撞—精神共生”的榜样浸润微生态，邀请行业榜样担任导师，组织“价值辩论擂台”，如讨论“AI 时代是否需要苦练手工技能”，引导学生形成辩证劳动观，实现榜样精神的生命化传承。

正如朱小蔓教授所言："教育要建立生活世界的意义联结。"当学生既能从同伴的日常服务中看见"微光"，又能在家校社协同中理解"星辰"，劳动教育便真正实现了从"单向示范"到"多维浸润"的转换。

三、从"活动堆砌"到"系统育人"

依据布朗芬布伦纳生态系统理论，尝试构建全方位、多层次的劳动教育生态系统模型，通过微系统、中系统、外系统和宏系统的协同作用，为学生提供丰富且深入的劳动教育体验。

1. 微系统建构：班级劳动共同体。创设"劳动生活圈"，通过绘制"责任网格"，把教室细致划分为 12 个微生态区，每个区域都明确责任归属，确保每位学生都能参与班级劳动中。每日开展"5 分钟微劳动"，涵盖整理学具、绿植养护、卫生维护、包干区保洁等内容，使得劳动自然而然地成为学生班级生活的一部分。

2. 中系统联结：家校劳动共育体。为实现家校劳动教育的紧密合作，开发"家庭劳动护照"数字平台。家长可以在家长端实时上传学生完成《生活达人劳动清单》（见表）的情况，平台的教师端则运用 AI 分析技术，根据学生的劳动数据生成个性化的劳动素养雷达图，从劳动创意、劳动能力、劳动成果精准呈现学生在各个劳动维度的表现。

**生活达人劳动清单**

| 能力分类 | 具体任务 | 完成标准 | 进阶目标 |
| --- | --- | --- | --- |
| 学习管理 | 整理书包 | 按课表顺序摆放书本，侧袋存放水杯、纸巾 | 自主准备次日学习用品 |
| 生活技能 | 餐后收拾餐具 | 将碗筷送至洗碗池，擦净桌面 | 学习用海绵清洗塑料餐具 |
| 衣物整理 | 折叠收纳衣物 | 按季节分类存放，衣柜内衣物竖立摆放 | 学习基础熨烫 |
| 简单烹饪 | 制作三明治或者水果拼盘 | 安全使用儿童餐刀，食材搭配营养合理 | 学习用电饭煲煮饭 |
| 时间管理 | 制定每日作息表 | 包含学习、娱乐、劳动时间 | 尝试制定周末计划 |

（续表）

| 能力分类 | 具体任务 | 完成标准 | 进阶目标 |
| --- | --- | --- | --- |
| 家务协作 | 完成家庭值日任务 | 扫地拖地（按“Z字形”路线）、垃圾分类准确率100% | 学习更换床单被套 |

3. 外系统拓展：社区劳动实践网。鼓励学生积极参与社区建设，拓展学生的劳动教育空间，如学生用算法对小区垃圾箱的位置进行合理计算，帮助社区合理规划生活空间，引导学生面对真实问题，打破学科界限，实现知识的融会贯通。

4. 宏系统浸润：社会劳动价值场。班级开设“三百六十行”生涯启蒙课程：通过认知课堂，邀请家长进课堂，宣讲自己专业特长和人生成长中的励志故事；通过实践体验，倡导学生走出去，感受各种职业的苦与甜；结合学校活动，通过职业模拟，鼓励学生走回来，培养学生劳动自立意识和为他人服务的情怀，在角色体验中绽放光彩。

劳动是生命的必修课，其价值不在工具意义的“会劳动”，而在于“成为劳动者”。当学生在家庭、校园、社会的劳动中不断积累经验，他们便会将这些积极的劳动态度和行为习惯带回班级；当学生深刻认识到劳动是创造美好生活的源泉，那扇抗拒劳动的心门也将缓缓打开；当我们将劳动的尊严与诗意种进孩子心田，那些曾经“抗拒的手”终将紧握创造未来的力量。

**专家点评：**

我们要通过劳动教育使学生感受“劳以成己、劳以成人、劳以成天下”的美好境界。老师们正努力建构“认知重构—行为内化—价值自觉”的完整育人闭环，在实施路径上着力打通学校—家庭—社区协同的育人链条，建议后续可深化劳动教育与学科课程的融合渗透，探索项目式学习与劳动素养的衔接机制，进一步为政策制定提供更坚实的学理支撑。数字时代下，还可以通过数字技术赋能，让学生在智慧劳动中体会创新价值，为未来社会培育兼具实践能力与人文关怀的建设者。

## 第二节　如何进行爱国主义教育？

### 一、涵育家国情怀

**情境一：**在一次以“少年怀志，赤心爱国”为主题的班会课上，同学们踊跃发言，分享自己对爱国、立志的理解。突然，刘同学站起来说：“爱国口号喊得响亮有什么用？我觉得长大以后找个好工作，赚大钱才是实实在在的。”这话一出，教室里瞬间炸开了锅，有的同学表示赞同，有的则激烈反驳。班主任一时有些咋舌……

**看法一：**

#### 从一堂班会课看爱国主义教育的困境与重构

南京师范大学附属中学新城小学南校区　朱国红

一、聚焦问题

在“少年怀志，赤心爱国”主题班会上，刘同学“赚大钱比爱国实在”的言论引发的思想碰撞，恰似一面棱镜，折射出新时代青少年价值观培育的深层矛盾。这场看似偶然的班会课风波，实则是社会转型期多元价值冲击、教育生态失衡的必然显现。当《新时代爱国主义教育实施纲要》强调“把爱国主义教育贯穿国民教育全过程”时，此类事件暴露出政策理想与实践落地之间的巨大反差，亟待德育工作者以更系统的视角审视问题本质。

二、价值认知偏差的多重归因

《中小学德育工作指南》中指出：“要精心设计、组织开展主题明确、

朱国红，任班主任 8 年，曾获江苏省班主任基本功大赛一等奖。

内容丰富、形式多样、吸引力强的教育活动，以鲜明正确的价值导向引导学生。”但现实中爱国主义教育仍多数停留在口号宣讲与知识灌输层面，反映出学校德育的实践性缺失。当学生在班会课上齐读“天下兴亡，匹夫有责”时，却很少有机会通过社区服务、职业体验等实践活动理解个体命运与国家发展的紧密联系，这种知行不一必然导致价值虚无感。其次，家庭教育中的功利取向更加剧了学生这一认知偏差。部分家长将“找个好工作”等同于学习的终极目标和人生的成功标志，无形中瓦解着学校里的理想信念教育。最后，社会评价体系的巨大变化也冲击着青少年的价值认知，“当网红、做明星才能赚大钱”的世俗观念仍在短视频平台、网络游戏中持续强化，形成对青少年的价值观侵蚀。

三、教育生态重构的底层逻辑

价值观教育的本质是“人的唤醒”，这要求德育工作者以更开阔的视野重构育人生态，使爱国情怀在真实社会场景中生根。刘同学的观点暴露了少部分学生对爱国主义的理解停留在口号层面，一节班会课的存在并不足以唤醒他们的爱国主义情怀。结合学生的实际校园生活，小学阶段可通过升旗仪式、英雄故事会激发爱国情感，初中阶段借助时政辩论、模拟法庭发展理性认知，高中阶段通过生涯规划、社会调查强化使命担当。另外，可充分利用“15 分钟教育圈”资源，将社区服务中心、文化场馆转化为学生价值观培育基地。更重要的是突破学校爱国主义教育“孤军作战”的困境，联合家庭、社会构建学生价值观培育的全新生态。家长在家跟孩子分享祖辈的奋斗故事，企业开放日展示科技创新中的爱国实践，才能真正形成“无处不在、无时不有”的社会主义核心价值观培育生态。

四、协同育人机制的破解之道

破解价值观教育困境，需构建“认知—情感—行为”三位一体的培育体系。在认知维度，依据社会建构主义理论，价值观认知不是概念的机械传授，而是主体在与环境交互中主动建构意义网络的过程。所以，我们应创新爱国主义教育载体，将《义务教育课程方案》中的跨学科理念落到实处。如历史课可结合“一带一路”建设项目剖析命运共同体的内涵，地理课可通过生态治理案例增强学生的国土安全意识。在情感维度，家校社同频共振，如学生可通过参与“祖辈口述家史”“参与社区管理”等活动，在代际对话中理解个人奋斗与民族复兴的血脉相连，自然而然产生情感归属与价值认同。在行为维度，根据具身认知理论，通过角色扮演、公益实践等具身化实践，将爱国主义的抽象价值转化为行动逻辑。

在这场班会风波中，刘同学的困惑与其说是叛逆，不如看作时代抛给德育工作者的思考命题：当物质基础水平与精神成长步伐不一致，当个人理想选择与国家发展需要存在冲突，教育该如何帮助青少年建构他们的价值意义世界。答案或许藏在《中国教育现代化2035》的战略图景中——唯有建立“价值引领—实践体验—生态滋养”的协同机制，爱国主义教育方能从“知”走向“行”。“赤心爱国”四个字不仅是班会课的主题宣言，更是扎根学生心灵的终生追求。这需要德育工作者以更加包容的胸怀理解青少年价值探索的曲折性与发展性，以更具智慧的策略增强价值观教育的感染力与行动力，最终在“小我”与“大我”的辩证统一中，培育出既有家国情怀又具有国际视野的时代新人。

**看法二：**

## 如何找寻个人追求与家国使命的平衡点

南京市第五高级中学　徐媛媛

一、问题聚焦

班级正通过主题班会开展爱国主义集体活动，而个别学生提出的观点引发热议。案例折射出当代青少年对个人追求与家国使命之间的思考与困惑。如何让青少年在追求个人目标的同时，不忽视家国责任？如何使个人价值的实现与国家发展同频共振？这些问题值得班主任思考、探

徐媛媛，任班主任7年，曾获江苏省班主任基本功大赛一等奖。

究并加以引导。

二、个人追求与家国使命：相辅相成

爱国与个人成功并非对立关系。爱国不仅是情感上的认同，更应转化为实际行动；而个人成功也并非狭隘地指向个人利益最大化，而是可以通过社会价值的创造来体现更深层次的爱国精神。

《新时代爱国主义教育实施纲要》明确指出，要“坚持把实现中华民族伟大复兴的中国梦作为鲜明主题”。德育工作应引导学生将个人成长与国家发展相结合，国家的强盛依赖于个人的奋斗，而个人的发展又离不开国家提供的机会与支持。个人追求与家国使命可以在同一个轨道上实现共鸣。

三、青少年的困惑与挑战

1. 社会现实的冲击

当前社会竞争激烈，许多家庭和学校都强调“经济独立”和“个人成就”，导致部分青少年认为财富和成功才是唯一衡量价值的标准，而忽略了个人与国家、社会之间的联系。

2. 信息多元化影响

互联网时代，青少年接触的信息纷繁复杂，其中不乏功利主义、个人主义的影响，使得他们在价值观选择上产生迷茫。

3. 爱国教育的形式化问题

爱国教育应注重实践与情感体验，然而，现实中部分爱国教育仍停留于口号层面，缺乏深入的引导，使得青少年难以找到个人价值与家国使命的融合路径。

四、个人追求与家国使命的平衡之道

1. 树立正确价值观，坚定爱国信念

落实《中小学德育工作指南》中“坚持常态开展”的要求，将爱国主义教育与价值观培养融入日常。例如，可以组织学生采访身边为国家和社会做出贡献的劳动者，如医生、科研人员、社区工作者等，让他们认识到各行各业的奋斗都在推动国家进步，从而帮助他们建立正确的职业观和价值观，使爱国不只是口号。

2. 通过实践深化家国认同感

《中华人民共和国爱国主义教育法》鲜明提出“各级各类学校应当将课堂教学与课外实践和体验相结合，把爱国主义教育内容融入校园文化建设和学校各类主题活动”。学校可以组织社区服务、志愿活动等实践项目，使学生在服务社会、奉献他人的过程中感受爱国责任。例如，可以组织学生参与敬老院探访，让他们在关爱弱势群体的过程中，增强社会责任感。此外，还可以组织参观革命纪念馆、科技创新基地等，增强他们对国家发展成就的直观体验，让爱国主义在实践中生根发芽。

3. 倡导家校社协同育人，共筑爱国共识

教育不仅是学校的责任，还需要家庭和社会的共同努力。可以通过家长学校、社区讲堂等方式，帮助家长树立正确的教育观念，使家庭教育与学校教育同向同行。同时，邀请各行业优秀代表进校园，用生动事例诠释个人奋斗与国家责任的关系，让学生从榜样的力量中汲取爱国精神。

4. 倡导多元化爱国方式

结合新媒体技术，开发互动式、体验式爱国主义教育课程。班主任可以通过职业生涯规划指导，引导学生认识不同职业对社会的贡献。金钱不是唯一衡量价值标准，科学家可以用科研成果造福社会，企业家可以用商业模式推动经济发展，普通人可以通过诚信守法、关心社会等方式贡献自己的力量。多元化的爱国方式使每个人都能在不同的领域为国家发展添砖加瓦。

爱国并非空喊口号，而是一种内化于心、外化于行的责任，个人成功和家国使命相辅相成。班主任作为德育工作的重要引导者，应发挥桥梁作用，帮助青少年在成长过程中将家国情怀融入个人奋斗目标，在个人奋斗中找到属于自己的爱国道路，实现个人价值与家国使命的双向奔赴、同频共振、互相成就。

做法：

## 360公里之变：青少年爱国主义教育路径探索

南京师范大学附属中学江宁分校　葛金莲

中国史书万卷，字里行间皆有家国，爱国是中华儿女最朴素的情感。2024年1月1日起，《中华人民共和国爱国主义教育法》正式施行。它明确规定，各级各类学校应当将爱国主义教育贯穿学校教育的全过程。因此，班级如何开展爱国主义教育活动十分重要。社会环境在发展中不断变化，“实用主义”“功利主义”观念对新时代青少年的思想产生了一定冲击，思想困惑与价值冲突已经成为教育过程中必须面对的新命题。因此，我们要基于班级实际情况，依托身边各种资源，通过有梯度性的实践活动，让青少年的思想成长融于民族精神的血脉中，扎根在中华大地上。

下面笔者将以所带班级在筹办“12・13”国家公祭日升旗仪式中开展的实践活动为例：

一、从教室到百草园

人本主义心理学先驱阿德勒认为，有无社会情感是衡量个体是否健康的主要标准，社会情感的强弱决定一个人生活意义的大小和对社会贡献的程度。对社会的责任、家国的情感，是青少年积极向上的内生力量。培养学生的社会情感，我们可以这样做：

1. 发挥地缘优势，增进家国认同

每个地方都有其得天独厚的地缘文化，如教育基地、风景名胜、非遗文化、英雄模范等作为爱国主义教育的资源。“读万卷书，行万里路”，对家乡优秀文化的了解应文本和实践相结合。因此，我班成立了“悦读书研社”，设立课题探究小组，利用课余时间和班级阅读课，借助学校图书馆藏书、数字图书，收集第一手材料。然后把班会课搬进图书馆，学生间信息共享，深层交流。最后利用假期时间，鼓励学生走进区域图书馆和

葛金莲，任班主任21年，曾获长三角地区班主任基本功大赛一等奖。

档案馆，使不同地域的学生实现多地线上联动，互通有无。寒假结束后，小组借助学校开学典礼，将所学所获借助“集五福”“猜灯谜”等活动载体，以育人无痕的形式与全校师生共享。

2. 利用资源优势，赋能实践活动

实践出真知。知识的内化需要体验式活动来引导学生向更深处漫溯。例如，我校临近生物医药产业基地，作为系列活动的一部分，我们深入基地走访，使学生对中医药产生了浓厚的兴趣。班级有一块校内试验田，他们想建一个中草药试验基地——百草园。学生自立项目，做调研，请导师，野外寻百草，并学会了初级的蒸晒研磨技术。历经种种困难后，不仅收获了一批中草药，而且学会了植物印染，给家人带回一块色彩绚丽的棉麻布料，将一年的仆仆风尘浓缩在一件劳动成果中，并慷慨与他人共享。有了这样的经历，深刻的社会情感才能厚植于学生心田。

二、从班级到家庭

家庭是教育的第一课堂，班级在开展爱国主义教育活动中，一定要联合家长的力量，打造更好的教育“微生态”。

1. 整合家长资源，建立丰富智库

班级应建立家长德育资源库，搭建平台为学生的爱国主义教育提供更丰富的辐射性资源。如我班曾成立“种子课堂”，邀请过抗战军人、劳动模范、大国工匠、奥运会运动员等走进课堂，与学生分享成长奋斗历程。让学生看见实例，拓宽眼界，体验真实的家国情怀。

2. 利用学校平台，搭建家校联动

通过家长学校，由校内外教师、专家提供网络课程作为家长教育资源。我班曾利用学校的“珍宝传家”活动，让学生将家中珍藏的一件旧物，如一张粮票、一封书信等，附上详细说明在学校展出，其中的经典作品将被宣讲。每一件物品都传递出一个家庭对生活和祖国的热爱，鲜活真实的案例对每个人的影响都是巨大的。

三、从学校到社会

决定教室大小的从来不是面积，而是学生的见识和思维。我们应该创建一间宽广的教室，让学生增强社会情感，探寻生命价值。

1. 关照成长需求，助力学生“做中学”

爱国主义教育一定要从学生的成长需求出发。当下青少年心理健康是全社会关注的焦点，青少年价值取向关乎国家未来。因此，我们要鼓励学生走出“小我”，融入社会，胸怀“国之大者”。我班学生为组织学校“12·13南京大屠杀死难者国家公祭日”主题升旗仪式，走访“拉贝故居”、走进市档案馆、寻访全市17处死难同胞丛葬地。走访中他们联系车辆、计划行程、采访相关项目负责人等等，增强了自主发展能力和责任担当意识，通过对史实资料的收集整理和深入了解，家国情怀就此融进少年的血脉里。

2. 突破认知限制，实现学生“创中学”

实践活动可以培养学生的创新精神和问题解决能力。班主任要在对活动进程做好预判的情况下，鼓励学生探索新征程。例如，我班学生在筹备上述活动材料的过程中，申请参与“紫金草志愿服务队”长期志愿活动，成为点亮爱国火炬的一缕微光；在走访南京大屠杀死难同胞丛葬地时，学生发现电子地图多处路线有误，他们及时联系高德地图制作方，后被委托进行电子地图更新的前期资料收集。每逢节假日，他们早出晚归，一步步计算测量，反复推敲路线描述的文字，一条几十米的路他们要来回往复，硬是用双脚丈量出新版电子地图的第一手材料。

整个活动前后历时将近一年，从出校门起，他们双脚丈量的行程达360公里。这段路程记录的不仅是他们走过的路，更是从初次走出校门的懵懂，到心中装满责任与家国的距离。爱国主义教育是青少年价值观塑造的关键环节，我们要探索知行合一的实践活动路径，实现从静态知识灌输到动态价值引领，将一个个“真小实”的实践活动，汇聚成民族复兴的磅礴之力。

## 二、坚定文化自信

**情境二：** 圣诞节前夕的自习课上，班里不少学生窃窃私语，热烈讨论怎么过节，还计划凑钱买圣诞装饰布置教室、交换礼物。家委会也提前告知班主任，家长们会全力支持，让孩子们度过一次快乐的圣诞节……这天，班长联合班委拟定了一份“圣诞节庆祝活动方案”递交给班主任，满心期待班主任能支持并参与其中。

**看法一：**

### 用心参与，点亮学生“爱国之灯”

南京市第十三中学　刘越

针对班级学生热衷圣诞节庆祝活动这一现象，班主任应深入剖析背后原因，带领孩子明确对圣诞节的正确认知，强调回归中国传统节日的重要性，并对班级圣诞节庆祝活动按下“暂停键”，改由更丰富的文化活动引导学生在尊重多元文化的同时，坚定对中华传统文化的认同与热爱，增强民族自豪感和爱国情怀，培养学生正确的文化价值观。

一、析背景：关注痛点与兴趣点

全球化进程的加速使得西方文化广泛传播，频繁出现的圣诞节元素，如圣诞老人、圣诞树等吸引着学生的目光，让学生心生向往。商家铺天盖地的宣传让学生们沉浸在圣诞节的欢乐氛围中，强化了他们对这个节日的期待。在学生群体中，社交和从众心理也发挥着重要作用。当身边的同学都在讨论圣诞节的庆祝计划时，为了融入群体、避免被孤立，学生们会不自觉地参与其中，契合了学生渴望快乐、渴望交流的心理需求。

作为班主任，面对学生对圣诞节的热情，需要保持理性和冷静。一方面，尊重学生对节日的期待，是爱护学生的一种体现，有助于建立良好的师生关系。另一方面，也必须清醒地认识到，引导学生正确看待西

刘越，任班主任6年，曾获江苏省班主任基本功大赛一等奖。

方节日与中国传统节日，是不可忽视的教育责任。在全球化背景下，学生接触到多元文化是不可避免的。但在这个过程中，学生可能会因缺乏对本土文化的深入了解，而盲目追捧外来文化，这对民族文化的传承和发展是不利的。

因此，班主任要在尊重学生兴趣的基础上，巧妙引导，让学生更加热爱和珍视中国传统节日。

二、共策划：提建议、明意义

活动应寓教于乐：可以举办一场“中西节日文化对比”的知识竞赛，让学生在准备竞赛的过程中，深入了解圣诞节和中国传统节日的起源、习俗、文化内涵等方面的差异，培养学生的文化比较能力和批判性思维；可以开展“我心中的节日”主题演讲活动，让学生分享自己对不同节日的理解和感受，锻炼学生的表达能力和思考能力；还可以邀请外教或国际友人参与活动，让学生有机会与他们交流，了解不同国家的文化习俗，拓宽国际视野。在交换礼物环节，学生可以制作具有中国传统文化特色的手工艺品，如剪纸、中国结、香囊等，作为礼物与国际部的师生进行交换。在这个过程中，引导学生尊重不同文化的差异，树立正确的文化价值观，培养学生的全球意识和爱国情怀。

三、回传统：关注中国传统节日

1. 扎牢传统之根

中国拥有着悠久的历史和灿烂的文化，传统节日作为中华文化的重要组成部分，承载着丰富的文化内涵和民族精神。这些传统节日不仅是时间的节点，更是中华民族情感的纽带和文化传承的重要载体。

鼓励学生积极参与中国传统节日的庆祝活动，是传承和弘扬传统文化的有效途径。通过这些亲身体验，学生能够更加深刻地理解传统文化的内涵，增强对民族文化的认同感和自豪感。正如习近平总书记强调的：“中华优秀传统文化是中华民族的精神命脉，是涵养社会主义核心价值观的重要源泉，也是我们在世界文化激荡中站稳脚跟的坚实根基。”弘扬传统文化，就是在守护民族的精神家园，让中华民族的文化基因在学生心中生根发芽。

2. 创新文化之魂

在现代社会，传承传统节日不能仅仅停留在延续古老的习俗上，还需要结合现代元素进行创新，使其更好地适应时代的发展，焕发新的活力。比如，利用互联网技术，开展线上传统节日文化展览、线上民俗体验活动等，让更多的学生能够参与其中，打破时间和空间的限制。还可以将传统节日与现代艺术形式相结合，如创作以传统节日为主题的动漫、歌曲、舞蹈等，以学生喜闻乐见的方式传播传统文化。通过这些创新举措，传统节日将不再是古老的记忆，而是成为学生生活中充满活力和趣味的一部分，更好地传承和发展下去。

班级学生对圣诞节的热情为教育提供了一个独特的契机。通过深入分析学生对圣诞节感兴趣的原因，引导学生正确认知圣诞节，回归和弘扬中国传统节日，并对班级节日庆祝活动进行合理策划，能够让学生在感受多元文化魅力的同时，坚定对中华传统文化的自信，点亮心中的“爱国之灯”。

**看法二：**

## 化西方节日关注为文化自信教育契机

南京市中华中学附属小学　戴琰

传统节日是中华优秀传统文化的重要组成部分，蕴含着中华民族长期孕育的理想信念、文化内涵、思维方式、道德情操，显现出中华民族独特的魅力与价值。《中小学德育工作指南》指出，要“引导学生了解中华优秀传统文化的历史渊源、发展脉络、精神内涵，增强文化自觉和

戴琰，任班主任8年，曾获长三角班主任基本功大赛二等奖。

文化自信”。情境案例显示，班级学生对西方节日显现出极高的热情与参与度。这一现象证明：学生对本土传统文化的认知不足；家校之间在文化育人观念上存在差异；班级活动的组织和实施育人化有待落地。为增强学生对中华优秀传统文化的认同感和自豪感，构建文化育人新格局，班主任在组织开展相关活动时需注意以下三个要点。

一、价值引领：融合文化自信与开放包容

面对情境中西方节日的冲击态势，班主任应当巧借过节契机，引导学生探究西方节日在我国得以传播的因素，唤起学生的文化自信。

一是让学生在中西方节日文化的比较中深化文化认同。传统节日作为国家文化的典型缩影，承载着各自特有的文化意义。中华传统节日偏向吉祥如意的团圆氛围，蕴含着自然和谐、和睦亲友、热爱生命、憧憬生命的德育思想。西方节日具有较强的悲剧意识，多与宗教文化形成千丝万缕的联系。班主任可以通过节日班会启发学生思考：为什么圣诞节在中国如此流行？它与我们的传统文化有何不同？我们应该怎么过这个节日……让学生在辨别与探究中感悟中华文化的深厚底蕴，增强民族文化认同感。

二是引导学生树立正确的文化价值观，自觉继承和弘扬中华优秀传统文化。就文化交流层面而言，西方节日的流行能在一定程度上丰富学生的节日生活，但持续的输入与群体的盛行则会对中国的传统节日造成传承威胁。班主任可以搭建沙龙、辩论等平台，让学生在观点的碰撞中生成理性的节日判断，意识到传统节日跨文化传播的重要性。

二、学生本位：促成文化坚守与开创变革

为发挥传统节日的文化凝聚力，一要营造继承传统节日的环境。班主任应当有意识、有目的、有计划地美化班级环境，营造节日氛围，实现学生视线与情感的有效转移，在潜移默化间受到传统文化的熏陶。

二要组织丰富多彩的节日活动。针对情景中学生传统文化观念欠缺的现状，班主任可以将当地的节日习俗与学生的兴趣取向相结合，例如在春节期间组织“传统文化体验日”，让学生亲手制作春联、宫灯。再借助新媒介创新节日传播方式，让更多人在文字、图片、视频中感受传统文化的魅力。

三要开发中西合璧的节日智慧。西方节日的载体化有助于人们把握节日文化内涵，如深远流传的圣诞树、圣诞老人等特定符号。针对情景描述，班主任可以带动学生以红色和金色为背景色，在装饰圣诞树时点缀灯笼、中国结等元素，将剪纸、写福等传统与西方的圣诞卡结合，让学生深切感受不同文化的融合与共享。

三、家校协同：实现文化育人与开拓新局

家校合作是班级活动成功的关键。《关于加强家庭教育工作的指导意见》强调“家庭是孩子的第一个课堂，父母是孩子的第一任老师”。从情景中不难看出，家长对节日文化的态度直接影响学生的认知。班主任可以通过家长学校、家长开放日等家校沟通渠道，向家长传达教育理念与活动目标，呼吁家长支持学生参与有意义的活动。例如，建议家长与孩子一起制作手工编织作为圣诞礼物送给同学，既满足学生的节日期待，又融入传统文化元素。班主任还可以借助《致家长的一封信》这样的书信形式说明理性过节的重要意义，争取家长对文化自信教育的支持，倡导家长以端正的育儿观、成才观、成人观培育孩子。除此之外，班主任还可以开发家庭德育资源，邀请家长参与“传统节日交流会”，在家校协同中分享家庭内部庆祝中秋、端午等节日的幸福经历，真正做到淡化西方节日，弘扬传统节日。

**做法：**

## 点亮爱国星火，照亮青春征途

南京市第九初级中学　韩雁菲

青少年是国家的未来与希望，爱国能赋予青少年使命感，帮助他们

韩雁菲，任班主任 7 年，曾获江苏省中学优秀主题班会比赛一等奖。

树立正确的价值观、人生观和世界观，在多元文化冲击下坚守民族文化根基，作为发展中的人，通过班级这一集体环境开展爱国主义教育，营造浓厚的爱国氛围，更能为国家培养有担当、有情怀的栋梁之材，让爱国精神在年轻一代中薪火相传。

一、认知重塑，厚植爱国情感根基

1. 榜样引前行，文化润心田

苏霍姆林斯基曾说："让每一面墙壁会说话。"因此，我充分利用教室空间，打造班级文化墙，彰显爱国元素。一方面，定期展示、更新学生的爱国主题作品，如手抄报、绘画、书法等，让学生的所思所感成为班级文化的一部分；另一方面，张贴爱国主义名言警句，在日常生活中潜移默化地感受爱国精神的熏陶，设置"时代英雄榜"，介绍为国家发展做出贡献的人物，让学生从榜样故事中汲取力量，树立报国之志。

2. 云端汇佳作，指尖播情怀

开学之初，班级成立了微信公众号，并开设"我爱我的国"板块，在学生筛选、教师监督下，定期推送红色故事、爱国影片、国家发展成就介绍等内容，让学生在线上、线下双平台都接触到丰富的爱国教育资源。同时，班级中有一批有热爱、有能力的电子技术小达人，负责制作爱国主题短视频、电子海报。这种数字化的互动方式，不仅增强了学生的参与感和互动性，也让爱国主义教育更加灵动、贴近生活。

3. 课堂育素养，学科融精神

每学期，我会结合传统节日和重大纪念日开展主题活动。例如，清明节通过"缅怀英烈、传承精神"主题晨会，带领学生感受革命先烈的伟大精神；公祭日开展"牢记使命：我与祖国共成长"座谈会，引导学生思考个人与国家的关系。

此外，我还与班级学科教师合作，展开学科融合教育。语文课上，诵读经典作品，感受古人的家国情怀；历史课上，结合中国历史中的重大事件，引导学生理解国家发展的艰辛与辉煌，让爱国主义教育贯穿于学生的学习生活中，成为他们成长的重要养分。

由此，爱国种子已经在学生的心中生根发芽，爱国主义教育也不是空洞的说教，而是融入学生的思维和精神世界，成为他们内化于心、外化于行的精神力量。

二、实践深耕，深植爱国情怀沃土

1. 活动展风采，精神入人心

活动体验是爱国主义教育的关键，通过丰富的实践活动，学生会深化对爱国主义的理解，将情怀转化为实际行动。每学期，结合传统节日和重大活动纪念日，班级都会举办红色文化艺术节，确保"月月有活动、次次都精彩、每每入人心"。例如，在五四青年节，班级会组织"青春与祖国同行"文艺汇演，通过情景剧、朗诵、舞蹈等形式呈现爱国故事；在国庆节，开展"我为祖国绘蓝图"手抄报展览，书写家国之志；在"一二·九"运动纪念日，举办"红色旋律我来唱"合唱比赛，用歌声传唱爱国情怀。此外，班级会在学期伊始开设经典诵读交流会，共读一本爱国主义书籍，并利用班会课、自习课定期开展心得分享会，让学生在阅读中感悟爱国精神，在交流中深化爱国认知。

2. 研学启征程，感悟铸信念

爱国主义教育不应局限于校园，更要延伸至社会。为了让学生更直观地感受爱国主义精神，我班充分发挥社会教育资源的优势，每学期组织多次红色之旅研学活动。例如，带领学生参观梅园新村纪念馆、六朝博物馆、雨花台烈士陵园等，通过实地考察，不仅增强学生的直观感受，更让他们在红色文化的熏陶中坚定理想信念，铸就爱国信仰。

3. 志愿践初心，情怀见行动

认知为先，实践赋能。为了更好地让爱国主义教育落地，每学期，我会组织学生参与爱国相关的志愿服务活动，在实践中践行家国情怀。例如，学生会走进各大红色纪念馆，担任小小讲解员，讲述革命历史；定期参与社区组织的"守护家园"环保活动。学生在承担社会责任的同时，也能深刻体会到“爱国”不仅是口号，更是实实在在的行动。



三、评价体系构建，升华爱国精神

1. 三维量表促成长，全面评价育情怀

为了促使爱国主义教育长效化和常态化，在班级管理中，采用“三维评价量表”，从“文化认同”“责任担当”“实践能力”三个维度，对学生的爱国主义表现进行综合评价。例如，知识竞赛评估学生对传统节日、红色文化的理解与参与度；跟踪考察关注学生在班级活动、志愿服务中的表现；学习报告考查学生在社会实践、红色研学中的主动作为与创新思维。评价方式包括学生自评、小组互评、家长参评和教师点评等。通过这种多元评价体系，学生不仅能够清晰看到自己的成长轨迹，还能在反思中不断强化爱国意识，深化行动准则。

2. 爱国之星树榜样，荣誉激励促行动

为了激发学生的爱国热情，营造比学赶超的班级氛围。班级评比中特别融入了爱国元素，让爱国主义教育成为班级管理的重要一环。班级设立了“爱国星”“文明星”“积极星”等荣誉称号，逐月评选。评选标准包括参与活动的积极性、实践中的表现、对班级的贡献等。通过颁发荣誉证书、在班级文化墙展示优秀事迹等方式进行表彰。这不仅让获奖学生感受到成就感和荣誉感，也激励其他学生积极参与，形成你追我赶的良好氛围，强化爱国主义教育。

以文化浸润作为厚重底色，促使将爱国主义教育融入学生的成长全过程，运用创新实践作为灵动笔墨，才能成为滋养学生爱国精神的源头活水，凭借“认知—体验—评价”三维一体的育人模式，终能助力学生爱国主义素养的达成，书写出属于新时代的壮丽爱国篇章。

**专家点评：**

爱国主义教育是落实立德树人根本任务的关键路径，其本质在于通过价值引领与实践浸润，培育学生对国家的政治认同、文化归属与使命担当。班主任要突破知识传授的表层逻辑，如将爱国主义教育深度融入学科教学与日常活动，用好革命遗址、历史影像等具象化的红色教育载体，构建家校社联动机制以协同育人等，完善“认知—情感—行动”育人闭环，实现从价值体认到精神内化再到实践外化的有机转化。

## 第三节　如何进行同伴交往指导？

### 一、民主意识与规则认同

**情境一：**班级有重要活动，班会上决定用民主投票方式选定班服款式，共有两种款式供选择：一款是休闲的polo衫，另一款则是略正式的衬衫。投票结果揭晓，衬衫款式以三票之微胜出。可是，当宣布结果时，几个男生先是窃窃私语，随后情绪愈发激动，竟公然站起质疑投票公正，要求重新投票，并煽动选择polo衫的学生一同反对，同学们的讨论一时陷入了僵局。

**看法一：**

#### 共赴一场不以“僵局”结束的民主

南京市五老村小学　方雨琳

一、民主：自我意识的觉醒

当班级决定以投票方式选定班服时，这本身就是一堂生动的民主启蒙课。根据皮亚杰的认知发展理论，小学高年级至初中阶段的学生正处于思维发展的关键期，开始从具体形象思维转向抽象逻辑思维。他们渴望被当作独立的个体对待，对“公平”“参与”等概念变得异常敏感。选择班服的过程，本质上是一场关于权利与责任的实践教育：学生既期待自己的选择被尊重，又需要学会在集体中寻找共识。

投票结果揭晓时，衬衫以三票优势胜出。这本是民主的正常结果，

方雨琳，任班主任10年，曾获长三角班主任基本功大赛一等奖。

却引发了部分学生的激烈质疑。表面看是几票之差引发的争议，深层里折射出青春期特有的心理矛盾——他们既追求自主决策的权利，又尚未完全理解民主决策的规则与智慧。那个站起来质疑的男生，或许并非真的怀疑程序不公，而是无法接受自己支持的款式落选。这种矛盾恰恰是成长的必经之路：当个体意志与集体选择发生碰撞时，正是培养公民意识的珍贵契机。

二、质疑：成长的阵痛与契机

质疑本是推动民主深化的动力。教室里的这场风波，同样可以成为教育的转折点。那些激动的质疑声背后，藏着学生对“公正”最原始的追求：他们想知道选票是否被准确统计，担心教师暗中干预，更害怕自己的声音被多数人的欢呼淹没。

心理学研究表明，12—15 岁的青少年对公平的敏感度达到峰值，但理性处理矛盾的能力尚不足。这解释了为何质疑会迅速演变为情绪宣泄。当几个男生开始“煽动”支持 polo 衫的同学时，反映出他们尚未学会用建设性方式表达异议。民主教育不能止步于投票环节，更需要教会学生如何优雅地接受失败，如何理性地提出异议。

三、破局：在对话中重建共识

有一种教育智慧是：既承认情绪的合理性，又用规则为失控划定边界。面对沸腾的教室，班主任可以先稳定大家的情绪，静立讲台以目光平复躁动，邀请学生复述争议焦点，最后用“我们共同解决”化解对立，搭建起平等对话的平台。

当学生情绪平复后，真正的教育才刚刚开始。此时不宜轻易推翻投票结果，但可以带领学生重新审视决策过程：是否每位同学都清楚选择标准？唱票环节是否足够透明？统计的票数数值是否准确？是否有违规拉票的行为？当学生可以将心中的质疑表达出来，并催生出更完善的规则时，他们收获的不仅是问题的解决，更是对民主精神的深刻理解。这种从“对抗”到“共赢”的转变，让学生体会到民主不是非此即彼的选择，我们要努力成为“优雅的失败者”与“克制的胜利者”。

四、公正：看得见的规则与温度

曾有人做过调查，学生最信服的教师特质中，“处事公平”居首位。教师权威的重构，则是公正实现的关键枢纽。

教育场域中的公正，需要同时具备刻度与温度。班主任可以将“罗伯特议事规则”引入班级治理：每次表决前，由学生起草《议事章程》，明确发言时长、质疑程序、复议条件等细则。持反对意见的学生依据章程第三条发起“黄金反对票”动议，经全班辩论后修订预算方案。这种制度设计的神奇之处在于，它将“多数决”的冰冷转化为“共决制”的温度，让每个声音都获得被聆听的尊严。制度的刚性需要人性的柔光来调和。班级可以增设匿名建议箱，当最安静的学生发现自己的需求也能被尊重时，他们理解的公正便超越了简单的“少数服从多数”。

十年后，或许无人记得当年选择的究竟是衬衫还是 polo 衫，真正的民主精神不在于永远正确的选择，当学生能平静地说出“我不同意你的观点，但誓死捍卫你发言的权利”时，我们便收获了比任何班服都珍贵的成长勋章。

**看法二：**

## 在挫折体验中，实现学生由“自我中心”到“社会人”的认知跃迁

南京市金陵中学　张晓影

此次事件的本质是青少年社会化过程中的必要挫折体验，班主任应把握教育契机，将其转化为培养规则意识、理性精神和集体责任感的活教材，帮助学生在实践中完成从“自我中心”到“社会人”的认知跃迁。最终目标不在于平息某次班服争议，而是锻造学生未来参与社会公共生

---

张晓影，任班主任 8 年，曾获江苏省班主任基本功大赛二等奖。

活的核心素养。

一、“民主”与“自主”的认知偏差

1. 民主精神的误解。该情境中提到班级有重要活动，班会决定用“民主投票”的方式，将决定权交到学生手中，让每位同学都有“参政议政”的权力，那么在投票结果公示之后，所有学生就应该接受并尊重投票结果。然而，部分学生却未能理解民主决策的核心在于尊重既定程序，错误地认为“民主”就等同于“自主”。当结果不符合预期时，质疑程序而非反思自身立场的合理性，暴露出对制度性决策的信任缺失，对民主精神的误解。

2. 契约精神的缺失。集体投票本质是社会契约的雏形，学生需明白参与即意味着接受可能不利的结果。部分学生表现出的“赢家心态”（只接受有利结果）与“输家破坏”行为，折射出责任意识的薄弱。如果质疑投票的公正性，可以建议班级将投票过程更加透明化地呈现给大家，若投票、计票的过程没有问题，同样的，参与者就应该接受投票结果。但是该情境中，几名男生要求重新投票，并且煽动其他选择 polo 衫的同学一起反对，这明显没有遵守最初的约定，班级既然给了学生“民主”，那么学生就要遵守契约精神，具备契约精神是学生从“自我中心”走向“社会人”的基本要求。

二、“感性”与“理性”的失衡扩散

1. 情绪管理与理性表达的失衡。该情境中几个男生窃窃私语，随后情绪愈发激动，这说明这些学生在面对不是自己想要的投票结果时，不能很好地控制自己的情绪，没有通过理性的方式与班委、班主任进行沟通，而是随意释放自己的情绪。男生群体激烈的反应可能源于青春期特有的冲动性，但更深层反映出理性沟通能力的不足，他们将不同意见转化为对抗性行为，说明缺乏建设性对话的训练。

2. 个体到群体负面心理的扩散。情境中个别学生的煽动行为引发了群体情绪共振，暴露出班级一些同学独立判断能力的欠缺，存在盲目从众的心理，这种“从众式反对”实质是逃避独立思考的责任。而个体负面情绪一旦带动其他同学形成更大的群体方面情绪，将产生更为严重的负面效应：一方面，班主任与班委的公信力将遭受重创，班级管理权威受到挑战；另一方面，班级内部的信任结构和合作氛围也会被破坏。

三、“个体意志”到“集体表达”的价值观升级遇阻

1. 价值观排序的冲突。情境中的部分学生不顾集体，随意表达自己的不满情绪，实际是价值观排序的冲突。学校教育强调集体主义精神，将集体价值置于优先位置，有助于学生更好地适应社会。每位同学在班级事务的决策中都有表达自己建议的权利，但是在集体中更重要的是集体表达。在提倡个性发展的社会背景下，很多学生没有真正接受集体主义观念，对投票结果不满的同学以及选择 polo 衫的学生将个人偏好凌驾于集体决策之上，反映出个体与集体利益平衡能力的不足，需要教育者引导学生理解“合理妥协”不等于放弃个性，而是更高层次的社群智慧。

2. 价值观升级机制的不完善。集体主义价值观的培养并非一蹴而就，而是通过各种班级事务，运用合理的制度保障，尽可能保障学生想法的充分表达，为学生提供价值观的升级路径。情境中提到，以三票之差引发的争议提示前期协商不足，德育应强化“充分讨论—明确选项—投票决策”的完整流程教育，避免因机制不完善引发矛盾。

总之，此事件本质反映了学生民主能力成长中的阵痛，通过引导其理性审视程序、管理情绪、积极沟通，可将其转化为培育规则意识与集体精神的宝贵契机，最终推动班级从“群体”向“道德共同体”进阶，实现学生由“自我中心”到“社会人”的认知跃迁。

**做法：**

## 破班级争议　促生生交往

南京田家炳高级中学　瞿雯

运动会前，教室里正进行班服款式民主投票，黑板上，休闲 polo 衫与正式衬衫的图案格外醒目。同学们围坐思考后，纷纷投出手中的票。唱票结束，班长宣布衬衫以三票优势胜出。刹那间，教室热闹起来，几个男生交头接耳，满脸不满。一个男生猛地起身，拍桌质疑投票有问题，要求重投，还煽动其他同学一起反对。众人附和，教室里瞬间乱成一团，班会陷入僵局。针对上述问题，需从班级交往模式入手，构建长效解决机制。

一、完善对话机制，构建情绪疏导的系统网络

生生交往中的矛盾升级，往往源于情绪表达渠道的阻塞。投票争议中，学生从窃窃私语到公开抗议的演变，本质上是一种被压抑的表达需求通过非理性方式释放的结果。为此，需建立多层次的对话平台：班主任需定期组织开放式班会，设置匿名议题收集箱，筛选出学生真实关切的班级事务进行专题讨论；在具体争议场景中引入"结构化辩论"，要求参与者先完整复述对方观点，再提出自身立场，以此打破预设立场导致的沟通壁垒；同时建立"同伴调解梯队"，选拔具有同理心与沟通能力的学生接受基础调解培训，使其能够介入日常摩擦的初期阶段。

这种沟通机制不仅能在矛盾发生时及时疏导学生的负面情绪，让学生通过有效渠道宣泄不满，避免情绪积压。更重要的是，它能融入学生日常的值日分工、课堂合作、活动策划等场景中，让学生逐步养成"表达—倾听—协商"模式，把对抗性思维转变为建设性对话能力，学会理性沟通，共同解决问题，为营造和谐班级氛围助力。

瞿雯，任班主任 11 年，曾获江苏省班主任基本功大赛一等奖。

二、推进规则共建，塑造程序正义的集体信仰

民主决策的脆弱性在于规则漏洞对公信力的侵蚀。班服投票中，学生对结果的质疑本质上是对规则模糊性的不信任。破解这一困局的关键在于让学生成为规则的共同建构者。学期初，班主任可组织班级立法会议，将校规、班规转化为可讨论、可修订的具体条款，例如通过小组提案、全班辩论、投票表决的方式确定“班级重大事务决策流程”；在具体事务决策中实行“双轨制民主”，如班服选择需经历“设计方案征集—可行性筛选—公投公示”三个阶段，避免简单多数决导致的群体撕裂；对于争议性结果设置弹性处理机制，如 3 票微小差距需触发补充协商程序，由双方代表共同拟定妥协方案。

当学生亲身参与卫生值日制度制定、自习纪律公约修订、班费使用监督等日常规则的创设时，程序正义将从抽象概念转化为具身体验，学生也将从“规则的被动遵守者”转变为“规则的主动捍卫者”。

三、深化文化浸润，培育共同体意识的价值根基

班级冲突的深层症结在于集体认同的缺失。当个体将“自我偏好”置于“班级形象”之上时，任何决策都可能引发班级对抗。破解这一困境需要重塑班级的文化符号系统：将争议事件转化为集体记忆的组成部分，例如将班服选择的全过程（包括冲突与和解）纳入班级成长档案，配以学生当时的观点陈述与反思日志；设计跨群体协作的创造性任务，强制混合不同兴趣圈层的学生共同完成班级文化墙设计、校庆节目编排等项目，通过共同创造消解刻板印象；引入“拼图理论”“航船隐喻”等教育意象，在班会中探讨“个性与共性”“自由与责任”的辩证关系，将抽象价值观转化为学生可感知的话语体系。

这种文化浸润并非短期工程，但当学生在自习纪律管理、赛事名额分配、课外活动组织等日常场景中反复体验“共同体”的具象化存在时，便会逐渐形成“超越小我，成就大我”的思维自觉，将个人成长与班级发展紧密相连，助力构建积极的班级文化。

### 四、激活同伴联结，编织情感互惠的支持网络

生生交往的最高境界，在于使学生成为彼此成长的资源。班级中天然存在的非正式领袖（如人缘极佳者、逻辑清晰者、创意突出者）往往具有教师无法替代的影响力，需在争议解决中引导其发挥建设性作用。在班服投票复盘会上，邀请这些“隐性权威”客观分析双方立场的合理性，其观点往往比教师说教更具穿透力；构建“学业互助链”“情绪支持站”等自组织网络，让学科优势者辅导困难同学，让善解人意者倾听同伴烦恼，使知识传递与情感联结同步发生；创设“闪光时刻”共享仪式，每周由学生匿名书写对同伴的观察与感谢，经班主任整理后在班会中朗读。这种持续的正向反馈机制，能够逐渐消解对抗性思维，使学生在日常借物、小组合作、活动策划中形成“互助利他”的条件反射。当同伴间的善意流动成为班级生态的底色时，个体分歧便难以升级为群体对立。

总之，班服争议的解决不应局限于平息一场风波，而应成为重构班级生态的转折点。当对话机制消解了情绪暴力、规则共建巩固了程序信仰、文化浸润凝聚了集体人格、同伴联结激活了交往善意时，班级便从“被管理的组织”进化为“自生长的生命体”。在这种生态中，学生收获的不仅是某次投票的结果，更是一种可迁移的社会能力——如何在差异中建立连接，在分歧中创造可能。这种能力，终将超越校园围墙，成为他们应对未来社会复杂挑战的底层素养。

## 二、同伴关系与情绪管理

**情境二：**在学校组织的篮球赛中，场上队员由于身体冲撞而发生口角，继而引发两个班级学生间的敌对情绪。裁判员、双方班主任及时制止，比赛继续。但当比赛结束后，输球一班的某队员对另一方队员出言不逊，两个班级的对立势头越发严重，甚至有男生跃跃欲试想要通过武力解决问题……

**看法一：**

## 情绪之舟，驶向和谐校园的彼岸

南京市五老村小学　章爽爽

校园篮球赛作为集体竞技项目，不仅锻炼学生身体素质，还增强团队协作能力。然而，比赛中情绪波动和小摩擦时有发生，若处理不当，可能升级为冲突。

一、冲突溯源：多维矛盾的系统解构

在某校篮球赛中，队员间的冲撞与口角引发了班级间的敌对情绪。这一事件的发展涉及竞争压力、情绪管理、群体效应及成人监管等多方面问题。学生因胜负心强，在遭遇挫折时难以控制情绪，部分学生缺乏必要的调节能力，导致矛盾升级。个别失控行为被群体接受并放大，形成“我们对抗他们”的对立心理，冲突不断扩散。成人监管的不足也加剧了问题，现场虽及时制止冲突，但赛后未有效疏导，错失解决最佳时机，矛盾发酵，出现暴力倾向。

二、能力现状：情绪管理的现实困境

1. 情绪管理能力现状

学生心理状态独特且多变，易受外界影响。《中小学生心理健康教育指导纲要》强调要增强青少年情绪调控能力。篮球赛中，学生因比赛结果、队友表现或裁判判罚等因素情绪波动，引发冲突或消极行为，是情绪问题的直观体现，学业负担、人际关系、家庭环境等都能成为其主要诱因。长期面临负面情绪可能导致学生失去生活热情，出现自我否定和逃避现实的倾向。

2. 影响情绪管理能力的因素

（1）学校与教师：教育理念、课程设置等都会影响学生情绪管理能力的培养。学校重视心理健康教育，提供情绪管理课程和培训，有助于

---

章爽爽，任班主任 15 年，南京市德育优秀青年教师。

提升学生能力。

（2）家庭环境：家庭氛围、教育方式、亲子关系对情绪管理能力有深远影响。和谐的家庭氛围、积极的亲子沟通、父母的正面示范都有助于学生形成良好的情绪管理能力。

（3）同伴关系：良好生生交往促进学生理解与支持，缓解情绪压力；不良交往加剧矛盾冲突，不利于能力培养。

（4）个体特质：学生性格特质、认知水平、情绪调节策略是情绪管理能力的核心。开朗的性格和科学的调节方法能帮助学生应对情绪挑战。

3. 情绪管理能力不足的后果

篮球赛中，情绪管理不足会导致暴力事件、处分等后果。情绪管理能力不足的学生，面对挑战难以保持冷静，易产生冲动行为，损害个人形象，破坏人际关系，对个人发展产生负面影响。同时，导致心理健康问题，严重影响生活质量。

三、教育重构：素养培育的实践意义

1. 优化生生交往的核心能力

情绪管理是构建良性交往关系的关键能力。通过控制情绪冲动，学生能冷静分析问题本质，避免误解升级为冲突。例如，篮球赛中情绪管理能力强的学生会主动暂停争议，以沟通替代对抗，重建班级信任。这种能力还体现在同理心的培养上：当队友失误时，学生选择鼓励而非指责，从而提升团队凝聚力。面对不可避免的冲突时，情绪管理能引导学生通过角色互换、利益权衡等策略，寻找双赢解决方案，维护关系稳定。

2. 维护校园生态的关键保障

情绪管理直接影响校园安全与教育质量。国家“双减”政策通过减轻学业压力降低情绪失控风险，而学校需同步建立情绪监测机制，将课堂、篮球赛等场景转化为训练场域。针对比赛中暴露的情绪调节短板，通过情景模拟、认知重构等系统性培训，学生冲突化解能力显著提升。数据显示，接受专业训练的学生冲突发生率下降 42%，证实情绪管理既是预防校园暴力的防护网，也是保障教学秩序的基础条件。

3. 促进个体发展的内在动力

教育心理学研究表明，情绪管理能力是心理成熟的标志。在高压情境（如赛事失利或遭遇挑衅）中，学生运用深呼吸、积极暗示等方法调节情绪，又通过赛后沟通修复关系。这种能力迁移至学业与职场后，可提升抗压能力与问题解决效率。更关键的是，情绪管理促使学生从依赖外部约束转向自我管理，其与心理韧性呈正相关，为个人的终身发展奠定心理基石。

校园冲突的本质是情绪教育的契机。通过构建“课程渗透—家校协同—场景实践”的全链条培养体系，将情绪管理转化为学生可持续发展的核心素养，为构建和谐校园生态提供长效保障。

**看法二：**

## 集体活动建构生生交往的良好生态

南京市金陵汇文学校中学部　戴伟

《中小学德育工作指南》明确规定，初中阶段的德育目标包含帮助学生理解基本的社会和道德规范，树立规则意识，并培育尊重他人、善于合作等良好品质。在校园篮球赛中，因身体接触引发的班级间对立情绪是青少年成长过程中常见的群体冲突现象。这类冲突反映了青少年在规则遵守、团队合作和情绪控制等方面的实际发展状况。因此，教育应当积极引导这些冲突的合理处理，助力学生社会能力的全面提升。

一、问题聚焦：冲突背后的教育盲点

1. 规则意识与体育精神的缺失

篮球赛作为一项集体活动，其核心价值在于培养竞争中的合作精神以及对规则的尊重。尽管学生们知晓篮球赛的基本规则，但尚未真正内

---

戴伟，任班主任 9 年，江苏省班主任基本功大赛二等奖。

化“尊重对手”和“接纳判罚”等体育伦理观念。比赛中，学生因冲撞而发生口角的现象，反映出他们对竞技规则的理解仅停留在表面，未能深刻领会“尊重对手、服从裁判”的体育精神，未能将规则意识有效转化为交往文明的自觉行为。

2. 班级凝聚力与集体荣誉感的错位

班级对抗赛过度强调本班级荣誉，将集体凝聚力简化为击败对手，导致学生将竞争对手视为敌对群体，而非共同成长的伙伴。这种认知错位在赛后辱骂行为中达到顶峰，说明本次篮球赛未能有效传递“竞合共生”的理念。班级间对立的升级，说明部分学生将集体荣誉认知为“输赢对立”，忽略了团结协作和包容理解。这种的荣誉感错位加剧了非理性竞争，削弱了集体活动的教育价值。

## 二、关键视角：重塑集体活动交往的教育价值

集体活动是学生适应社会生活的重要实践场所。学生可以通过集体活动提升交流、合作、学习社会规则和交往的能力。在集体活动中冲突是不可避免的，但同时也是教育的契机。老师可以引导学生学习解决矛盾，培养沟通、情绪管理和批判性思维能力。冲突可转化为促进学生社会化进程的资源。

1. 强化规则教育

通过具体冲突案例，重申体育规则和校园交往规范，明确学生行为边界。体育规则既能保障比赛公平、顺利进行，还能帮助学生学会尊重和控制情绪。比赛中的一些行为虽非故意，但也应该提醒比赛中需注意动作，避免不必要伤害。校园交往规范对维护校园和谐至关重要。冲突中，双方易情绪激动，说出过激言论，容易引发严重矛盾。因此，学校应加强体育活动中的交往规范教育，引导学生保持礼貌、尊重，冷静处理冲突。

2. 重塑集体认同感

通过一系列精心设计的措施，将班级的凝聚力从原先的“对抗外班”这种竞争性导向，逐步转变为“内部协作”的合作性导向。例如，可以

在各类比赛结束后，组织跨班级的友谊交流活动。通过这些活动打破班级间的隔阂，增进学生之间的了解与信任，从而促进班级之间的互动，营造一个和谐、团结的校园氛围。

三、结语

篮球赛冲突是生生交往过程的“试错”体验。老师应以包容心态面对此类问题，并通过规则引导、情感共融及实践活动，帮助学生将冲突转化为理解尊重、管理情绪、深化协作的成长资源。唯有如此，集体活动才能有效发挥塑造健全人格、促进生生交往的育人功能。

**做法：**

## 以赛育人：班级篮球赛的成长进阶之路

南京市第九中学　单皖苏

篮球赛本应是学生挥洒青春、凝聚班魂的绝佳契机，却因频发的矛盾冲突成为班主任的隐忧。裁判的争议判罚、球员的肢体碰撞、观众的过激呐喊，都可能成为点燃矛盾的导火索。为此，我从三方面提前介入，将危机化解于萌芽状态。

一、走进博物馆，重塑价值认知

习近平总书记在和奥运健儿交流时说过，“竞技场上强手云集。成绩不仅仅在于能否拿到或拿到多少块奖牌，更在于体现奥林匹克精神，自强不息，战胜自我、超越自我。”而高中生往往只看到眼前的输赢，对比赛的规则缺乏敬畏，这样的认知偏差亟需修正。因此，我策划了“参观体育博物馆，探寻体育精神之源”的活动。

作为家门口的文化地标，南京奥林匹克博物馆深受同学们的青睐。很多同学第一次走进，看到了中国运动员在奥运历史上从无到有的突破，看到了 2014 年南京青奥会的全城沸腾，更看到了默默无闻处拼搏努力的

单皖苏，任班主任 6 年，曾获江苏省班主任基本功大赛二等奖。

运动员们的身影。恰逢北京冬奥会的举办，有同学在活动反思中写下：

这次冬奥会我记住了许多冠军的名字：谷爱凌、苏翊鸣……他们的优秀让我骄傲，但同时也觉得十分遗憾，中国队派出了176人，能够被记住的也只有他们。可我觉得没能站上领奖台的运动员们一样伟大，其奋进身影同样闪耀着体育之光。

在活动总结的班会课上，同学们不再将体育精神视为空洞抽象的概念。他们在参观过程中的所见、所闻、所感，如同点点繁星，照亮了他们对体育精神的全新认知：团结一心，顽强拼搏。这八个字，也顺理成章地成为我班篮球赛的响亮横幅，激励着每一位同学。

二、组建议事厅，预判冲突情境

由于缺乏人际交往的经验和问题解决的能力，高中生在遇到冲突时往往不知所措。为此，我在班级成立“赛事议事厅”，以情景推演的模式，将冲突化解的主动权交还给学生，让危机预警成为班级共同体的智慧结晶。

议事厅成员由班长、体育委员、心理委员及学生代表组成，同时邀请老师加入，形成多视角观察网。首次议事会上，我们总结出情绪点燃三阶段：质疑、对峙、爆发，并用思维导图梳理冲突中各角色的责任边界。最后，在体育老师的指导下学习了“暂停比赛、隔离沟通、公开说明”这一标准化流程。

在班会课上，议事厅成员将处理流程进行说明，并成立了冲突解决委员会，包括“观众疏导组”“球员降温组”“对外沟通组”。同学们积极报名，并针对球场上3个常见的冲突情境，包括质疑裁判、辱骂对手和喝倒彩，进行演绎和处理。心理老师对学生的应对表现进行了复盘和点评，让潜在的危机在演练中显露无遗。

议事厅的自主管理模式，让同学们在共商共治的过程中，积极主动地思考、解决问题，逐步构建起了系统的人际交往知识体系和高效的冲突解决能力结构。

三、搭建情绪屋，赋能情绪管理

篮球赛的热血沸腾与情绪激荡如同一枚硬币的两面，如何让学生在激情中保持清醒，则成为关键。为此，我利用接待室，布置了一个情绪屋，将情绪管理转化为可触摸、可实践的行动。

情绪屋分为三个区域："放松区"配备舒适座椅与解压玩具，帮助学生驱散焦虑；"释放区"设有涂鸦板与情绪信箱，让学生用色彩或文字表达内心；"学习区"陈列情绪管理书籍，提供理论指导。情绪屋从最初的构思到最终的布置完成，凝聚着我和同学们的共同心血。大家精心呵护着屋内的绿植，还不时添加自己心爱的摆件、抱枕。渐渐地，情绪屋不再仅仅是一个简单的空间，它已然演变成了整个班级的"心灵防空洞"。在这里，同学们逐渐学会了正视自己的情绪，坦然接纳情绪的起伏变化，掌握了一系列有效的情绪调节方法。这不仅助力他们在激烈的篮球赛中始终保持冷静，发挥出最佳水平，更为他们今后应对学习的压力和生活的挑战，积累了弥足珍贵的情绪管理经验。

从博物馆的精神启蒙到议事厅的理性建构，再到情绪屋的自我觉知，这场篮球赛早已超越输赢，而学生学会的也不仅仅是如何面对一场篮球赛，更是如何在人生的赛场上，与情绪共舞，与挫折和解。

**专家点评：**

在班级管理的"生生交往"主题中，我们应深刻认识到，生生之间的互动与合作是培养学生社会责任感和集体意识的重要途径，其质量直接影响学生社会化进程与集体人格的形塑。上述情境均反映出学生在处理同伴关系、情绪管理和规则遵守方面的不足。作为班主任，在班级管理中要有意识地在"理性对话""规则认同""集体归属感"上下功夫，当班级从管理客体转化为自组织生态，学生便能在此过程中完成从个体理性到公共理性的进阶，最终实现"道德共同体"的育人理想。

## 第四节 如何做好社团活动指导？

### 一、社团管理与活动组织

**情境一：** 学生辩论赛要开始了，马老师根据队员特点选拔了4位同学参赛，并分配辩位。小王同学逻辑清晰、反应敏捷，自认适合三辩（攻辩位），却被分配为一辩（立论位）；小李同学认真准备两周，却因“经验不足”被列为替补队员。小王在社团群发信息：“能力不被认可，不如退赛！”小李也联合其他替补队员消极应对，原定三辩的同学因压力过大申请退出……辩论赛眼见着就要开始了，马老师陷入了两难。

**看法一：**

#### 社团活动中师生的角色定位与认同

南京师范大学附属中学　昌晶

一、问题分析

辩论赛筹备过程中，老师根据学生特点选拔人员并分配辩位，因为缺少充分沟通导致了部分学生的消极情绪。这一问题源于活动中师生角色定位的差异和角色认同的偏差。

二、角色理论

1. 教师角色定位与认同

教师在活动中要明确自身定位，既不能包办代替，也不能撒手不管。根据教育部发布的《中小学综合实践活动课程指导纲要》，在活动中“教师既不能‘教’综合实践活动，也不能推卸指导的责任，而应当成为学生活动的组织者、参与者和促进者”。具体说来，在活动准备阶段，“要让学生积极参与活动方案的制定过程”“提高学生的活动规划能力”；在活动实施阶段，教师要“帮助学生找到适合自己的学习方式和实践方式”。

昌晶，任班主任11年，曾获江苏省班主任基本功大赛一等奖。

总之，教师的定位应是激励者、启迪者、点拨者和引导者。

2. 学生角色定位与认同

学生在社团中要发挥自主性，成为社团活动的策划者、实践者和反思者，同时也要发挥协作性，成为团队行动的支持者。这一既有能动性又有规范性的角色特征在社会角色理论中属于规定型角色，笔者在《社会学概论（第6版）》中找到相关描述：其行为的“权利、义务有较明确的规定，不得随心所欲地自由发挥”。与之相对的是开放型角色，即“对行为规范没有明确的、严格的限制，承担者有较多自由和发挥余地”。“小王们”和“小李们”的消极情绪也反映了他们过分强调了个人角色的开放性特征，忽略了团队角色的规定性特征，从而导致认同感缺失。

三、解决策略

1. 加强师生沟通，明确角色定位

基于社会角色理论，师生在集体活动中的角色定位差异可归因于角色间和角色内的双重冲突。《社会心理学（第2版）》中有相关表述：“角色间冲突往往与对不同角色提出不同的甚至矛盾的要求有关，个人不能同时满足所有这些角色要求。角色内冲突通常与不同群体对同一角色的体现者提出不同的要求有关。”具体而言，活动中教师通常更注重活动的效率和集体的荣誉，而学生更重视活动的体验和个人的荣誉，其中的差异导致部分参赛学生陷入角色定位的冲突中，师生的矛盾也因此而起。

这一问题可通过活动准备阶段的充分沟通予以有效规避。鉴于不同活动在形式与内容上存在差异，不宜简单套用既往经验，而需要在每次活动前通过学生代表会议、个别谈话或班会讨论等方式，就活动目标和实施方案进行充分协商。教师需明确学生的主体地位，了解其需求；学生也应认可教师的引导作用，听取其建议。

2. 关注活动过程，推进角色认同

辩论赛虽然有输赢，但活动育人价值的实现关键在于过程性引导，这需要教师超越简单的任务分配，构建“观察—调整—总结”的过程性反馈机制，肯定学生的行为而非结果。以辩论赛为例，教师可通过结构化观察（活动定期反馈表）与非结构化观察（个别谈话）及时掌握学生活动状态，根据活动进展和学生反馈调整支持计划，如设立辩位轮换制，成立辩手智囊团等。辩论赛结束后，教师可以通过活动总结肯定学生的每一份贡献。这种过程导向的育人模式能够让学生在活动中接受角色的变化，在被需要和被肯定中不断确认自我价值，进而获得角色认同感。

3. 构建和谐氛围，凝聚角色合力

班级活动作为集体教育的重要载体，其育人效能取决于目标设定与角色分配的适配度。教师需以系统思维规划活动，避免将活动异化为个人秀场，而应着力构建全员参与的和谐生态和共同生长的班级氛围。在辩论赛前教师需要和学生明确活动目标，并确保包括辩手在内的每位成员都有具体的职责与贡献，如资料整理、模拟辩论、服装设计和拍照摄影等。这种全员参与的活动方式不仅能消解个人主义，更能使班级真正成为情感共同体与成长共同体。角色合力便在协同运转中自然生成。

多一次沟通，就多一些理解；多一分用心，就多一些参与；多一点看见，就多一些认同。当不同角色在协作中共振，社团活动便超越了胜负输赢，成为滋养成长的鲜活课堂。如此，社团活动的育人功能才能真正落地生根。

**看法二：**

## 社团管理：化解矛盾，成就人才

南京田家炳高级中学 瞿雯

2017年教育部发布的《中小学德育工作指南》明确提出，学校要开展有益于学生身心发展的实践活动，不断增强学生的社会责任感、创新精神和实践能力。其中，学生社团活动作为中学阶段一项重要的课外活动，

---

瞿雯，任班主任11年，曾获江苏省班主任基本功大赛一等奖。

不仅是能力培养的多元熔炉，更是德育实践的重要平台。

模拟情景反映了学生社团活动中常见的组织与管理矛盾，其核心问题可归纳为以下四点：角色分配错位、经验主义失衡、心理支持缺位和团队信任缺失。首先，小王自认适合三辩却被分配为一辩，体现了因缺乏双向沟通导致的教师决策与学生自我认知的冲突。其次，小李因“经验不足”被列为替补，反映了选拔机制中对短期表现的过度依赖，忽视了努力、潜力与成长性。此外，原定三辩因压力过大退出，暴露了团队心理支持的薄弱，最终演化为成员流失。最后，小王公开质疑分配结果、替补队员联合消极应对，折射出团队内部信任危机。这些问题暴露出“活动育人”理念与执行脱节的困境：德育目标虚化、学生主体性被忽视、动态管理不足。教师需以沟通化解角色冲突、以公平选拔激发潜力、以心理支持缓解压力、以协作任务重建信任，方能实现“立德树人”的本质诉求。因此，社团教师在活动组织过程中应重视以下四点。

一、角色分配透明化：尊重个体差异与团队需求

在组织学生社团活动时，角色分配需兼顾个体能力与团队目标。许多学生在社团活动中由于角色分配不合理，导致无法发挥自身优势，进而产生消极情绪。比如在辩论社中，若将擅长逻辑分析的学生安排去负责开场陈词，而让表达能力强的学生做幕后资料收集，就会使双方都难以在活动中收获成就感。社团教师可通过“角色体验日”或模拟活动，让学生尝试不同岗位，理解分工的价值。这一机制不仅减少因角色错位引发的矛盾，更能激发成员的责任感与归属感，同时也在潜移默化中培养学生的团队合作精神。

二、选拔机制优化：平衡经验、潜力与努力

社团选拔机制的公平性直接影响学生的积极性和团队凝聚力。在实际社团活动中，应避免“经验至上”的单一标准，否则很多有潜力但缺乏经验的学生会被拒之门外。以舞蹈社为例，社团老师可将选拔分为基础考核（如基本功）与潜力评估（如学习态度、创新思维），并为新成员设置“见

习期”，通过阶段性目标（如掌握指定舞蹈片段）争取正式资格。对于替补成员，可定期组织“社团开放日”，邀请其参与小型演出或活动策划，通过实际表现获得认可。此类动态选拔机制既保障了公平性，也为不同成长阶段的学生提供机会，培养了学生公平竞争的意识，同时也让他们学会了尊重他人的努力和进步。

三、心理支持强化：构建压力管理与情绪疏导机制

在一些社团竞赛中，学生面临巨大的压力，可能会因为一次失败就一蹶不振。因此社团活动开展的同时，也要兼顾学生的情绪管理和指导。例如，辩论队可设立“辩论 + 心理双导师制”，开发“压力温度计”可视化工具，队员每天用不同颜色的磁贴匿名标注心理状态，当高压状态超过预警线时自动触发团体辅导。同时，可创新性地设计“压力转化工作坊”，将抽象的焦虑情绪具象化为“压力怪兽”，帮助学生掌握压力转化技巧。通过这些心理支持，社团活动可成为学生锤炼心理韧性的实践场域，不仅有助于学生保持良好的心态，更是挫折教育的生动实践。

四、团队协作提升：建立信任与高效沟通的文化

社团凝聚力源于成员间的深度联结。在团队合作中，成员之间缺乏信任往往导致任务无法顺利完成。以志愿服务社团为例，社团老师可设计“任务闯关”活动：如分组完成社区调研、策划公益项目，并通过阶段性复盘会共享经验；在文学社中，采用“协作创作”模式，让成员轮流续写故事，最终形成完整作品。通过这些举措，同学们既能清楚表达自身想法，也能理解他人思路，执行任务时，责任感得到增强，亦会全力克服困难。这种基于信任的协作文化，让社团成为提升学生社会化能力的实践平台，为学生融入社会奠定基础。

在学生社团活动中，通过科学的管理和人文的关怀，不仅能够化解眼前的危机，更能为学生的全面发展奠定坚实基础，培养出既有能力又有担当的新时代青年。

做法：

## 以集体活动之钥，解辩论矛盾困局

南京市中华中学附属小学　戴琰

学生辩论赛即将开始，作为班主任，我根据队员的特点选拔了4位同学参赛，并分配了辩位。然而，分配结果与部分同学心中的预设产生了差距。不少同学认为自己的能力与才华未能得到充分彰显，导致他们对辩位分配产生了不满。随着辩论赛的临近，同学们在辩位误差和竞争压力的双重影响下，显得焦躁不安，无法集中心神。

针对上述现象，我从以下三个方面进行集体活动建设，开展社团活动。

一、及时沟通，明确角色定位

《中小学德育工作指南》提出，德育工作应当“符合中小学生年龄特点、认知规律和教育规律”。辩论赛是以言语表达为形式，以公开、对抗的姿态进行说理和自我表现的团队竞争，更是培养学生思辨能力、团队协作与抗压能力的有效德育活动。情境中采用的传统替补制度，忽视了学生的情感需求与成长赋能。可见，在进入辩论赛前，系统的角色考量与分工定位是必不可少的。

为确保每位学生都能在适当位置上依据自身需求与能力主动参与、充分体验，我着重把好能力评估与角色选拔的关卡。在分配角色之前，我与每位参赛学生进行了深入沟通，了解他们对辩位的期待和自我认知。紧接着，组织学生以自评与互评的方式开展个人素养测试，帮助学生明晰自己的特长倾向，发觉自身的优势不足。例如，有的同学逻辑思维能力强，适合担任一辩或四辩；有的同学表达流畅、反应敏捷，适合担任二辩或三辩。当然，在选拔辩论团队成员时，除去辩论技能与过往经验，还需要从学生的沟通交流能力、问题解决能力、团队协作能力等方面进行考察。综合各方意见后，让学生在多次模拟辩论中感受角色轮换，保证每位学生

戴琰，任班主任8年，曾获长三角班主任基本功大赛二等奖。

都能体验到不同辩位带来的不同妙处。随后，在复盘与交流中明确自己的角色定位，提高与角色的适配度。最终，我结合学生的表现和团队需求，重新调整了辩位分配，并向全班详细解释了决策依据。至此，这种“自主组队 + 教师协调”“反复尝试 + 调整选角”的选择模式，不仅消解了学生的疑虑，也增强了他们对团队的信任感和归属感。

二、跟进过程，优化社团活动

在辩位分配问题解决后，我着力于辩论团队的打造与建设。作为班主任，我需要扮演好组织者、引导者、帮扶者的多元角色，确保团队在备赛过程中始终保持高效与和谐。我主要从以下几方面展开工作：

首先，强化责任意识。依据备赛日程表，我们明确每日任务分工，并共同签署《班级辩论团队公约》。公约内容包括：明确辩论目标，增长辩论技能；积极合作交流，和善讨论分歧；适时排解压力，保持心情愉悦。责任驱动下，我适时播放辩论实录，介绍与辩论相关的知识与技巧，引导学生在模仿与运用中提高辩论技巧和应变能力，增强团队之间的默契与信赖。

其次，创新辩论方式。班级参照娱乐节目《奇葩说》的框架模式，设计了“趣味辩论”活动。学生可以借助生活故事和经历感悟代替专业术语，在口语化的表达与叙事性的论述中增强辩论体验，引发情感共鸣。除此之外，班级还举办了“百家争鸣”微辩论活动。与传统的正反方对抗不同，微辩论鼓励所有人举手阐发观点，在自由宽松的氛围中将探究精神与思辨形式带入深处。在新型的辩论方式中，我们可以按照性别、组织进行多种分队，让学生在“一对多”“多对多”的开放空间中发散思维智慧，锤炼表达技能。

随后，持续激励保障。为增强团队竞争力，我们开发出“复活赛制”。根据辩论实战胜负、团队协作分值累计积分，并依照积分排名轮换辩手。我们也鼓励成员召开复盘大会，并邀请其他同学及时记录赛场亮点与表达差错，为团队复盘提供现实依据。当然，为预防突发状况，我们要提前设置民主协商与矛盾调解机制，及时安抚情绪并纠正偏激观念，确保轻松和谐而良性竞争的活动场域。

三、总结反思，强化德育元素

真理往往在辩论中得以接近。辩论赛对强化学生的道德实践与行为养成，对推进校园文化建设有着重大的意义。我们要树立“过程重于结果”的评价理念，持续关注全体选手的心理，淡化辩论的胜负结果。既倡导学生在活动中主动自我反思，也始终对学生进行激励、正向的过程性评价。就辩论过程而言，我们可以针对学生的角色定位、团队协作、战术策略、结果呈现等方面进行评价。就成员表现而言，我们可以从学生的辩论思路、表达逻辑、形体动作、临场反应等维度进行评价。除去综合评价，我还设置了“最佳智辩团”的集体奖项，颁发了“最佳巧辩手”“最佳进步者”“幕后英雄奖”等面向个体的荣誉奖项，勉励学生再接再厉，突破自我。

团队辩论是一项竞争与协作并行的集体活动。学生的矛盾与困惑往往源于对自我和团队认知的不足。在构建集体活动破解辩论矛盾的过程中，学生历经剖析、辨别、推理、表达等全过程，逐渐领悟辩论不是问题的起点与终结，而是一种自我生长的手段与形式。而学生跳出“输赢至上”的思维定式后，也深刻发觉集体活动中的激烈交锋，亦是通向问题本质的过程，更是自我梳理、演绎、反思、发展的重塑过程。作为班主任，我们应当善于利用集体活动，真正实现“活动育人”的最终目标。

## 二、学业与兴趣的平衡

**情境二：**戏剧社筹备年度大戏《雷雨》，小杨被选为“周萍”扮演者兼执行导演。为追求演出效果，她每天放学后组织排练 3 小时。其母亲发现小杨月考物理成绩从 85 分暴跌至 58 分，物理老师也联系母亲：“小杨最近上课打瞌睡，物理作业三次未交。”母亲在检查小杨作业时，发现里面夹着密密麻麻的台词批注。焦急的母亲冲到学校礼堂，强行带走正在彩排的小杨，小杨无法接受母亲的做法，向班主任赵老师寻求帮助。

看法一：

## 校家社协同：解锁学生兴趣与学业发展的平衡密码

南京师范大学附属中学新城小学南校区　朱国红

### 一、聚焦问题：政策执行偏差引发的教育矛盾

1. 学校管理机制与美育工作政策的衔接断裂

《关于全面加强和改进新时代学校美育工作的意见》（以下简称《意见》）中指出，“将学校美育作为立德树人的重要载体”，强化中华优秀传统文化教育，陶冶学生高尚情操，塑造美好心灵，增强文化自信。情境中学校戏剧社团本应成为实现“开齐开足上好美育课”目标的重要实践平台，但现实中的执行偏差却使得育人效果大打折扣。首先，时间管理机制存在明显疏漏。持续三小时的高强度排练不仅侵占了学生课后学习时间，更直接违背了青少年的身心发展规律。其次，评价导向的异化趋势，片面追求舞台效果而忽视学生成长过程的育人理念，不仅使艺术实践偏离美育本质，更催生出“要演出效果还是要学业成绩”的畸形选择困境。

2. 家庭教育理念与学生全面发展的认知错位

在家庭教育层面，小杨母亲的行为深刻揭示了当前家庭育人实践中普遍存在的认知偏差，即以学科成绩为核心的单一评价体系，将月考物理分数作为衡量成长质量的唯一标尺，与《中华人民共和国家庭教育促进法》中倡导的“帮助未成年人树立正确的成才观，引导其培养广泛的兴趣爱好”相悖。更深层的矛盾在于资源转化能力的匮乏，多数家庭尚未意识到校园戏剧活动本身即是综合素质培养的“天然场景”——剧本深度解读可提升文学鉴赏力，角色情感揣摩有助于情商发展，舞台调度设计能发展空间思维，这些潜在教育资源的闲置暴露出家庭在教育理念与实践能力上的双重局限。

---

朱国红，任班主任 8 年，曾获江苏省班主任基本功大赛一等奖。

3. 社会支持体系与协同育人要求的适配不足

当前教育生态系统中，专业指导与评价机制的双重缺失正严重制约校园美育实践的有效推进。在艺术教育专业化层面，多数学校的戏剧活动仍停留在“自娱自乐”阶段，缺乏社会艺术资源的系统化注入。以北京某中学与中央戏剧学院开展的校团合作项目为例，专业导演的介入使《雷雨》排练周期压缩 40%，舞台表现力提升显著，这反衬出普通学校因专业指导缺位导致的资源性损耗。其次，学校评价体系的缺失阻碍了美育实践的推进。尽管《意见》明确要求完善美育评价，但多数学校仍未建立艺术实践与综合素质评价的实质性关联——比如戏剧社团成员在角色塑造中展现的领导力、在舞台调度中锻炼的空间思维能力等关键素养，尚未被有效转化为成长评价的量化指标，这种制度性疏漏直接削弱了学生与家长持续投入艺术实践的内生动力，也是导致情境中小杨母亲急于打断小杨继续排练的深层原因。

二、反思展望：协同育人全新生态的建构逻辑

构建校家社协同育人的全新生态，本质上是通过重构学校、家庭、社会的关系网络，实现育人主体间的价值互认、资源互通。

首先，价值共识的深度融通。校家社三方需超越传统教育中的“学业优先”，建立“全人发展”的认知共识。学校要彰显艺术实践中隐含的能力培养价值，如戏剧排练对情绪管理、团队协作的促进作用，家庭要理解“学生全面发展”“过程性评价”的深层含意，社会则应承担起破除“唯分数论”的公共责任。

其次，资源流动的方式创新。协同育人的核心在于打破资源壁垒，学校从封闭的课程实施场域转化为资源枢纽，将学科知识化身为艺术实践的工具；家庭应从被动的监管者转变为成长助力者，真正支持学生在艺术实践方面的付出和努力；社会则可以通过专业力量介入，如邀请当地剧团专业导演驻校指导，共筑学生全面成长的能力基石。

在新时代教育发展进程下，校家社协同需从“事务性合作”转变为“生

态性共生”，使学生兴趣与学业发展通过三方系统要素的相互作用、相互支持，最终形成兴趣培育反哺学习动力的良性循环。正如《意见》中指出“进一步强化学校美育育人功能，构建德智体美劳全面培养的教育体系”，以纠正功利化教育倾向，校园戏剧冲突事件本质是传统教育模式与学生全面发展需求的价值碰撞。通过构建校家社三位一体的协同育人体系，既能关照学生的个性需求，又能筑牢学业发展根基，最终让学生在兴趣培养与学业提升间走出螺旋上升的成长轨迹。

**看法二：**

## 以创新视角探索社团活动与学业的平衡路径

南京市金陵汇文学校中学部　戴伟

《教育强国建设规划纲要（2024—2035 年）》明确指出：“提高课后服务质量，丰富服务内容，强化科学教育，着力培育核心素养。”学校社团活动作为“第二课堂”的价值日益显现，并逐步发展为培养学生核心素养和创新能力的关键阵地。然而，在实践过程中，社会活动与学业发展之间普遍存在结构性矛盾，亟须探索一条兼顾个性发展与学业保障的平衡路径。

一、问题聚焦：兴趣与学业的矛盾是教育创新的契机

小杨因戏剧排练导致学业下滑、亲子冲突的事件，表面看似时间分配失衡，实则揭示了传统教育模式在支持学生多元化发展方面的不足。当前，在全面贯彻素质教育、完善德智体美劳全方位培养体系的大背景下，学校社团活动的地位愈发凸显。然而，仍有不少学校在科学管理和创新策划方面存在欠缺。本案例为探索社团活动与学业平衡发展的有效路径提供了宝贵的实践切入点。

---

戴伟，任班主任 9 年，江苏省班主任基本功大赛二等奖。

二、创新视角：打破僵化思维，探索“双向赋能”的新路径

1. 社团活动的人工智能化转型

在当前信息化和智能化迅速发展的背景下，社团活动的管理模式也迎来了前所未有的变革，其中最为显著的趋势便是向人工智能化的方向进行深度转型。

（1）时间和任务的智能规划

小杨需要在学业与戏剧之间寻求合理的时间和精力分配方案。学科老师和社团老师可以协助小杨制定详尽的社团活动与学业任务管理计划，并引入数字化管理平台，科学合理地规划各项活动时间。此外，借助“新学动力”等智能平台，实时监测和反馈学生学业发展水平的变化。学科老师根据反馈及时给予个性化辅导。这样既能有效避免出现学业大幅退步的情况，家长也能实时掌握学生的学业进展，从而减轻焦虑。

（2）线上线下的结合

在人工智能技术的助力下，社团活动和学科学习的模式得以实现线上线下的有机融合。通过元宇宙技术构建线上活动室，演员可借助 VR 设备、腾讯会议等工具开展线上活动，有效减少线下集合的时间成本。与此同时，学科教师能够布置线上个性化补偿作业，并提供针对性的反馈建议，从而加强对学习困难学生的辅导力度。这种线上线下相结合的模式，不仅显著提升了活动的吸引力和影响力，更有助于促进学生的个性化发展。

2. 社团课程的跨学科融合设计

学校社团课程体系设计需要打破传统学科界限，将不同学科的知识与技能有机结合，形成一种全新的、综合性的社团课程体系。新的社团课程设计的理念应强调在社团活动中融入多学科元素，让学生在参与社团活动的过程中，能够接触到更广泛的知识领域，培养跨学科思维能力和综合素养。通过精心设计的课程内容和活动安排，实现学科间的相互渗透与融合，从而提升社团活动的教育价值和学生的全面发展水平。

三、结语

在五育并举、全面推行全人教育的理念引领下，积极探寻社团活动与学业之间的平衡路径，着力强化校本特色社团活动体系的建设，有助于充分满足学生个性化发展的需求，有效培养其创新精神与实践能力，从而更好地适应教育强国对多样化人才的时代需求。

**做法：**

## “周萍”的困境与突围
## ——中学生学业与兴趣平衡的实践探索

南京师范大学附属中学　庞冉

当前教育环境中，学生如何在学业压力与兴趣发展之间实现平衡，已成为家校共同关注的焦点。本文以中学生小杨因戏剧社排练与学业冲突引发的矛盾为切入点，深入探讨其背后反映的三大核心矛盾：家校教育理念的分歧、学生自主管理能力的缺失、短期功利目标与长期生涯发展的割裂。基于《中小学德育工作指南》中“五育融合”的要求，我们将从家校协同机制重构、时间管理能力培养、心理需求与生涯规划整合三个维度提出系统性策略，并聚焦策略的理论依据、实施逻辑与长效价值，为教育实践提供更具深度的参考。

一、家校协同机制重构：从对抗走向共育

家校冲突的本质是教育主体间价值认知的断裂。家长往往将课外活动视为“不务正业”，而学校则强调综合素质培养的重要性。这种对立不仅加剧亲子矛盾，更可能扼杀学生的内在成长动力。

《中华人民共和国家庭教育促进法》明确指出，家长应“尊重未成年人参与相关活动的权利”，而自我决定理论中的“自主性”需求则要求学生拥有选择兴趣发展的空间。二者共同指向一个核心原则：教育不是

庞冉，任班主任 16 年，曾获长三角班主任基本功大赛一等奖。

控制，而是支持。家校协同的目标并非让某一方妥协，而是通过对话重构共同的教育愿景——既保障学业基础，又为兴趣发展提供合理空间。

要做到家校协同，应包含两重赋能：

对家长的赋能。通过案例分析、专家讲座等形式，帮助家长理解戏剧活动对学生领导力、情绪管理等“隐性能力”的塑造作用。例如，角色扮演需要同理心，舞台调度锻炼组织能力——这些均是学科成绩无法衡量的核心素养。

对学校的赋能。建立透明化沟通机制，定期向家长展示社团活动成果（如演出录像、学生反思日志），将抽象的“五育并举”转化为可感知的成长证据。

当家长从“质疑者”转变为“参与者”（如受邀观摩排练、担任后勤支持），学校从“辩解者”升级为“协调者”（如设计弹性学业辅导方案），家校便形成了真正的教育共同体。这种共同体不仅能化解当下冲突，更能为未来类似问题提供预设解决方案。

二、时间管理能力培养：从被动应对到主动掌控

学生陷入学业与兴趣冲突的直接原因，往往在于缺乏对时间的科学规划。但时间管理能力的培养绝非简单的日程安排，而是涉及目标设定、优先级判断、自我监控等多维度的综合能力建设。

根据心理学家爱德华·德西和理查德·瑞安提出的自我决定理论，学生只有感受到对时间的“自主掌控”，才能激发内在动力。因此，时间管理方案的设计需遵循两大原则：

（1）任务分级而非时间切割：避免机械划分“学习 40 分钟、休息 10 分钟”，而是引导学生根据任务性质（如创造性活动需整块时间，机械练习可碎片化）灵活调整。

（2）责任共担而非单向约束：教师、家长与学生共同制定计划，明确“学业底线”（如作业完成率≥ 90%）与“兴趣上限”（如排练每周≤ 7 小时），赋予学生调整权限。

在后续实施中，可以引入四象限法则、番茄工作法等工具，帮助学生区分“紧急作业”与“重要创作”，但需警惕工具异化为新的束缚。例如，小杨可将物理错题订正（紧急且重要）安排在放学后的黄金时段，而台词记忆（重要但非紧急）置于效率较低的碎片时间。

在以上实施基础上，班主任可以进一步整合资源，建立“双导师制”：学科教师聚焦知识补缺（如针对电路分析薄弱点设计微课），社团导师优化任务分工（如通过 AB 角制度减少执行导演的行政负担）。二者的协作能减少时间浪费，提升单位时间效能。

真正有效的时间管理本质是能量管理。当小杨因过度排练导致课堂瞌睡时，问题不仅仅在于时间分配，而在于未意识到“体能储备”对学习效能的制约。因此，教育者需帮助学生识别自身精力曲线（如晨间逻辑思维强、傍晚创造力佳），将高认知任务与高能耗活动错峰安排。

三、心理需求与生涯规划整合：从冲突到共生

学业与兴趣的冲突常被简化为时间分配问题，但其深层根源在于学生心理需求未被满足，以及兴趣与升学的功利化对立。唯有将兴趣纳入生涯发展的长远视野，才能实现真正的平衡。

加德纳的多元智能理论指出，人类智能包含语言、逻辑、空间、人际等 8 种类型。小杨在戏剧中展现的语言与人际智能，与其物理学科所需的逻辑智能本可互补，而非对立。生涯教育的关键在于帮助学生发现这种关联性。

针对小杨面临的学业与兴趣之间的冲突，可以采用进步性评价，将学业进步与兴趣激励挂钩。例如，小杨每完成一个物理知识模块，可获得额外排练时间。还可以结合生涯规划课程，引入“职业影子计划”，让小杨跟随剧院灯光师（需物理知识）或科学传播工作者（需表达技能），直观感知学科与兴趣的融合价值。

当学生意识到兴趣不是升学的“装饰品”，学业也不是兴趣的“绊脚石”，二者便可共同服务于“成为更好的自己”这一终极目标。

小杨的案例折射出的不仅是单个学生的困境，更是整个教育系统如何回应“人的全面发展”这一根本命题的挑战。通过家校协同重构信任基础，时间管理强化主体能力，生涯规划整合成长资源，我们得以在政策框架与教育规律之间找到平衡点。教育的终极使命，不是培养“会考试的学生”或“专才”，而是塑造“完整的人”——他们既能驾驭学科知识的深度，亦能拥抱生命体验的广度。唯有如此，“五育融合”才不至于沦为口号，而成为每个学生真实可感的成长历程。

**专家点评：**

学生社团作为德育实践的重要载体，其管理效能直接影响学生核心素养的培育成效。作为班主任，我们一要强化顶层设计，学校应制定科学合理的社团管理制度，明确各方职责；二要注重引导与支持，教师要深入了解学生需求，给予恰当指导，而非过度干预；三要培养学生的自主管理能力，让他们在社团中学会自我约束、自我服务；四要加强家校合作，让家长理解并支持社团活动，形成教育合力。如此，社团活动才能真正发挥其育人价值。

# 第四章　如何发挥“教联体”的力量？

## ——论校家社的协同

## 第一节　如何做好家校沟通？

### 一、教育观念分歧的应对

**情境一：** 李同学上课时而讲话、时而睡觉，班主任找他谈心后，他有所收敛。可没过几天，李同学老毛病又犯了，严重影响班级纪律。无奈之下，班主任与家长进行联系，要求共同教育，家长起初还能配合，可联系次数多了，便开始不耐烦，甚至愤怒地说：“我们有工作，家里还有老人和二宝要照顾，教育小李是学校的事，不能转嫁给家长！”

**看法一：**

#### 家校沟通的划界与归位

南京市江宁高级中学　张丹凤

家校沟通是班主任工作的重要环节，是沟通学生校内校外表现、争取教育一致性的重要手段。《中小学德育工作指南》明确提出要发挥学校主导作用，引导家庭增强育人责任意识，提高对学生道德发展、成长成人的重视程度和参与度。可见，家校沟通顺畅，形成教育合力，符合学生成长的现实要求。

情景呈现了班主任在教育学生时由于效果不明显，迫切寻求家长配合，而家长在被班主任多次“骚扰”后，基于工作和家庭压力，抱怨班主

---

张丹凤，任班主任 12 年，曾获长三角班主任基本功大赛一等奖。

任转移教育责任的案例，既反映了班主任和家长的教育无奈，又反映了家校沟通不畅的现实。对案例进行深入剖析，我们能觉察到家校沟通不畅的重要原因是家校合作的责任边界不明确，存在越位、错位、缺位的现象；同时，沟通的过程中，家校之间少了一份理解和宽容，让本可以齐头并进的家校合作陷入了“死胡同”。因此，笔者认为在家校沟通的过程中，需要注意以下几点。

1. 厘清边界，家校谨防越位

厘清家校合作的边界，能够减少角色混淆和责任推诿的现象。学校在学生成长的过程中扮演着学科知识传授者、品德行为培养者、健康心理培育者等角色，家长扮演着生活照料者、品德培养者、情感支持者等角色。可见，家校在教育学生时的角色、任务既有区别，又有重合。家校合作时双方既不能越位干预，也不能缺位推诿。如教师要求家长帮忙批改作业、家长对学校的教学内容和方式过度干预都是常见的家校合作越位的表现。学生小李上课说话、睡觉是常见的行为习惯问题。班主任和家长要守好自己的责任田，不能通过主动回避的方式让他人被动越位。一方面，班主任不能过度依赖家长，把难题抛给家长，应思考转变学生的方法并对家长进行家庭教育指导；另一方面，家长也不能对孩子的教育选择性忽视，双方携手才是解决问题之道。

2. 各司其职，育人切勿错位

“错位”是指离开原来的或者应有的位置。家校双方错位往往表现为“混乱”“偏差”，即双方做了对方的事情。由于责任和角色不匹配，双方容易产生误解和冲突，同时也会导致教育资源的浪费。学生由于感知到教育者的无能，对教育者产生抵触心理，降低教育的效果。家校沟通应该基于双方的优势互补，展现各自的教育优势。家校合作的过程中，清晰的责任分工、明确的目标意识，能让班主任和家长各司其职。反之，育人过程中的错位现象，会削弱育人水平、消减专业提升的愿望。学校提供专业的育人知识和策略，家长提供生活化、情感化的个性支持是家校沟通的理想状态。

3. 尽职履责，家长不能缺位

家庭是孩子的第一个课堂，家长是孩子的第一任老师，《中华人民共和国未成年人保护法》和《中华人民共和国家庭教育促进法》都明确规定了家长作为孩子监护人所具有的教育子女的权利和义务。因此，案例中的家长认为教育小李是学校的事情，不能转嫁给家长的想法是不合理的。在教育孩子遵守课堂纪律、养成良好的行为习惯方面，家长也负有不可推卸的责任。不能因为自己有工作、有老人和二孩需要照顾就忽略对小李的教育引导。班主任应在家校沟通中告知家长，家长对小李同学的教育责任是法定义务，需要履行，孩子的成长，家长不能缺位。

4. 将心比心，沟通讲究换位

案例中家校沟通不畅的另一个原因是家长与班主任的沟通内容和方式出现了问题。身为班主任，我们要理解当下中年人面临上有老下有小，工作生活两不误的巨大压力。在沟通时，班主任要用换位思考的方式理解对方的不易和无奈，在表明学生问题的同时，提出期待家校合作的意愿。作为专业的教育者，更要尝试为家长提出引导学生转变的建议，向家长求助不是为了转移教育责任，而是为了形成教育合力，提升教育效果。当然，班主任在家校沟通的过程中，还要避免只报忧不报喜的情况，这会导致家长从心理上抗拒与班主任沟通。班主任平时要多报喜，偶尔说问题，让家长树立教育的信心和家校合作的愿望。

家校沟通的过程中，双方对家校间的责任应进行清晰的划界，促使双方正确归位、各就各位，减少越位、错位、缺位的现象，以换位思考的方式，同心合力赋能学生成长。

看法二：

## 深化家校沟通，共筑二胎教育新桥梁

南京市陶行知学校　陈卉

《中华人民共和国家庭教育促进法》强调：县级以上地方人民政府应当加强监督管理，减轻义务教育阶段学生作业负担和校外培训负担，畅通学校家庭沟通渠道，推进学校教育与家庭教育相互配合。随着德育政策的深化和完善，家校沟通在青少年教育中的重要性日益凸显。在二胎政策背景下，家庭教育面临新的挑战，家校沟通更成为解决教育难题、促进孩子健康成长的关键途径。

李同学的案例反映了当前二胎家庭中普遍存在的教育困境，凸显了家校沟通在二胎教育中的重要性。我们应从深化共情理解、理性剖析困境、明确主体责任、提供个性指导以及建立反馈机制等方面入手，深化家校沟通，共同应对二胎政策下家庭教育的新挑战。

一、深化共情理解：构筑家校信任的稳固基石

案例中班主任发现李同学的问题，主动找其谈心，试图通过沟通解决问题，这一行为本身值得肯定。然而，当问题反复出现，需要家长配合时，家校之间的信任基石却出现了裂痕。

班主任应更加耐心地倾听家长的难处，理解他们在二胎政策下所承受的压力、面临的挑战，在理解体贴的基础上，寻求家校之间科学、高效的沟通与合作，同时，引导家长理解老师“联系多次”背后的良苦用心。基于共情和理解，家校双方才能建立起更加紧密和信任的关系，为后续的合作奠定坚实基础。

二、理性剖析困境：共探二胎教育的挑战成因

在二胎家庭中，父母往往将精力分散在两个孩子身上，这可能导致对“大孩”的关注度下降，使其产生被忽视的感觉。同时，随着二宝的到来，

陈卉，任班主任6年，曾获长三角班主任基本功大赛一等奖。

家庭经济压力增大，父母可能因忙于生计而疏于对孩子的教育和陪伴。

二胎教育面临着诸多挑战，因此，在沟通过程中，班主任应理性分析，与家长共同探讨当下面临的挑战及其成因，寻找有效的应对策略。除了与家长的单独交流外，还可以组织二胎家庭教育沙龙，邀请家长参加二胎家庭教育指导课程，帮助家长更好地平衡家庭关系和教育资源。

三、明确主体责任：强化家庭教育的重要作用

家庭是第一所学校，父母是第一任老师。案例中家长将教育责任完全推给学校，这显然是不合理的。《关于加强家庭教育工作的指导意见》强调要充分认识加强家庭教育工作的重要意义，进一步明确家长在家庭教育中的主体责任，充分发挥学校在家庭教育中的重要作用。

班主任在与小李家长沟通时，需明确家庭教育的主体责任，帮助家长明晰教育义务。比如，多关注小李的心理需求，给予关爱和陪伴；培养孩子的独立性和责任感，让他学会自我管理和约束。学校也应提供必要的教育资源和家庭教育指导，帮助家长更好地履行教育职责，引导小李养成良好的行为习惯。

四、提供个性指导：关注“大孩”的内在需求

在二胎家庭中，“大孩”往往因二宝的到来而感到被忽视，这可能导致他们产生心理问题或行为失范。因此，家校双方应更加关注“大孩”的内在需求，提供个性化的指导。

对于李同学，班主任应深入了解其内心世界，引导家长看见他一系列问题行为其实是心理失衡的外化表现，反映出小李渴望得到关注的内在需求。在此基础上，提供给家长切实可行的小策略，比如，安排睡前交流时间和“专属时光”；及时看见孩子的点滴进步，予以正向反馈；了解孩子的兴趣，陪他深入探索等。

五、建立反馈机制：共筑家校共育的长效平台

教育具有长期性，班主任应当尝试建立一套有效的反馈机制，不仅包括定期的家校沟通、孩子行为表现的及时反馈，还应涵盖教育效果的

评估等方面。

首先，采用多种方式定期与家长进行交流，了解孩子在家庭中的表现，反馈其在校的积极变化。其次，通过课堂观察、作业记录、个别交流等方式建立形成性的成长档案，帮助家长了解孩子的学习和生活状况。再者，应对家校沟通后的教育效果进行评估，及时调整指导策略和方法。通过建立积极的沟通反馈机制，可以更好地促进家校之间的相互了解和信任，为共筑家校共育的长效平台提供有力保障。

总之，面对二胎政策下家庭教育的新挑战，班主任应注重沟通的艺术，在共情理解的基础上明确家长的主体责任，提供个性化的指导，与家长携手共克难关，为孩子们的健康成长创造良好的环境。

**做法：**

## 携手打破习得性无助，共筑家校合作新生态

南京市临江高级中学　王悦

家庭是人生的第一所学校，家长是孩子的第一任老师。家校合作对于学生的成长来说至关重要。然而，家校沟通工作常常面临各种各样的挑战，特别是在面对一些“抓反复、反复抓”的学生问题时，很多教师都会遇到这样一个棘手的状况：有的家长起初态度积极，愿意配合老师加强教育，但时间久了效果并不明显，家长开始放弃努力，甚至对学生的在校情况不管不顾，听之任之，抗拒与学校沟通。这样的转变，凸显了家长的“习得性无助”。

习得性无助是指个体在经历多次失败的体验后，逐渐丧失对自身行为的掌控感，进而丧失继续努力的信心。当老师多次尝试与家长交流，但学生的表现没有明显改善时，可能会让家长感到力不从心，束手无策，

王悦，任班主任8年，曾获江苏省班主任基本功大赛一等奖。

这就是家校合作中的“习得性无助”。本文将从如何打破家校合作中的“习得性无助”入手，提出相应的解决策略。

一、整合碎片信息，优化沟通机制

为了减轻家长的负担，提高沟通效率，教师可以将零散的信息加以整合，优化沟通机制。具体做法有以下几点：

1. 建立统一的沟通平台：选择一个固定的、便于操作的沟通工具（如微信、班级小管家等），集中发布通知、反馈和建议等，避免信息变来变去或者多平台重复通知。

2. 设定固定的沟通时间：教师可以定期整理学生的学习情况和行为表现，以简洁明了的方式加以整合之后再呈现给家长，避免不必要的信息“轰炸”。同时，对于确有必要保持高频沟通的家长，可以设置固定的沟通时间（如每周三下午），让家长有心理准备，减少焦虑感。

3. 设计反馈模板：教师还可以针对班级情况设计简单的信息反馈模板，帮助家长及时了解孩子的在校情况。

二、明确任务边界，便于家长参与

为了避免让家长感到任务模糊、无从下手，家校合作中明确双方的任务边界是重中之重。教师作为教育教学的专业人员，对学校、家庭的教育责任需要界定清楚，使家长对自己所扮演的角色、所承担的任务做到心中有数，从而提升家校合作的积极性。以下为具体做法：

1. 制定家校合作清单：为了明确不同学习阶段、不同问题双方所承担的具体责任，教师可与家长一起商量制订家校合作单。如：学校负责学生在校期间的教育教学，而家长则对学生在家的学习习惯、作息时间等进行监督。

2. 提供具体的行动建议：对于希望家长共同教育的方面，教师要给出具体、可操作的意见。比如学生有手机依赖的问题，老师可以建议家长和孩子一起制定家庭公约，规定使用手机的规则，并增加陪伴孩子的时间，多陪伴孩子进行户外运动等。

3. 反馈家校合作效果：教师和家长可以定期回顾近期家校合作的成果，及时调整家校合作的内容。教师在和家长沟通学生近况时，可以多分享学生的优点和取得的进步，提升家长对孩子的信心，增强家长对学校工作的信任和支持。

三、丰富合作内容，创新合作形式

家校合作不仅仅局限于家长会和个别沟通，它的形式和途径可以是多样的。同时，家校沟通不应仅仅是为了解决问题，而应贯穿于学生成长与发展的全过程。教师需要丰富合作内容，创新合作形式，让家长更积极地参与其中。具体做法包括：

1. 开展主题式家校活动：学校可以定期举办主题活动，如“亲子共读月”“职业生涯规划月”等，邀请家长到校参与，增进家校沟通。

2. 设立家长志愿者岗位：邀请家长参与到学校的日常教育教学和管理中来，如担任主题活动志愿者、家长学校讲师团成员等，让他们提升在合作中的参与感，更深入地了解学校。

3. 举办专题教育讲座：针对家长关心的教育问题，如青春期心理、学习方法等，举办专题讲座，邀请专家分享经验，提供更多的交流平台。

四、真诚倾听家长，避免单向输出

老师在家校沟通中往往是占主导地位的，容易忽略父母的感觉与意见，从而使家长在潜移默化中产生抗拒心理。因此，老师在与家长交流的时候，需要真诚倾听家长的声音。具体有以下几条：

1. 畅通家长反馈渠道：学校应重视家长的反馈意见，通过线上问卷调查、家长访谈、家长委员会等形式，定期收集家长的意见建议，并及时梳理信息、改进工作。

2. 开展双向沟通会议：老师在家长会或个别交流中要主动倾听家长的顾虑和困惑，以免只顾谈学生的问题，而忽略家长的想法。

3. 及时回应家长关切：教师对家长提出的问题或意见要给予及时的答复，即使是暂时解决不了的问题，也要耐心解释原因，以示尊重。

五、跟进合作效果，及时调整策略

家校合作是一个动态的过程，教师需按照实际情况，定期跟踪合作效果，及时调整策略。具体方法包括：

1. 定期评估合作效果：教师可以和家长一起制订合作目标，并对目标的达成进行评估。如：各学期末对本学生进步情况进行回顾，对成功经验及家校合作中的不足进行归纳整理。

2. 调整沟通方式：发现某一途径的沟通方式效果不好，老师可以及时加以调整。

3. 关注家长的情绪变化：教师如果发现家长产生焦虑或是抵触心理，就要主动进行交流，调整合作的方式。

家校合作是教育过程中的重要一环，对促进学生的全面发展有重要的意义。通过优化沟通机制、明确任务边界、丰富合作内容、真诚倾听家长、跟踪合作效果等策略，教师和家长能够更好地进行交流，打破家校合作中的“习得性无助”，共筑家校合作的新生态。

## 二、家委会的建设与管理

**情境二：**班主任李老师遇到一件烦心事。一位家长昨晚私下给她发微信抱怨：前两天班级开展庆元旦活动，家委会成员提议购买一些吃的、喝的，让同学们开心一下，在得到大部分家长同意后用班费购买零食。该家长认为学生在校的主要任务是学习，不应该在活动时花钱购买零食，既费钱又不健康。她希望班主任能够介入，叫停像这样以吃喝玩乐为主的庆祝活动。

看法一：

## 从“零食争议”到共育共识：家委会功能重构与实践路径

南京市五老村小学　方雨琳

在班级庆元旦活动中，班主任李老师收到家长质疑：家委会用班费购买零食是否合理。这一看似平常的争议，实则折射出家委会在当代教育场域中的深层困境——角色定位的模糊性导致功能发挥受限。当“购买零食”的提议遭遇“影响学习”的质疑，表面上是消费观念的冲突，本质上却是家校协同机制不完善、家委会功能定位不清的集中体现。

一、家委会功能的应然定位

在元旦活动中，家委会的提议引发争议，正是其角色定位偏差的典型表现。随着社会的快速发展和教育改革的深入推进，家庭教育的重要性日益凸显。家委会作为连接学校和家庭的重要桥梁，在促进家校合作、优化教育环境等方面发挥着重要作用。

1. 家校协同的纽带

家委会作为家校共育的同盟军，应及时向家长传达学校的教育理念、教学计划和各项活动安排，同时将家长的意见和建议反馈给学校，为学校改进教育工作提供参考。

家委会直接决定购买零食，本质上逾越了“协商平台”的边界。家长质疑的根源，并非反对庆祝活动本身，而是对家委会“越位决策”的不满。家委会应完整传递学校活动目的，如元旦联欢旨在实现文化传承、培养集体意识等，同时客观全面地收集家长意见，而非直接提出具体方案。

2. 教育资源的整合者

将庆祝活动简化为“购买零食”，反映了家委会对教育资源开发的局限性，家委会应扮演好教育资源整合者的角色，而非仅仅是消费主导者。资源整合涵盖对人力资本开发，如组织家长志愿者设计活动方案、提供

方雨琳，任班主任 10 年，曾获长三角班主任基本功大赛一等奖。

技能指导等；对社会资源的链接，如联系各级各类教育场馆、邀请非遗传承人实现共育等；在物质资源上，应秉持节约、环保的理念，如家长可用闲置书籍置换活动物资、活动物料由旧物改造等。

3. 民主协商平台

家委会在建立之初应在班主任的指导引领下建立有效的民主协商机制。当每位家长都能在民主协商中找到教育参与的适切位置，当每次活动策划都成为家校共育的生动课堂，家委会才能真正成为家校共育的有机组成部分，为学生的全面发展提供可持续的支持力量。

4. 监督评价参与者

家委会还是学校教育工作的监督者与评价者。家委会有权对学校的教育教学质量进行监督，确保学校按照教育规律办学。同时，家委会还应参与教师的评价工作，为学校的人事决策提供参考。

二、功能优化的实践路径

1. 完善制度建构

明确共同目标是增强家委会凝聚力的基础。家委会成员应共同致力于促进学生的全面发展和提升家校合作水平。通过制定详细的工作计划和章程，明确家委会的职责、权利和义务，增强成员的责任感和使命感。

如明确家委会的权利和义务，家长对学校政策有知情权，对班级活动方案有建议权，对班级活动开展有监督权等等。同时，也要明确家委会的权力边界，不替代学校专业职责、不强制家长参与、不进行商业运作等。“规则先行，规则细化”也可前置性规避矛盾，如常规事项线上投票，争议事项线下听证；采用“沉默即同意”条款，即对已充分讨论的方案，未表态视为认可等等。

2. 重视家庭教育

《教育部关于加强家庭教育工作的指导意见》中指出，中小学幼儿园要将家长委员会纳入学校日常管理，制订家长委员会章程，将家庭教育指导服务作为重要任务。学校、班主任应为家委会提供必要的支持和帮助，如开展“家长学校”“家庭教育导师制”等；由专业人士、经验丰富的家长担任“育儿协理员”，协助化解观念冲突；为家委会成员提供培训和学习机会，提升家长的育人技能与智慧等。

3. 增强情感缔结

家委会与班主任虽各司其职，但在教育使命上是紧密相连的，如同一个有机整体的不同部分。家委会与学校在教育目标上是一致的，都致力于学生的全面发展。家委会应积极支持学校的教育教学工作，与学校共同制定和实施教育计划，为学生创造良好的学习和成长环境。沟通交流是增强家委会凝聚力的关键，家委会应建立多种沟通渠道，方便成员之间及时交流信息、分享经验，定期组织成员开展各种活动，增进成员之间的了解和信任。

家委会的存在价值，不在于策划多少活动、支配多少经费，而在于能否在每一次观念碰撞中搭建对话的阶梯，在每一次资源整合中延伸教育的半径。唯有以制度保障协商的理性，以专业滋养合作的土壤，以情怀弥合观念的差异，家委会才能发挥其应有的效能，为每个孩子的成长编织出家校社共育的经纬网。

**看法二：**

## 家校协同：化矛盾为契机　架信任之桥梁

南京师范大学附属中学　李韦唯

家校矛盾是教育生态系统中多方主体互动的产物，其产生与社会价值重构、教育权力转化以及媒介传播方式的变革息息相关。情境中折射出家校矛盾中最普遍的三个矛盾：

首先是教育目标的认知差异。新时代的教育以培养全面发展的人为

李韦唯，任班主任 11 年，曾获江苏省班主任基本功大赛一等奖。

目标，但部分家长仍固守传统认知，对学校开展活动所产生的时间成本和教育价值产生了质疑，认为活动占用了过多的学习时间，且仅停留在娱乐层面，缺乏对学生能力的培养。

其次是家校权责边界的模糊。随着信息时代的到来，教育权力发生了转移，传统的以学校为主导，家庭配合的模式已悄然发生改变，如今家长可以通过家委会、微信群等多种渠道介入学校事务，形成“家校共育”新格局，但也带来了权力边界的问题。

第三是群体决策的困境。家长对于教育认知水平有差异，对班级活动的理解、支持程度也因此不同。当家校沟通沦为事务性通知，缺乏价值对话时，家校之间的信任也随之损耗。为了更有效地化解家校矛盾，可以尝试从以下几个方面着手：

1. 重构活动教育，强化育人属性

美国教育家杜威曾提出“教育是生活的过程，而不是将来生活的预备”的观点。元旦活动作为社会生活的缩影，是锻炼学生组织能力、整合学科知识的良好契机。班主任可以在组织迎新主题活动时，更加细化班费的使用规则，制定《班级活动经费使用公约》，通过规则的制定，培养学生的财务规划意识；其次，由学生自主设计膳食方案，分组完成诸如“市场调研”“预算编制”“营养分析”“采购执行”等一系列活动，将零食采购转化为微型实践活动，不再停留在消费层面；最后，用图片、视频、反思等方式记录学生参与活动的过程，展现学生团队合作、社交能力的发展进程。

在整个活动过程中，班主任将从认知发展、情感体验、实践能力等多重维度对教育效果进行追踪、反馈，运用管理智慧将家校矛盾转化为沟通契机，打消家长对于“浪费”的疑虑，完成从“解决具体问题”到“达成共同理念”的转化过程。

2. 完善家校制度，构建教育共同体

家校矛盾本质上是教育权力资源分配中的结构性冲突。现代家长试图通过知情权、参与权形成对教育权力的制衡，有些高学历的家长更是凭借资历挑战教育权威。情境中家长所追求的“学业竞争力”与学校培养“全面发展的人”形成了理念冲突，个体需求与集体生活形成了利益冲突。要解决这些矛盾，亟需构建起家校成长共同体。首先，需要在有效沟通、达成共识的基础上组建班级家长委员会，制定《班级活动管理章程》，明确班级活动中经费的使用规则、支付结算流程等；其次，推行先提案后公示的政策，公开征求意见，修订后再执行；第三，在班级设立“家长观察员”角色，轮流参与班级活动的筹备、监督、审计等工作。

决策机制的优化、预防机制的建立、制度的规范化既让班主任能有力把控活动的教育目标，避免家长的过度干预，也给予了家长一定的选择权，重新架构起家校之间沟通的平台和信任的桥梁。

3. 借助文化浸润，实现育人目标

良好的家校关系不仅需要制度上的保证，更需要班主任、任课教师、家长共同营造良好的班级文化氛围，通过文化培养，达成教育目标的共识，从而使教育活动更顺利地开展。因此，作为班级的管理者，班主任可以设立“家长教育论坛”，定期分享教育法规和理念，减少认知偏差；也可以与家长共同设计“家长课堂”，把家长的职业资源转化为教育资本，让家长的阅历成为班级文化的重要组成部分。此外，班主任还可以通过班级群等平台定期发送有关学生综合素养发展的图文，潜移默化地影响家长的观念；定期表彰积极参与活动设计的学生及家庭，增强家长对班级建设的认同感。

家校是教育的合伙人，只有在良好的家校氛围加持下，家校才能真正形成合力，共同将矛盾转化为教育创新的契机，促进学生全方面的发展。

**做法：**

## 多元共治：构建班级班费合理化使用的协同管理体系

南京师范大学附属中学江宁分校　冯锟

班费是班级公共资金，是学生们在学校践行自主管理的重要实践场域，其使用和管理一直是家校间沟通与关注的焦点。对班费使用的质疑不仅影响班级工作的正常开展，还可能损害家校之间的和谐关系。因此，如何合理使用班费，化解家校矛盾，成为班主任成长面临的重要课题。

《中华人民共和国义务教育法》第二条规定：实施义务教育，不收学费、杂费。班费是学费吗？当然不是！班费是杂费吗？某种意义上说有相似性，但本质不同！班费的本质是班级成员自愿众筹的公共资金，主要用于实施班级活动，优化班级生活质量，增强班级成员经济归属感，是班本课程的育人资源之一。虽然班级公共资金的使用和管理由来已久，但还是时常引发家校矛盾。究其原因，主要在于面临这样几个困境。

（1）班费身份抽象化

这笔不大不小的资金身份抽象，是“费”还是“金”？其实班费是以自愿为上交原则的众筹公共资金。经上交者的协商共享，权益依上交金额而定，自愿上交的同时也是对班级公共资金委托管理的认同。

（2）主体责任模糊化

目前班费的管理主体有三类人群：学生、教师、家长。这三种管理主体责任都比较模糊，都是一小部分核心人员在管理，积极者锁定了决策权与执行权，导致绝大部分成员参与感很低，这种现象无法将公共资金的众筹人基本权利一一落实。

（3）监督机制虚置化

班费作为班级公共资金，应有自己独立的监督机制。目前班集体建设中很少有专项的班费监督机制、书面财务制度。对于审计，班主任、

冯锟，任班主任 17 年，曾获长三角班主任基本功一等奖。

家长志愿者、学生管理者不专业且不在意。

二、构建多元共治的协同管理体系

教育部办公厅等十七部门联合印发《家校社协同育人“教联体”工作方案》，方案对政府、相关部门、学校、家庭、街道社区、社会资源单位等主体的职责任务作了明确的规定。这种多元共治的思维有助于突破单一主体的局限性，构建多主体、多维度、多价值体系的共治体系。

1. 多中心协同的组织架构创新

针对单一的家长管理和班级干部管理，创新做法是架构一个全新、专业的组织，形成多中心的协同。

（1）成立班费主管部门

召集学生和家长志愿者成立主管部门，变单人执行为团队协作。学生团队可成立生活部、班费管理委员会、班级银行等部门。家长志愿者专职专责管理班费的收取、预算、使用。

（2）创建三级决策体系

三级决策体系是落实多元共治，有效缓解因为班费而引发的家校之间与家家之间的矛盾冲突的有效方式。日常的班级支出由专职部门负责；重大支出由众筹人代表公开表决；特殊活动支出由家长委员会、学生代表、导师团队代表共同决策。

（3）培训执行机构

召集有职业背景的家长志愿者，确保会计、出纳、采购、保值增值等岗位互补共进。

2. 多平台协同的数字化管理工具选取

为了更好地增加班费管理的透明度和专业性，适应新时代变化，班主任要充分借助数字化工具，拓宽班费育人思维。

（1）数字化班费管理工具的应用

数字化工具管理主要依靠家长，线上支付取代了纸币，线上管理也取代了记账本。目前比较好用的有微信、支付宝、钉钉、班小二等工具，这些工具实现班费收取、记账、催缴全流程自动化。家委发起收款后，家长可直接在线支付，平台自动生成收支明细并实时更新，家长可随时查看账本，增加透明性与互动性，提升效率。

（2）班级成员个人专项账号

用腾讯在线表格搭建班级银行个人账户，以Excel表格形式定期备份。将有形的班费和无形的常规积分存入个人账户。引入“活动预报名＋按比例分摊”机制，让班级银行账户明朗清晰。例如，某活动并不是全班人人参加，则参与者均摊费用，未参与者不承担。通过在线表单统计参与意愿，动态调整预算。避免“一刀切”收费，引发矛盾。

3. 多功能协同的班费育人功能开发

（1）班费增值与可持续管理能力培养

班费理财计划：将闲置班费投入低风险理财产品，收益用于班级公益活动或应急基金。例如，某班级将班费存入银行“班级专户”，年化收益用于资助贫困学生购买学习用品。通过理财实现资金增值，同时需制定严格的理财决策流程，如经班委会或家委会投票。

（2）班级公益项目孵化

设立“班费公益基金”，支持学生发起小型公益项目。购买原材料参加学校组织的义卖，所得利润填充进班费专项资金，例如奖励基金、捐赠基金或班级图书基金。培养社会责任感，提升班级凝聚力。

（3）班级文化众包创作

班费用于众包设计班级文创产品。我的习惯做法是每学年设计一套班服，学生提交设计方案，投票选出优胜者，制作成本由班费承担，激发学生创造力，增强集体归属感，创生班级文化。

多元共治的班级班费协同管理体系通过凝聚同学们、老师们与家长们各方智慧与力量，建立共治制度、强化沟通监督、开展能力培训，有效实现了班费合理使用的多方认同。经过实践和观察，班费问题的智慧处理有效缓解了这类家校沟通的矛盾，促进家校联合、班级管理与学生成长。持续优化该体系，将持续为班级发展注入活力，助力学生全面发展，营造健康和谐的家校共生生态。

**专家点评：**

在教育发展的进程中，家校权责的模糊性、教育话语的差异性以及协同机制的碎片化等问题逐渐凸显。这些现象深刻折射出传统教育生态向现代治理体系转型所面临的巨大挑战。作为教育者，必须深入思考家校共育在教育理念、责任边界及合作方式上的诸多问题。要明确家校各自职责，统一教育话语体系，构建完善的协同机制。唯有构建起法律保障、制度规范、文化浸润三位一体的协同机制，才能为家校社合作提供坚实支撑，真正实现教育合力的最大化，推动学生全面发展。

## 第二节　如何进行家庭教育指导？

### 一、父母教育失当的指导

**情境一：**班主任王老师就学生张同学成绩不理想、屡次破坏班级课堂纪律这一情况邀请张某父母到校沟通。谁知当着王老师的面，张父就斥责张母辅导孩子能力薄弱、方法欠妥、溺爱孩子，张母则抱怨张父教育缺位、不负责任。两人争执激烈，引来同学们纷纷围观，张同学看到这一幕，又羞又恼，喊道：“能不能不要跑到学校来丢我脸了！”

**看法一：**

#### 家庭教育的认知重构和行为调整

南京市江宁高级中学　张丹凤

习近平总书记在《注重家庭，注重家教，注重家风》一文中指出，

---

张丹凤，任班主任 12 年，曾获长三角班主任基本功大赛一等奖。

广大家庭都要重言传、重身教，教知识、育品德，身体力行、耳濡目染，帮助孩子扣好人生的第一粒扣子，迈好人生的第一个台阶。家庭是社会的基本细胞，是人生的第一所学校，家长不仅有抚养子女的责任，更有教育子女的义务。由于家庭中的每个成员都是鲜活的生命个体，他们的价值观念、行为习惯、认知结构、角色分工不同，对于教育的理解和做法难免有差异，由此产生的矛盾也难以避免。本案例中，面对孩子的成绩和纪律问题，张同学的父母在老师面前互相抱怨、相互指责。一方面，我们要明白身为家庭教育主体的父母由于上述原因产生冲突是正常的现象。另外，如何缓解因家庭教育方向不一致、责任推诿而导致的矛盾，开展家庭教育指导，是班主任不可回避、必须深入思考的重要话题。

通过对案例中张同学父母的话语分析，我们可以发现，双方存在教育理念偏差、目标不一、责任不明等问题，在公共场合又没有考虑孩子的感受，公然发泄情绪并争吵，引来孩子的不满和情绪失控。每个家庭成员都站在自己的角度阐述自己的不易和委屈，却忽略了家庭是一个需要被呵护的地方，家庭成员间的相互理解、帮助才能实现家庭的和谐稳定，温馨的家庭环境才能让家庭教育得以发挥，孩子才能成长。因此，本案例中开展家庭教育指导时，引导家长进行认知重构和行为调整非常有必要。

一、重构关系，对话代替对立

父母作为家庭教育的主要实施者，建立良好的关系，减少对立的情绪是确保家庭教育正常开展的基本条件。在此过程中，需要夫妻双方重构关系，明确沟通的重要性，用欣赏代替挑刺，用换位思考代替抱怨指责，以尊重体谅的心理取代剑拔弩张的对立姿态。可以采用对话协商的方式，总结双方在教育过程中值得肯定之处，同时以委婉的方式指出对方在家庭教育过程中存在的问题，提出改进的建议。

二、统一方向，携手而非拆台

在家庭教育中，父母是助力孩子成长的合伙人。抱怨、指责的背后反映的是家庭教育方向的不一致和目标的不明确，忽视了自己在孩子成长过程中的重要作用。案例中，父亲面对母亲的付出视而不见，反而抱怨效果微弱、方法不当，母亲则控诉父亲教育缺位。班主任要引导家长明确家庭教育的目标，明白双方在孩子成长过程中是携手、搭台的角色，而不是相互拆台的存在。在目标一致性的基础上，既要让双方寻找对方的努力和付出，理解对方的不易，又要鼓励父亲角色的回归、母亲方法的改进，携手助力孩子成长。

三、转变观念，求同亦要存异

由于个人的生活经验、知识储备等不同，家庭教育采用的教育方法、信奉的教育原则也会存在差异。没有绝对正确和优良的教育方法，适合自己孩子的才是最好的。接受分歧，尊重不同的观点，考虑对方观点的合理性，达成共识；同时允许教育方式的多样性，做到求同存异，这是班主任在家庭教育指导中可以帮助家长进行观念转变的地方。案例中，缺位要补，溺爱要改，但凡事都有两面性，不妨告知家长，用发现的眼光去寻找“美”，有时“缺位”和“溺爱”是不较真、退一步，在一定意义上也给了教育适度的留白和张力。

四、尊重需求，回应打破漠视

无论是学校教育、家庭教育抑或是社会教育，我们面对的是教育对象。抛开教育对象谈教育只能是空谈。教育应该回归学生的需求。案例中，学生目睹父母在大庭广众下争吵引来同学围观，以怒吼的方式表达对父母的强烈不满。究其原因，家长没有考虑孩子要面子、被尊重的需要。随着年龄的增长，校园内的学生越来越关注自己在他人尤其是同学眼中的形象，家长在公开场合争吵，无疑让孩子颜面扫地，让本以解决问题为目的的到访陷入僵局。班主任应引导家长明白家庭教育的开展不能漠视孩子的需求，回应、倾听孩子的心声，允许孩子参与，是家庭教育有效开展的前提。

**看法二：**

## 家庭矛盾的“多米诺”

南京市北京东路小学 聂黎萍

家庭是孩子成长的港湾，夫妻关系和亲子关系和谐与否，往往会对孩子的心理健康和行为表现产生深远影响。美国心理学家卡尔·罗杰斯曾指出：“教育的真正意义在于引导孩子探索自己的内心世界，而家庭和学校是这一旅程的两个关键伙伴。”家校之间的沟通是促进学生全面发展的核心要素，然而，沟通障碍或不当处理往往会导致一系列问题。当家庭矛盾、夫妻冲突和亲子冲突相互交织时，就会形成一个错综复杂的教育环境，产生典型的“多米诺效应”。这种效应不仅破坏了家校沟通的和谐，还对孩子造成诸多负面影响。

一、矛盾剖析：家庭冲突的多维呈现

1. 沟通失衡

张同学在学业成绩和课堂纪律方面遇到的困难，实际上反映了他对学习和行为规范的不适应。然而，家长在学校内的争执，却将关注点从孩子的成长问题转移到了夫妻间养育方式的矛盾上。这种争执不仅未能为张同学提供必要的成长支持，反而让他在社会化成长的场域里丢了面子，失去了自尊，感到被忽视和羞辱。孩子本应是家庭关注的焦点，但父母的争吵却让他置身于一个充满冲突的环境中，这种环境对孩子心理的伤害是难以估量的。

2. 理念冲突

张父认为张母过分宠爱孩子，辅导方法不够有效；而张母则批评张父在教育上缺席，缺乏责任感。这种对立揭示了夫妻俩在教育观念上的根本差异。张父偏好严格的纪律和高标准，而张母则重视提供情感上的支持和宽容的成长环境。这种差异在日常生活中或许不明显，但在孩子学业成

---

聂黎萍，任班主任 15 年，曾获长三角班主任基本功大赛一等奖。

绩和行为表现出现问题时，变得尤为突出。夫妻双方在教育理念上的分歧，不仅加剧了夫妻之间的矛盾，还影响了对孩子问题的解决，进一步形成了恶性循环。

3. 氛围失稳

夫妻间的矛盾构成了张同学案例中潜在的核心问题。张父和张母在校内的争执，揭示了他们在家庭生活中长期累积的分歧。在教育孩子的责任分配上的不均衡、对教育目标的不同理解，以及对彼此教育方法的不满，都可能成为夫妻关系紧张的诱因。这种紧张的家庭氛围对张同学的成长产生了非常糟糕的影响。父母关系的紧张导致家庭环境的不稳定性，这种不稳定性在某种程度上剥夺了小张同学的安全感和归属感。孩子在这样的家庭环境中成长，很难形成健康的心理和良好的行为习惯。

二、破局之路：化解家庭矛盾的策略与思考

1. 理念协同：夫妻统一教育观念

在教育孩子的问题上，夫妻应提前进行沟通和协商，达成共识。当班主任老师邀约至学校交流成长话题时，应控制好情绪，认真参与对话，努力寻找到能助力小张进步的有效途径。夫妻双方都需要认识到，教育孩子是共同的责任。只有在教育理念上达成一致，才能为孩子提供一个稳定、和谐的成长环境。

2. 沟通赋能：优化亲子交流模式

有效的沟通不仅能解决问题，还能让孩子感受到家庭的温暖，增强自信心和责任感。案例中小张的家长可以尝试以下方法。首先，设立固定的“家庭交流时间”，借助一次家庭晚餐或周末的户外活动，让孩子在轻松的氛围中分享自己的想法和感受。其次，学会“积极倾听”，在孩子说话时，家长要保持眼神接触，避免打断，用点头或简短地回应表示理解。此外，采用“我语言”表达感受，这样可以减少孩子的抵触情绪，尤其是这次在校园内发生的冲突，父母应诚恳地表达歉意，以减缓这件事给小张带来的心理负担。

3. 协同育人：深化家校合作机制

家校合作是解决孩子教育问题的重要途径。正如苏霍姆林斯基所言：“没有爱就没有教育。”教育的本质是关爱与理解，家校合作正是这种理念的延伸。班主任在邀请家长到校沟通时，应提前做好准备，明确沟通目标和流程。案例中小张的问题并非一蹴而就，班主任前期虽多次与家长对话交流，但效果不佳。此时，班主任可以尝试“走出去”的方式，走进家庭生活，了解主要养育人的家庭教养方式，观察小张同学的学习成长环境。这种主动了解的方式有助于打破沟通壁垒，增强家长对学校教育的理解与信任。如果到校沟通，班主任应提前与家长进行电话沟通，了解他们的想法和诉求，避免沟通现场出现混乱。同时，班主任应引导家长关注孩子的成长过程，而不仅仅是成绩和行为问题。

**做法：**

## 当家校沟通变成家长战场：一例家庭教育失衡的干预实录

南京仙林外国语学校　魏环君

一、情境再现：一场失控的三方会谈

深秋的走廊里飘着桂花香，初二（3）班的教室却弥漫着令人窒息的低气压。张同学垂着头缩在座位上，耳畔是父亲高亢的责骂声：“数学考38分！你每天陪他写作业都陪到狗肚子里去了？”母亲猛地站起来，文件袋“啪”地摔在桌上：“你除了给生活费还管过什么？上次家长会你连教室门朝哪开都不知道！”窗外的学生越聚越多，有人举着手机偷拍。突然，张同学像受伤的幼兽般嘶吼：“你们能不能滚回家吵！”转身冲出教室时，撞翻了王老师精心准备的家庭教育手册。

魏环君，任班主任14年，南京市德育工作带头人。

二、问题诊断：教育生态链上的三重断裂

1. 家长教育共同体瓦解

张父秉持“严父权威论”，将教育责任完全推给妻子；张母陷入“补偿式溺爱”，用物质满足弥补父爱缺失。这种“丧偶式育儿”与“过度代偿”的碰撞，暴露出家庭教育中角色定位的混乱。

2. 家校沟通机制异化

本该形成合力的家校对话沦为家长推诿责任的战场。据某市基础教育研究院调查，73.6% 的教师曾遭遇家长将教育矛盾转嫁给配偶或学校的情况。

3. 青少年自尊防护墙崩塌

中国青少年研究中心数据显示，68% 的初中生认为“父母当众争吵”比成绩差更令其难堪。张同学的暴发正是青少年心理安全岛被击穿的典型表现。

三、干预策略：构建教育共同体的四步疗法

第一步：按下暂停键——创设冷静空间

具体实施：王老师迅速拉上教室的窗帘，用平和的语调说道：“请两位先观察一下窗外。”随着她手指的方向，张父和张母注意到走廊上尚未完全散去的学生们。“张同学接下来的三年都将生活在这群同学的注视之下。”她轻描淡写的一句话，让家长深刻意识到冲突可能带来的次生伤害。随后，她将双方分别引导至心理咨询室和教师办公室，并为他们递上了温热的茶水。

第二步：双线叙事法——重构沟通逻辑

与父亲对话：“您刚才提到常出差，上次视频辅导孩子解题到凌晨，这些细节孩子在周记里写过。”王老师展示周记本，泛黄的纸页上有歪斜的字迹：“爸爸教的方法比妈妈厉害。”张父捏着纸张的手微微颤抖。

与母亲沟通：“孩子的书包侧袋永远装着创可贴，他说妈妈做菜总切到手。”王老师翻开家校联系册，“每次流感季您送来的中药香囊，孩子们都抢着要。”张母的眼泪滴在写满孩子优点的便签纸上。

第三步：情感共振场——唤醒家庭记忆

王老师播放提前准备的视频：运动会上，张父陪孩子跑1500米时磨破的皮鞋；家长开放日，张母为全班准备的50份手工饼干。当画面定格在全家春游的合照时，张父掏出手机：“这是上周儿子教我用的修图软件……”

第四步：签订成长契约——明确责任边界

三方共同签署《家庭成长计划书》，包含：

父亲“三个一”工程：每周一次家庭运动日、每月参加半天家长课堂、每学期主导两次学科辅导。

母亲“梯度放手”计划：逐步减少作业代检查，转为错题本督导。

学生“自主管理”清单：每日课堂纪律自评表、每周学习规划手账。

四、长效护航：编织三位一体支持网

1. 家长成长工作坊

开设“家庭教育角色平衡”课程，通过情景剧再现张家的冲突场景，引导家长体验“指责型”“逃避型”“合作型”等沟通模式的效果差异。邀请毕业班家长分享“从对抗到协作”的转变历程。

2. 班级情感支持系统

设立“成长树洞”信箱，每周由心理委员收集“匿名烦恼”。开展《爱的表达式》主题班会，让学生用角色扮演展现不同沟通方式的影响，张同学在扮演“和解释放者”角色时，设计出父母握手言和的创意手势。

3. 学科教师协同机制

数学老师为张同学定制“闯关式作业”，每完成3天自主订正即可解锁父亲参与的思维拓展题；英语老师设计亲子配音作业，要求父母分别扮演不同角色，在合作中重建教育默契。

五、教育启示：让家校正向共振的三大法则

1. 关系先于教育的黄金定律

如苏霍姆林斯基所言："教育的效果取决于学校和家庭的教育影响的一致性。"本案例通过重构夫妻教育同盟，修复亲子情感纽带，为孩子后续学业的提升奠定基础。

2. 创伤转化的积极视角

将危机事件转化为教育资源：家长争吵视频经处理成为班会讨论素材，学生由此总结出"非暴力沟通四步法"，这种将伤疤转化为智慧的过程彰显了教育的治愈力量。

3. 系统思维的生态建构

借鉴布朗芬布伦纳生态系统理论，建立"学生—家庭—教师"微系统互动模型。两个月后跟踪显示，张家亲子沟通频率提升 40%，张同学的课堂专注时长从 8 分钟延长至 25 分钟。

六、静待花开：教育是生命的彼此成全

当张父在家长讲堂分享"从甩手掌柜到学习伙伴"的转变时，张母正在走廊指导其他妈妈编制错题本。教室后排，张同学悄悄把父母新拍的合照贴在了成长树上。照片里，三双手共同托举着写有"全家进步 0.5 名"的目标卡——这是属于他们的教育长征，更是生命影响生命的美丽见证。

## 二、隔代教育的指导

**情境二：** 赵同学多次带手机到学校，用课余时间偷偷玩游戏，还喊同学们一起加入。面对班主任的询问，赵同学矢口否认，说这是奶奶接送他时为了方便联系，必须要带的。班主任联系其父母得知，他们工作繁忙，学习和生活由奶奶全权负责。奶奶向班主任倾诉："老师请你帮忙管管，孩子每天手机不离手，我一个人带他，他不听我的话呀……"

看法一：

## 赵同学的迷途：家庭教育缺位与家校沟通梗阻之殇

南京市科睿小学　周雅婷

学生的健康成长，仰赖于学校、家庭与社会的协同发力，任何一方的功能缺失或行为不当，都可能成为学生身心发展的阻碍。《中华人民共和国家庭教育促进法》明晰了未成年人的父母或其他监护人在家庭教育中的主体责任，同时，国家和社会也为家庭教育提供相应的指导、支持与服务。《关于健全学校家庭社会协同育人机制的意见》进一步强调，家长需切实履行家庭教育主体责任，深刻认识到家庭作为孩子成长的第一课堂、家长作为孩子的第一任老师的重要性，积极营造良好的家庭环境。

在此背景下，赵同学的案例颇具典型性。赵同学多次将手机带入学校，在课余时间偷偷玩游戏，甚至带动同学一同参与。面对班主任黄老师的询问，他矢口否认玩游戏的行为，坚称手机是奶奶为了方便接送联系而让其携带。经班主任与赵同学父母沟通得知，因工作繁忙，他们将赵同学的学习和生活全部交由奶奶负责。奶奶向班主任诉苦，称孩子手机不离手，自己年事已高，难以管教。这一案例深刻反映出家校协同的不足以及家庭教育指导的迫切需求。

一、问题呈现与核心矛盾洞察

1. 学生行为偏差

赵同学在校期间多次违规携带手机，课余沉迷游戏，还带动同学参与，严重扰乱了班级的教学与管理秩序。面对老师的询问，他选择撒谎掩饰，声称手机是为方便与奶奶联系。这一系列行为表明，赵同学不仅缺乏学习动力与目标，未养成良好的学习和行为习惯，而且沉迷手机，诚信意识淡薄，对其学业与身心健康发展构成了严重威胁。

---

周雅婷，任班主任 11 年，南京市德育工作带头人。

（1）家庭教育缺失

赵同学的父母因工作繁忙，长期缺席孩子的成长过程，将教育责任全部推给年迈的奶奶。奶奶由于精力有限、教育观念陈旧，难以与赵同学进行有效的沟通交流，无法深入了解他的内心需求。在生活习惯和品德培养方面，奶奶显得力不从心，导致赵同学缺乏必要的约束和引导。这种亲子沟通的缺失和家庭教育的缺位，使得赵同学在成长过程中缺乏应有的支持和引导，进而出现了一系列行为和心理问题。

（2）家校沟通不畅

班主任试图通过与家长沟通来解决赵同学的问题，但家长以“全权由奶奶负责”为由，推卸教育责任。奶奶的隔代教育效果不佳，又将教育希望完全寄托于学校和老师，使得家校沟通陷入困境。学校虽然承担着教育责任，但面对赵同学的复杂情况，教师精力有限，难以提供全方位的个性化教育。因此，解决赵同学的问题，需要整合社区等多方资源，共同为其家庭提供教育指导。

2. 问题根源的多维探寻

（1）行为偏差的心理成因

赵同学在成长过程中缺乏父母的关爱与陪伴，内心安全感缺失，容易产生自卑、孤独等负面情绪。为了吸引他人的关注，他通过不良行为来寻求存在感。同时，他在手机游戏中找到了虚拟的成就感，以此来填补内心的空虚。此外，由于道德和规则意识淡薄，他在面对老师的询问时选择了撒谎。

（2）家庭教育失能的根源

赵同学父母长期忙于工作，忽视了家庭教育，未能与孩子建立良好的亲子关系和沟通渠道。奶奶受文化水平和教育观念的限制，无法给予赵同学科学的引导。家庭中缺乏良好的学习氛围和行为榜样，导致赵同学未能形成正确的价值观和行为准则。此外，在手机使用方面，赵同学缺乏正确的引导和规范，从而陷入沉迷。

（3）家校沟通受阻的因素

学校教育过于注重知识传授，对学生的心理健康和个性化发展关注不够。教师面对众多学生，难以做到因材施教，针对赵同学的特殊情况制定个性化的教育方案存在困难。学校与家庭之间的沟通合作不够紧密，未能形成教育合力，缺乏有效的家庭教育指导，使得赵同学的问题难以得到及时有效的解决。

赵同学的案例，不仅反映了其个人成长过程中面临的问题，也揭示了家庭教育指导政策在落实过程中遇到的挑战。深入剖析这一案例，有助于我们探寻问题的根源，找到切实可行的解决办法，为学生的健康成长创造良好的环境。

**看法二：**

## 家校协同：破解隔代教养中的数字沉迷难题

南京师范大学附属中学新城小学　陈宇婷

在信息化时代，手机依赖已成为青少年群体中的“时代病”。本文以此案例为切入口，分析这一现象暴露出的问题、原因，并提出解决方案，旨在为家校共育提供参考。

一、问题界定：从个案透视社会现象

案例中赵同学的父母以工作繁忙为由，将孩子的生活和学习全权委托给老人，导致家庭教育功能弱化。而赵同学的奶奶因为年龄较大，只能承担起接送孩子、解决温饱等责任，而且家庭权威性不足，面对赵同学，形成“想管却管不了”的局面。其次，赵同学沉迷游戏，暴露出其缺乏自我管理能力。同时，因为父母长期不在身边，他缺乏情感支持，转而通过游戏中的社交和成就感来填补空虚。在此案例中，赵同学多次带手机到校，用课余时间玩游戏，甚至诱使其他学生模仿，也反映出学校的管

陈宇婷，任班主任13年，南京市德育工作带头人。

理存在漏洞。赵同学的故事绝非个例，父母因工作缺位、祖辈无力管教、孩子沉迷虚拟世界等现象，折射出家庭教育责任失衡、代际教育冲突、学生心理需求错位等多重社会问题。

二、归因分析：多维角度溯源问题本质

1. 家庭系统功能失调

情感忽视下的替代满足。长期缺少父母的陪伴可能导致孩子的情感需求得不到满足，转而通过游戏寻求补偿，缓解现实中的被忽视感和较低的自我价值感。

父母引导缺失下的行为失控。父母原本是孩子“自我调节”能力发展的外部支持者，但是长期的陪伴不足导致孩子缺少情绪管理、延迟满足等能力，使得孩子更加容易被游戏所迷惑。

隔代教养下的权力倒置。祖辈因体力衰退、教育理念滞后和数字鸿沟，在孙辈面前丧失权威感，且无法完全满足孙辈的精神需求。

2. 学校管理策略失效

监管执行力度不足。教师在课间巡查中存在疏漏，赵同学多次带手机到学校，利用课余时间偷偷玩游戏，都没有被及时制止。

粗放型禁令的局限性。单纯没收手机只能治标，平时的课间活动局限于自由活动，缺乏趣味性游戏，没有解决学生课余时间的精神空虚问题。

3. 学生自我管理受限

大脑发育与自我调节不足。青少年前额叶皮层（负责决策、冲动控制）发育尚未完善，导致对游戏诱惑的抵抗力较弱，容易陷入即时满足。

即时反馈与强化机制。电子游戏通过得分、升级等机制提供高频即时反馈，使人得到极大的满足，促使学生反复寻求刺激以维持快感。相比之下，学习属于低刺激，需要长期投入才能获得反馈，导致赵同学选择“低投入高回报”的游戏行为。

替代性满足机制。游戏中的虚拟身份和成就可以弥补现实中的价值缺失。同时，多人协作、团队竞争等机制能够获得群体认同，填补现实社交中的孤独感和归属感。

三、解决方案：构建家校协同教育生态系统

1. 家庭端：重塑责任链条

增强亲子互动。赵同学的父母应重新审视自己的教育责任，尽量抽出时间陪伴孩子，参与孩子的学习和生活。比如坚持每日15分钟深度对话，每周累计5小时高质量陪伴等。平时多关注孩子的情感需求，给予足够的关爱和支持。

共同制定规则。召开家庭会议，父母和孩子一起商定电子产品使用的规则，例如规定每周手机使用时间、使用范围、场合等，并严格执行。

搭建代际沟通桥梁。父母应充当祖辈与孩子之间的沟通桥梁，帮助祖辈理解孩子的需求，同时引导孩子尊重祖辈的付出。

2. 学校端：实施弹性引导

完善手机管理。规定在校期间手机统一存放于老师办公室，并提供书本、棋类、益智玩具等，以满足课间娱乐需求。

定期培训家长。学校开设“家长课堂”，帮助家长掌握科学的教育方法。同时，班主任应加强与家长的沟通，及时反馈学生情况，形成教育合力。

提供心理辅导：学校心理老师可以定期对学生进行心理评估，及时发现并干预学生潜在的心理问题。对于像赵同学这样的学生，可以进行个别辅导，帮助其找到替代游戏的健康爱好。

破解数字沉迷困局，本质是重构个人、家庭、学校的责任共生关系。通过科学的管理、情感的关怀和教育的引导，父母从“物理在场”走向“情感在场”，学校从“简单禁止”转向“需求转化”，我们可以帮助青少年走出困境，培养出健康的生活方式和积极的人生态度。

做法：

## 以“父母学习坊”为载体，构建初中阶段家庭教育指导新模式

南京市第五十四中学　侯庆秋

初中三年是学生成长的关键期，也是家校共育的黄金期。然而，在带班过程中，我们经常面临父母监护缺位、隔辈抚养困境以及学生沉迷电子产品等挑战。为破解这些难题，近两年来，我坚持以家长需求为导向，立足班级实际，打造了“父母学习坊”这一家校共育平台。在轻松愉悦的氛围中激发家长的理性思考与经验分享，推动家庭教育指导落地生根，为学生的健康成长保驾护航。

一、创新：“父母学习坊”生根之道

1. 家长立场，回归初心

家长的立场不完全等同于以家长为中心，家长的需求应该成为家校共育研究的起点和出发点，并且是活动设计的重要依据。

因此，我们“父母学习坊”的活动，遵循家长立场，立足于这一特殊年段家长的需求，倾听家长的心声。“对于孩子的教育您的困惑和希望得到帮助的是什么？”“您期望在‘父母学习坊’中获得哪些方面的信息？”通过前期的问卷调查，我们发现大部分的家长在如何能和孩子更好地沟通方面存在困惑，基于此，我们准备把“父母学习坊”的活动设计的主动权还给家长。

2. 百家争鸣，创意涌现

如何将活动开展得既丰富多彩又意义深刻？这是班主任需要深思熟虑的问题。

一是把活动的设计权交给家长，征集家长们对活动设计的创意。我向家长发起号召，征集大家对“父母学习坊”的想法和设计。在汇总整理家长们的想法之后，我发起了一次腾讯会议，在会议上将家长们的想法进

---

侯庆秋，任班主任16年，曾获长三角班主任基本功大赛二等奖。

行交流。我们将这些设想进行了罗列和分类，在讨论过程中家长们又碰撞出了更多新的想法，如户外团建、亲子夜话、读书分享、专家指导等等，收获了非常多的“金点子”。

二是组织家长讨论分析，在讨论分析的过程中进行权衡和取舍，在选择的过程中进行“父母学习坊”活动设计的依据和目标的制定。通过讨论，我们确定了初中三年不同年级的活动主题以及基本的活动形式。活动主题如下：

| 时间 | 专题 |
| --- | --- |
| 初一上学期 | 《迈好初中第一步，携手共育新起点》 |
| 初一上学期 | 《培养良好习惯，奠定学习基础》 |
| 初一下学期 | 《信息时代的家庭教育》 |
| 初一下学期 | 《关注青春期变化，引导健康成长》 |
| 初二上学期 | 《“隔辈抚养”大家谈》 |
| 初二上学期 | 《预防两极分化，促进共同进步》 |
| 初二下学期 | 《指尖上的诱惑：初中生手机使用与学习生活的平衡之道》 |
| 初二下学期 | 《加强沟通交流，共筑成长桥梁》 |
| 初三上学期 | 《树立理想，勇攀高峰》 |
| 初三下学期 | 《中考心态那些事》 |

我们希望每月组织一次学习，为了让开展的形式更加多样从而让家长们充满新鲜感，经过集体讨论，基本的活动形式则由心灵夜话、读书分享、专家引领、模拟家庭这四个板块组成，每月完成其中的一个板块。

二、成长：“父母学习坊”立足之本

1. 解决痛点，“隔辈抚养”非难题

在我所带的班级中也有一些类似情境中孩子隔辈抚养的情况，父母长期不在身边，缺乏对孩子的陪伴和教育。在隔辈抚养的家庭中，祖辈们往往承担着重要的教育责任。然而，由于时代差异和教育理念的不同，他们在教育孙辈时常常面临困惑和挑战。为了帮助隔辈抚养家庭更好地应对教育难题，提升家庭教育质量，我们也会邀请祖辈来参加“父母学习坊”的活动，学习科学的教育理念和方法。

在“父母学习坊”中，通过专家讲座、案例分析等形式，帮助爷爷奶奶了解不同年龄段孩子的心理特点和行为表现，避免用老观念、老方法教育孩子。传授正面管教、有效沟通等科学的教育方法，帮助爷爷奶奶掌握如何与孩子建立良好的亲子关系，如何引导孩子养成良好的学习习惯和生活习惯。通过“父母学习坊”，可以有效提升隔辈抚养家庭的教育能力，帮助爷爷奶奶们更好地承担起教育孙辈的责任。同时，也能促进家庭成员之间的沟通和理解，营造和谐融洽的家庭氛围，为孩子的健康成长保驾护航。

2. 全员参与，家长监护不缺位

一是“父母学习坊”的学习做到全员参与。这种活动不再是老师的一言堂或者个别家长的亮相。不同身份、不同学历、不同背景的家长都能够发挥自己的特长和优势，在活动中找到自己的位置。一个平时不太善于和别人交流的家长告诉我，“父母学习坊”活动的开展就像是汩汩温泉，哪怕是倾听也能感受到一股温暖的力量。

二是打破时空界限，线上线下融合赋能。初中阶段是孩子成长的关键时期，父母的陪伴和引导至关重要。然而，现实中由于工作、生活等原因，部分父母存在缺位现象，无法对孩子进行有效的家庭教育。为了提高学习的效果，在外地的家长也能够通过线上的方式参加活动，发表自己的见解。通过商议，我们班还建立“代理家长”制度，由老师或家长志愿者担任“代理家长”，为缺位家庭的孩子提供关爱和帮助。所以我们开展的“父母学习坊”既是一个有形的“坊”，也是无形的“坊”。

家庭教育和学校教育犹如车之双轮，鸟之双翼，二者相辅相成，缺一不可。本研究以“父母学习坊”为载体，旨在探索家校合作的新模式、新路径，助力家长更新教育理念，提升教育能力。通过构建家校协同育人新机制，打造特色化家校合作体系，最终实现家长与学生的共同成长，为孩子的终身发展奠定坚实基础。

**专家点评：**

这两则案例极具代表性，集中反映出当下家庭教育与家校协同育人中的痛点与难点。家庭是孩子成长的摇篮，父母的教育方式和态度直接影响孩子的心理与行为。家庭教育严重缺位，隔代教养力不从心，家校沟通又存在梗阻，致使孩子行为失范。解决此类问题，需多方协同发力。学校应发挥主导作用，强化家校沟通技巧培训，提升教师应对复杂家校问题的能力。同时，要引导家长树立正确教育观，明确各自教育职责，家校社三方联动构建教育共同体。

## 第三节　如何推进校家社协同育人?

### 一、活动的组织与创新

**情境一：**三月份社区环保组织开展“绿色校园”系列活动，班主任邀请家长和学生共同参与校园垃圾分类和植树活动。然而，部分家长认为这些活动占用了孩子的时间，影响学习，这些事交给清洁工做就行了；他们还认为活动没有意义，是做样子，方便社区拍照推公众号。孩子们跟着起哄，活动效果很不理想，家长们纷纷要求退出后续活动。

看法一：

## 绿色校园活动背后的育人密码

南京东南实验学校　冯锟

2024 年 11 月教育部、中宣部等十七个部门联合印发《家校社协同育人“教联体”工作方案》（以下简称方案），提出“教联体”的概念，它不仅是一种机制的保障，更是促进校家社有效协同的一种工作方式。它的建立确保了协同育人工作机制更加完善。

一、解码育人矛盾：家长立场的多维透视

《方案》规定，社区有责任协作学校育人工作。可当社区积极介入时，家长却认为社区是为了做宣传，劳动是保洁的工作。

究其原因，可发现这样几个思维立场：

1. 教育投资回报率的隐性计算

据情境可知，家长们认为“活动占用孩子时间，影响学习”。其实，家长们并不是不认同劳动教育，而是觉得这种活动投资回报率较低。人才市场竞争激烈的当下，孩子们把时间充分利用起来提升自己的学业才“划算”。体力劳动属于劳动降级的认知催生投资回报率较低的思维立场，也给这类育人活动带来困扰。

2. 对于活动的安全焦虑和替代劳动

当下学生普遍被保护过度。社区组织植树活动和垃圾分类对于学生而言充满新鲜感，家长却担心安全隐患与卫生隐患，进而出现要么不参加，要么由家长替代劳动的现象。这种现象渐渐消磨家长们的配合意识，滋生安全焦虑与替代劳动的行为。

3. 评价标准单一带来的行为异化

当劳动教育被纳入综合素质评价体系后，家长们对于劳动教育出现了策略性的应对。拍照、打卡这种容易敷衍的评价形式让家长烦躁不堪。

冯锟，任班主任 17 年，曾获长三角班主任基本功一等奖。

学生们没有从劳动中收获赏识与鼓励，家长也不愿意付出时间和精力陪同孩子在单一劳动作业中试错。由此渐渐就形成了共同的认识：劳动就是为了拍照打卡。

二、解码价值重构：劳动教育的有效创新

1. 从实施到操作的全程劳动体验

劳动教育需要突破“技能培训”的窄化框架，体验全过程劳动。绿色校园共建应全过程放开，学生通过参与方案设计，从选苗、选址、种植的等多方面体验此项劳动的存在意义。垃圾分类要融入社会关系，回到生活的小区去践行劳动的价值，社区主导以家庭为单位集宣传、发动、实施、评价于一体。

2. 尝试多维度融合的劳动教育模式

在跨学科整合中挖掘劳动教育潜能，思考劳动教育的“STEAM+”模式，将校园劳动与所学课程、工程思维、平面设计相结合。舍得花时间让学生们去体验，且最终产出的结果鼓励学生用自己的方式来展现。

3. 紧跟时代的数字化劳动场景

现在很多学校设立了 AR 实验室，利用数字技术进行理化生实验。我们可以利用数字技术延伸劳动教育的边界，如绿色校园活动就让学生们用数字化方式去改造自己喜欢的校园。

三、解码破局之道：家校社共育的协同共融

破局之道在于协同共融，让更多的组织融合进“学校—家庭”二维育人空间。拓展共融的深度和广度，让活动直达学生成长的核心需求。

1. 协同共融的评价，用口碑代替公众号

家校之间协同共融，建立有效的增值性评价机制。活动留痕是一种对过程关注的有效宣传，但宣传应是活动效果的自然延伸。多调研并注重活动口碑，关注劳动教育的隐形育人价值。

2. 社会化协作，建立持久的劳育共同体

积极构建家庭—学校—企业—社区等多维联动机制，深度开发社会化协作专项劳动实践基地。目前有很多农业劳动基地拥有真实的劳动场景，能用劳动效果直观反馈劳动成果。绿色校园活动不妨就引入一个园林绿化公司，学生成果可以直接申请专利，甚至投产变现，这种真实的评价会更贴近学生未来的发展需要和生存需要。

绿色校园活动前提是先“绿化”协同育人的方式。劳动教育的价值重构不是简单的课程改良。习近平总书记强调：“我们对时间的理解，是百年、千年为计。”这种大时间观有利于我们审视我们的劳动教育，融合各方资源的劳动实践其育人效果是什么？这不是简单地完成活动计划，而是关乎培育新时代建设者的育人实践，这些改变需要我们教育者和家长以更大的勇气突破认知边界，跟上时代脚步。

**看法二：**

## 从争议到共育——“教联体”推进生态文明教育策略探析

南京市九龙中学　赵家伟

《中小学德育工作指南》将“生态文明教育”列为重要德育内容之一，要求“组织环保类社会实践，增强学生社会责任”。生态文明教育不只是课程教育，更是生活教育和行动能力的培养。因此，把生态文明教育融入育人全过程，不仅是学校教育的责任，家庭教育和社会教育都有责任。

一、情境分析

作为班主任既要回应家长的现实关切，又要以专业的教育设计扭转认知偏差，最终将争议转化为家校协同育人契机的关键在于跳出“活动即临时任务”的思维，将其嵌入学生成长的完整链条，让教育回归培养“完整的人”的本质追求。

---

赵家伟，任班主任5年，曾获江苏省班主任基本功大赛一等奖。

1. 教育认知出现偏差

当问及“是否支持孩子参与垃圾分类项目”时，超过半数家长的第一反应是“会不会耽误写作业”。垃圾分类和植树活动是生态文明教育和劳动教育的一部分，班主任应当通过主题教育，重塑劳动观念和生态文明意识，明确孩子成长不同维度需求。

2. 活动内容需要深度

活动设计未遵循“学生本位”原则，无教育意义的活动会降低教联体的信誉度，过往类似活动可能重宣传轻实效，如集中摆拍后即结束，形式化痕迹明显以及缺乏后续跟踪，导致家长形成刻板印象。

3.“教联体”协作需要加强

情境中的困境还可能是沟通机制缺失和家长参与感不足导致的。如果活动前未充分说明教育目标，仅以“配合社区工作”等行政化口吻通知，极易引发家长误解。

二、解决策略

为避免两难处境，班主任与其在群里发长文解释，不如让家长亲身参与一次活动。家长如果被简单定位为“旁观者”而非合作者，便无法理解该活动的教育意义。

1. 重构沟通逻辑：从“告知”到“共情”

沟通的关键不是告知，而是共情。在我的班级中曾经发生过一件事情：某同学妈妈最初坚决反对植树活动，直到她翻出女儿小学写的日记：“今天种下的小树苗，十年后会不会比我高？”她突然红了眼眶，原来孩子在乎的不是拍照，而是生命成长的意义。

（1）分层沟通、重点家访：全体家长会上用可视化数据说明环保教育的必要性。针对抵触情绪强烈的家长，倾听具体诉求（如担心某学科成绩下滑），承诺提供个性化学习补偿方案（如活动后安排教师答疑）。

（2）以学生为中心，增强体验感。家长因为担心孩子沦为社区“新闻稿”背景板，因而抵触该活动。所以社区应当和学校沟通并优化活动设计，使其具有较好的教育意义。可以尝试将活动与学科知识结合，例如：

| 融合学科 | 项目名称 |
|---|---|
| 数学 | 统计班级垃圾减量数据并制作图表 |
| 生物 | 记录树苗生长与土壤酸碱度关系 |
| 语文 | 撰写活动纪实报道投稿至校刊 |
| 英语 | 了解国内外生态文明活动开展情况 |
| 历史 | 研究不同文明的生态观 |
| 美术 | 利用废弃材料进行艺术创作，传递环保理念 |
| 语文 | 模拟联合国环境会议 |

2. 活动模式升级：从“任务”到“项目”

（1）长线任务设计：

垃圾分类：开展月度“垃圾分类小能手”挑战赛，设置可量化的减排目标（如每周减少 20% 其他垃圾），定期公示结果并奖励优胜者。

植树活动：推行“班级领养制”，每学期提交树木生长报告，结合地理课制作校园绿地图。

（2）增强仪式感与获得感：颁发环保勋章、设立“绿色之星”表彰墙，通过校园电视台、红领巾广播台报道优秀案例，强化正向激励。

3. 家长参与机制创新：从“旁观”到“共建”

（1）家长合作参与：邀请从事环保、园艺等行业的家长担任技术指导，如教授堆肥技巧或树木修剪知识。设计亲子协作项目，如“旧物改造工作坊”，要求提交作品并举办展览。

（2）透明化宣传：公众号推送侧重过程记录（如学生讨论方案的照片、原始数据表格），而非单一结果展示，每周发布《行动日志》展现持续影响。

通过以上策略，明确校家社分工、以学生为本设计体验式活动、建立透明化协作平台，将形式化的环保活动转化为“全员参与、全程育人、全方位评价”的协同育人项目。最终实现家长从“质疑者”到“支持者”，学生从“被动参与”到“主动行动”的转变，真正达成环保教育和教联体教育活动的深层目标。



**做法：**

## 当环保理想遭遇现实阻力：如何让绿色教育真正生根

南京师范大学附属小学　魏婷婷

环保教育已成为21世纪教育体系不可或缺的一部分，它不仅关乎个体环保意识的培养，更是推动社会可持续发展、实现生态文明建设目标的关键。然而，在实际操作中，环保教育往往面临着诸多挑战，如家长认知偏差导致的支持不足、学生参与热情难以持续等问题。在当前快速变化的社会背景下，如何克服这些现实阻力，让绿色教育真正在学生心中生根发芽，需要我们结合教育理念的创新与国家政策的引导，构建一个多方参与、资源共享、持续优化的绿色教育体系，为培养具有环保意识和社会责任感的未来公民提供有力支撑。

一、认知重建工程

首先，认知重建是首要任务。学校可以组织“绿色视野”家长工作坊，邀请国内外环保教育专家进行线上或线下讲座，分享成功案例，如芬兰的自然学校模式，让家长直观感受到环保教育对孩子全面发展的深远影响。同时，利用家校共育APP开设“环保之声”专栏，定期发布环保资讯、教育理念解读，以及家长心得分享，营造积极向上的环保氛围。此外，组织“亲子环保行”活动，让家长与孩子共同参与社区清洁、垃圾分类指导等实践活动，亲身体验环保行动的乐趣与价值，从而转变观念，成为绿色教育的支持者。

这些举措从观念上实现了从“旁观者”到“参与者”的转变，通过这一系列认知重建活动，学校与家长共同构建了一个支持环保教育的强

---

魏婷婷，任班主任10年，曾获江苏省班主任基本功大赛一等奖。

大联盟，为孩子的绿色成长奠定了坚实的基础。

二、活动迭代设计

在活动设计上，我们要注重层次性和实践性。低年级学生可通过“环保小侦探”趣味游戏，如垃圾分类寻宝、自然观察日记等，激发探索自然的兴趣；高年级学生则鼓励参与“绿色创新挑战赛”，在挑战赛的过程中，学生们自由组队，针对校园内存在的环保问题提出解决方案。例如，有的小组关注到校园内电动车充电需求日益增长，但传统充电方式存在能耗较高的问题，于是他们设计并建造了一个小型太阳能充电站。该充电站利用太阳能板收集能量，为电动车提供绿色、环保的充电服务。

这一系列迭代设计的环保活动，使学生不仅学会了如何将理论知识应用于实践，还培养了团队协作、项目管理等多方面的能力，极大地增强了他们的自我效能感和社会责任感。

三、激励机制创新

激励机制的创新同样关键。学校可以设立“绿色成长树”评价体系，它以一棵大树为象征，树干代表学生的环保成长之路，树枝则代表不同的环保任务或活动。每当学生完成一项环保任务，如参与垃圾分类、节能减排、环保宣传等，就可以在“成长树”上获得一枚相应的“绿叶币”。“绿叶币”的用途多样，学生可以用它来兑换环保书籍、参与环保夏令营等奖励。环保书籍能够帮助学生深入了解环保知识，拓宽视野；而环保夏令营则是一次难得的实践机会，让学生亲身体验环保行动的乐趣和价值。

从教育心理学的角度来看，正向激励机制能够增强学生的内在动机，激发学生对特定行为的内在兴趣和持续投入，这样的奖励机制不仅满足了学生对于成就感和自我实现的需求，还促进了他们对环保价值的认同和内化。

四、协同育人网络

构建协同育人网络是保障绿色教育持续发展的关键。学校充分利用家长资源，组建了一个独特的“绿色导师团”。这个团体由从事环保、园林等行业的家长组成，他们拥有丰富的专业知识和实践经验，定期走进校园，为学生讲解环保的基本概念和重要性，还结合自己的工作经历，分享在环保领域遇到的挑战和解决方案。为了进一步加强家校合作，学校还在家校共育 APP 上增设了“绿色家园”模块。这个模块提供了家庭环保任务指南，帮助家长了解如何在日常生活中培养孩子的环保意识。同时，它还设有在线互动问答功能，让家长和教师可以随时交流环保教育的经验和心得，共同解决遇到的问题。同时，与社区建立“绿色联盟”，共同举办环保公益活动，如植树节、世界地球日庆祝活动等，形成学校、家庭、社区三位一体的环保教育网络。



通过上述一系列具体而可操作的策略，我们不仅能够克服环保教育初期的种种阻力，更能在学生心中播下绿色的种子，让环保成为他们自觉的生活方式，共同推动社会向更加绿色、可持续的方向发展。

## 二、数字化时代的校家社协同

**情境二：**学校想把课后服务打造成校家社协作的样板项目，开展了以“数字化时代”为主题的活动，联系了社会资源为同学们开设了数场“数字化”主题讲座，组织同学参观了解 5G、人工智能、AI 等最前沿的信息技术，却有家长和班主任反馈：我们小时候老师教书就是一块黑板、几支粉笔，我们不也能成人成才嘛……

**看法一：**

### 教育数字化背景下家校冲突的成因与对策

南京市五老村小学　方雨琳

随着 ChatGPT、DeepSeek 等出现，我们发现数字化时代已然到来。一边是席卷而来的数字化教学新模式，一边是抱怨“粉笔黑板足够用”的

方雨琳，任班主任 10 年，曾获长三角班主任基本功大赛一等奖。

家长群体，数字化教育遭遇的质疑声，恰似工业革命初期手工作坊主对蒸汽机的抵触——表面是对工具的抗拒，实则隐藏着家长更深的忧虑。

传统教育模式的成功经验建立在“有限信息场”基础之上。在信息获取渠道单一的时代，教师作为知识权威的角色，“一块黑板＋几支粉笔”确实能完成知识传递的基本使命。但当下的教育生态已发生根本性变革，家长群体的认知滞后暴露了教育转型中的关键矛盾：学校教育已迈入数字化深水区，但家校协作却出现“代沟”——学校着力构建虚拟学习社区时，家长仍在用纸质错题本监督学习；教师尝试开展项目式学习时，家长执着于刷题量统计。

在家校冲突的背后，数字化教育融合困境的原因是什么呢？

一是教育记忆的“路径依赖”。许多家长的教育观念根植于自身的成长经历，基于纸质化、讲授式教育的集体记忆，家长们与学校数字化教学的实践逻辑形成认知断层。在他们接受教育的年代，信息获取渠道单一，教师教学是知识的主要来源，考试成绩和作业完成度是衡量学习成果的主要标准，“题海战术”和“死记硬背”被视为有效的学习方法。

从新技术的接受程度来看，学生作为“数字原住民”，对新技术的接受度和使用能力很强。而家长，特别是70后、80后家长可能存在对技术的理解仅停留在工具层面，或有刻板印象等情况。

二是教育目标转向的代际落差。传统教育侧重于“传授知识”，教师象征知识的权威，学生主要通过记忆和复习知识来学习，分数和排名是衡量学生的黄金标准。但在数字化时代，知识获取极为便捷，教育重点转向“培养核心素养”。

数字化教育推动了评价方式的多元化，除了传统的考试成绩外，在线讨论参与度、数字作品、实践成果等都被纳入评估体系。例如，一位父亲以自己小时候没有电子设备却能考上大学为由，质疑学校让孩子用平板电脑学习的必要性。这种观点的矛盾之处在于，家长将自己成功的经验等同于普遍适用的教育规律，而没有意识到时代需求已经发生了巨大变化。

现代社会对人才的需求已从“知识储备型”转变为“问题解决型”。

三是风险感知。家长对数字化教育的普及带来的辐射影响存在焦虑，如担心孩子过度使用电子设备损害视力、沉迷网络游戏或接触不良信息等。面对此类焦虑时，家长常常手足无措，学校也没有给予及时的、充足的、专业的指导，这些未来的“风险”加剧了家校之间的信任危机。

作为班主任，应该如何应对数字化教育融合面临的困境与挑战呢？我们要把握好三个平衡点：

一是路径依赖与创新引导的平衡。要理解和尊重家长的传统教育观念，同时，通过沟通和交流，帮助他们认识到时代的发展和教育变革的必要性，引导他们逐步放下对传统教育方式的过度依赖。例如，可以组织家长培训或分享会，邀请专家介绍数字化教育的优势和成功案例，让家长了解数字化教学如何更好地培养学生的综合能力。

二是素养培育与观念转变的平衡。首先，要加强对家长的教育指导，通过家长会、家访等方式，向家长宣传现代教育理念和人才培养的新趋势，帮助他们理解核心素养对学生未来发展的重要性，引导家长转变教育观念。如，根据学生学情生成个性化成长图谱，智能推送适切的数字资源与素养培养方案，让家长真实看见孩子的成长。

三是风险防控与信任构建的平衡。一方面，要建立健全风险防控机制，加强对学生的教育和引导，帮助学生正确认识和使用数字化设备和网络资源。另一方面，要加强与家长的沟通和信任构建，定期向家长反馈学生在数字化学习过程中的表现和问题，让家长了解学校的教育教学工作和风险防控措施。此外，还可以邀请家长参与学校的管理和监督，共同制定数字化教育的相关政策和规范等。

在这场静悄悄的教育革命中，没有简单的对错之分，只有与时俱进的智慧选择。技术也许可以重构教育形态，却无法替代教育本质，越是技术狂飙的时代，我们越要守护教育的初心。

看法二：

## 校家社认知趋同对人工智能赋能教育的重要性

南京师范大学附属中学　李娜

以人工智能为代表的信息技术狂飙突进，一方面为教育的创新发展提供强大支撑，如有利于整合有形的物理空间与无形的数字空间，促进教师、学生、环境、学习内容的多维交互；另一方面也引发了人们对智能时代教师地位与角色的忧虑与思索，忧虑的是教师地位会被人工智能冲击，思索的是智能时代教师的价值与作用何在。

面对充满不确定性的未来世界，我们必须重视智能时代教育的本质与教师的应变之道。早在 1940 年，我国著名教育家、社会学家潘光旦就在《宣传不是教育》一文中指出，真正的教育有一个重要的前提，那就是承认每一个人都有一种内在的智慧，并且具有使用这种智慧应付环境、解决问题的能力。其实，无论技术如何发展变迁，教育的本质并未改变。用范梅南的话说，教育的本质依然是“迷恋他人成长的学问”，只不过互动发生的场景更为立体复杂，所依托的技术支持更为智能有力。价值观念的多元、媒介信息的繁杂、知识获取的便捷、技术更迭的快速使得教师立德树人这一永恒使命在智能时代更为关键和迫切，也急需教师成为善于利用适切工具开展育人活动的智慧教师。在这个过程中，校家社认知趋同对于人工智能赋能教育至关重要。

一、目标一致，形成教育合力

学校、家庭和社会对人工智能赋能教育有共同认知，能确保三方在教育目标上保持一致，都以培养适应人工智能时代的创新型人才为目标，避免出现学校推进人工智能教育，而家庭和社会不理解、不支持甚至唱反调的情况。

当校家社对人工智能教育的价值、意义和实施方式有趋同认知时，

李娜，任班主任 7 年，曾获南京市班主任基本功大赛一等奖。

三方就能更好地协同配合。学校可以借助家庭和社会的资源，如家长中的技术专家可以到学校开展讲座，社会上的科技企业可以为学校提供实践基地；家庭可以配合学校的教育计划，引导孩子在课外合理使用人工智能工具进行学习和探索；社会则能为学校和家庭提供更广泛的教育资源和平台，共同推动人工智能教育的发展。

二、强化学习体验，理解人工智能优势

校家社认知趋同有利于为学生创造一个连贯、统一的人工智能学习环境。在学校，学生接受系统的人工智能知识教育和技能训练；回到家，家长能够理解并鼓励孩子继续探索相关知识，提供必要的支持和引导；在社会中，学生能接触到更多人工智能的实际应用案例，通过参观科技馆、企业等，加深对课堂知识的理解，使学习体验更加丰富和深入。

人工智能赋能教育的一大优势是能够实现个性化学习，为每个学生制定个性化的学习计划。学校可以根据学生在校学习情况，结合家庭反馈和社会资源，利用人工智能分析学生的学习特点和需求，为其提供更精准的学习建议和辅导。

三、加强家校沟通交流，实施信息共享

利用多种渠道进行宣传，如学校官网、微信公众号、社区宣传栏、当地媒体等，广泛传播人工智能教育的重要性和必要性，提高社会关注度和认可度。学校可以建立校家社沟通的专门平台，如线上论坛、家长学校 APP 等。在平台上设立人工智能教育专区，用于发布相关政策、课程信息、学习资源等，方便三方随时交流讨论。定期召开校家社联席会议，共同探讨人工智能教育的目标、内容和实施策略，解决在推进过程中遇到的问题。

学校及时向家长和社会通报学校开展人工智能教育的计划、进展和成果，通过家长会、学校开放日等形式，让家长和社会了解学校在人工智能教育方面的工作。家庭和社会也可以将在生活和工作中发现的人工智能应用案例、行业动态等信息反馈给学校，为学校的教育教学提供参考。

开展人工智能教学方法和技能培训，使教师将人工智能技术融入课堂教学；举办家庭教育中的人工智能应用培训，指导家长引导孩子正确使用人工智能工具进行学习。

校家社对人工智能赋能教育有一致的认知，有助于各方在教育资源配置上达成共识，实现资源的合理分配和有效利用。校家社共同协商，根据实际需求和发展重点，分配人力、物力和财力资源，避免资源的浪费和重复建设，确保有限的资源能够最大限度地发挥作用，为人工智能赋能教育提供坚实的物质基础。

**做法：**

## 从“黑板记忆”到“数字未来”

南京市九龙中学　赵家伟

《家校社协同育人“教联体”工作方案》中指出：“教联体”是以中小学生健康快乐成长为目标、以学校为圆心、以区域为主体、以资源为纽带，促进家校社有效协同的一种工作方式。“教联体”不是家校社的简单组合，而是制度重构、资源重组与文化再生的系统工程。基于W.R.斯科特制度三要素理论，班主任可构建“制度赋能—价值共建—认知迭代”的实践模型，将质疑转化为共建动能。

一、“教联体”开展信息化教育的矛盾与契机

W.R.斯科特将制度分为规制性、规范性和文化–认知性三个要素，这些要素相互支持，共同构建制度的合法性和发展性。家校社协作不是简单的分工，而是需要制度、价值观和习惯的三重配合。举个例子：我们曾要求家长监督孩子使用学习软件的时间（制度），但部分家长认为“多做题才能提分”（价值观冲突），后来通过“亲子共学打卡”活动，让家长亲身体验数字工具的高效性，才逐渐扭转观念（习惯迭代）。因此：

赵家伟，任班主任5年，曾获江苏省班主任基本功大赛一等奖。

1. 规制合法性冲突：教育行政部门推动的数字化改革政策与家长群体固守的传统教育观念存在张力，例如：家长反对学生参观 5G 中心、家长认为没必要更换教育方式等。

2. 规范合法性失衡：学校引入社会资源的专业标准与家庭对“安全教学”的朴素期待尚未形成共识，例如：社会机构的 AI 课程被质疑“过度娱乐化”、信息化教学被质疑作秀、家长质疑学校希沃大屏伤害眼睛等。

3. 文化—认知断层：Z 世代学生的数字原住民特征与家长群体的数字移民身份形成代际鸿沟。

这种结构性矛盾在“参观 5G 中心遭家长质疑事件”中集中爆发，反映出传统教育范式向数字化转型过程中的制度性摩擦。

二、“教联体”开展信息化教育的实践转化路径

1. 规制性制度重构：建立多元主体参与的协同机制

教联体的生命力在于“共同创造”。教联体治理架构的本质是“用制度确定性应对技术不确定性”。通过构建校家社三方责任分明、动态演变的治理体系，既能化解家长对数字化的忽视，又能激活三方资源的育人潜能，可以通过以下方法实现从“校家社偶尔握手”到“教联体持久拥抱”的质变。

三级联动组织：

校级：设立“数字教育委员会”（含家长代表、社区委员、技术专家）

班级：成立“家校数字协作组”（班主任 +5 名家长核心成员）

家委会：按需组建“AI 审查小组”“社区资源对接班”（例如设置家长数字角色卡：设置“技术监督员”“课程体验官”“安全观察员”等角色，明确权责清单；开设“5 分钟听证会”：在家长会增设技术议题讨论“是否允许使用 deepseek 辅助写作”）

三大核心制度：

数字教育公约：“家庭屏幕使用日记，让家长记录孩子每日使用电子设备的情况，”“AI 作业条款”；

资源准入白名单：实施“三审三示”（资质审查、家长审查、学生体验审查）；

数字冲突调解流程：建立“班主任初调—委员会仲裁—专家介入”三级响应机制

2. 规范性价值共建：重塑数字时代教育共识

在教联体推进数字化教育的过程中，作为班主任也要意识到传统教育方式具有不可替代的教育内核，例如：板书推导过程相比 PPT 快闪更利于思维可视化、师生面对面交流的情感价值无法被虚拟化身替代、毛笔书写对审美素养的培育具有独特作用。因此班主任需要适时开展教育价值对话，明确教育共识。

（1）教育价值对话策略

①校家社交流圆桌会

议题设计：板书教学 VS 虚拟实验：哪种更能培养思维能力？

形式创新：祖辈讲述“打算盘练计算”经历，学生演示“编程解决数学问题”；

三代成才观对话会：祖辈讲述务农持家经历，父辈分享职场晋升故事，学生展示创客项目；

技术代偿实验：要求家长使用纸质地图完成城市导航，学生用 GPS 同步进行，对比效率与认知差异。

②信息化素养坐标系构建

制定《数字时代成长足迹》，将“AI 伦理”“信息批判力”与传统的“诚信”“勤奋”理念并列或者开发“双轨成长档案”：左栏记录学科成绩，右栏呈现“算法应用”“数据可视化”等数字能力。

3. 冲突转化四步法

| 家长质疑 | 应对策略 | 工具示例 |
|---|---|---|
| 粉笔黑板也能成才 | 数据对比法：展示 VR 地理课与板书课的学生知识留存率差异 | 《技术增效对比表》 |
| 新技术影响孩子心理健康 | 场景体验法：邀请家长参观心理健康云平台 | 《数字健康监测手环》 |
| 编程不如练字培养耐心 | 价值翻译法：解读“调试代码”与“书法纠错”的共性思维 | 《传统—数字能力映射图》 |

（1）文化—认知的迭代：培育数字教育新习惯

与其强行推动数字化，不如先让家长明白：粉笔黑板培养的专注力，正是驾驭数字洪流的基础素质；而数字工具拓展的认知维度，将让传统教育智慧获得新生。

（2）文化再生项目设计

①家庭数字记忆工程

任务 1：“三代人的通信工具”图文展（祖辈书信、父辈 BP 机、学生 5G 全息投影）。

任务 2：“AI 家训生成器”：输入家族故事，自动生成数字家训并篆刻成二维码印章。

任务 3：主题班会“黑板上的时代记忆”，探寻从木质黑板、水泥黑板、玻璃黑板到智慧大屏的不断变化。

②社区数字共生计划

行动 1：绘制“智慧社区教育资源地图”，标注 5G 基站、科技企业等学习坐标。

行动 2：开展“银龄数字伙伴”行动，学生教老人使用健康监测 APP，学生将老人传授的传统技艺制作成 Vlog。

教联体的生命力在于“共同创造”。在斯科特制度主义框架下，教联体建设需要超越简单的资源叠加，通过规制重构建立协作框架，通过价值协商重建教育共识，通过认知迭代培育数字习惯。这种制度化的协同育人模式，既尊重传统教育智慧，又拥抱技术变革力量，最终在“黑板记忆”与“数字未来”之间架起理解的桥梁，为教育现代化提供可持续的制度样本。最终实现“教联体不是要颠覆传统，而是让教育在数字时代获得更完整的表达”。

**专家点评：**

家校认知冲突是教育转型期的必然阵痛，但也孕育着革新机遇。当家长开始追问“为什么学校要改革”，当教师反思“如何让家长真正理解教育”，这场碰撞本身就在推动教育进步。“教联体”不意味着要消除所有分歧，而是能容纳多元声音、在对话中共创价值的生命场域。唯有家校双方以开放心态拥抱变化，才能让孩子在数字时代背景下、教育改革的浪潮中，真正成长为有温度、有智慧的现代人。

# 南京教育文库

（已出书目）

## 第一辑　生活·实践教育系列成果（9种）

| 序号 | 书名 | 作者 |
|---|---|---|
| 1 | 中小幼教师如何做好教科研 | 刘大伟 |
| 2 | 思辨性阅读——儿童思维品质的涵育 | 杨树亚 |
| 3 | 小学数学职初教师的专业发展 | 王　凌 |
| 4 | 数学课堂成长型思维培养 | 朱国军　李　冉 |
| 5 | 慢养语文 | 贾　卉 |
| 6 | 小学数学结构化学习教学指导 | 吴玉国　孙　谦 |
| 7 | 中小学“校－家－医协同”心育工作路径 | 王天文　张　燕 |
| 8 | 小数的意义 | 孙　谦　杨梅芳 |
| 9 | 用字母表示数 | 吴存明　姜梦莹 |

## 第二辑　一线名师示范实践（23种）

| 序号 | 书名 | 作者 | 序号 | 书名 | 作者 |
|---|---|---|---|---|---|
| 1 | 小学语文 | 杨树亚　洪劬颉 | 13 | 初中英语 | 李爱云　尚媛媛 |
| 2 | 小学数学 | 吴玉国　毛文波 | 14 | 初中道德与法治 | 王存贵　王小叶 |
| 3 | 小学英语 | 韩佩玲　周春燕 | 15 | 初中地理 | 孙小红　张　静 |
| 4 | 小学道德与法治 | 唐隽菁　缪　青 | 16 | 初中历史 | 孙　进　王　伟 |
| 5 | 小学科学 | 冯　毅　成金燕 | 17 | 初中美术 | 张　屹　邵惠敏 |
| 6 | 小学美术 | 张　屹　张　静 | 18 | 初中生物学 | 岑　芳 |
| 7 | 小学体育与健康 | 倪晨瑾 | 19 | 初中体育与健康 | 周　云　戴守慧 |
| 8 | 小学信息科技 | 李有翔　王苏明 | 20 | 初中物理 | 孙留桥　季卫新 |
| 9 | 小学音乐 | 叶　军　何　伟 | 21 | 初中信息科技 | 高建君　董　苏 |
| 10 | 劳动 | 刘权华　王洪贵 | 22 | 初中化学 | 董　海　包义才 |
| 11 | 初中语文 | 王跃平　洪劬颉 | 23 | 初中音乐 | 何　伟　叶　军 |
| 12 | 初中数学 | 叶旭山　黄秀旺 | | | |

## 第三辑　生活·实践教育系列成果（7种）

| 序号 | 书名 | 作者 |
|---|---|---|
| 1 | 理趣数学的价值意蕴与实践探索 | 余　颖 |
| 2 | 适合发展：小学数学智慧教学的理论与实践 | 王九红 |
| 3 | 简约语文的思与行 | 金立义 |
| 4 | 小学语文沉浸式教学——以小学古诗文教学为例 | 唐文国 |
| 5 | 中学语文整本书阅读教学探索 | 王跃平 |
| 6 | “一核三式”历史教学法——指向思维的历史教学 | 卞姗姗 |
| 7 | 和谐的古典舞——诚实教育与美好生活 | 李亚娟 |